U0453230

本书的研究受到以下项目和基金的资助：

教育部人文社会科学研究重点基地重大招标项目"生态文明与环境法制建设"（项目编号：08JJD820166）

湖北省高校哲学社会科学研究重大项目"生态保护红线法律制度研究"（项目编号：21ZD007）

湖北省社会科学基金2022年项目"生态保护红线法律制度研究"（项目编号：HBSK2022YB261）

湖北省法学会2022年度省级法学研究课题"生态保护红线法律制度研究"（项目编号：HBFXH22-203）

中国地质大学（武汉）"资源环境法治"系列丛书

生态保护红线法律制度研究

A Study on the Legal System
of Red Line for the Ecological Protection

黄德林　等◎著

中国社会科学出版社

图书在版编目（CIP）数据

生态保护红线法律制度研究／黄德林等著 .—北京：中国社会科学出版社，2024.3

（中国地质大学（武汉）"资源环境法治"系列丛书）

ISBN 978-7-5227-3266-4

Ⅰ.①生… Ⅱ.①黄… Ⅲ.①生态环境建设—环境保护法—研究—中国 Ⅳ.①D922.684

中国国家版本馆 CIP 数据核字（2024）第 055406 号

出 版 人	赵剑英
责任编辑	梁剑琴
责任校对	夏慧萍
责任印制	郝美娜

出　　版	中国社会科学出版社
社　　址	北京鼓楼西大街甲 158 号
邮　　编	100720
网　　址	http：//www.csspw.cn
发 行 部	010-84083685
门 市 部	010-84029450
经　　销	新华书店及其他书店

印刷装订	北京君升印刷有限公司
版　　次	2024 年 3 月第 1 版
印　　次	2024 年 3 月第 1 次印刷

开　　本	710×1000　1/16
印　　张	15.25
插　　页	2
字　　数	254 千字
定　　价	88.00 元

凡购买中国社会科学出版社图书，如有质量问题请与本社营销中心联系调换
电话：010-84083683

版权所有　侵权必究

主要作者简介

黄德林，男，1959年11月生，湖北老河口市人。中国地质大学（武汉）教授、博士生导师，日本广岛大学法学部高级访问学者，中国法学会环境资源法学研究会学术委员会副主任，湖北省法学会环境资源法学研究会副会长，湖北省法学会行政法学研究会副会长。主持教育部人文社会科学重点研究基地重大招标项目1项、湖北省高校哲学社会科学重大项目1项、湖北省社科基金项目5项、中国博士后科学基金项目1项、武汉市社科基金项目5项，出版专著8部，在国内外公开发表论文120余篇。获湖北省社会科学优秀成果奖三等奖4次、湖北发展研究奖三等奖2次、武汉市社会科学优秀成果奖二等奖1次。多次参加全国人大环境与资源保护委员会立法咨询，并担任《自然遗产保护法（草案）》立法专家组成员。

蓝楠，女，1978年5月生，湖北京山人，法学博士，中国地质大学（武汉）公共管理学院法学系副教授，硕士生导师，主要研究方向为环境与资源保护法。出版《饮用水源保护法律调控研究》《地下水资源保护立法问题研究》等著作，主编《环境法教程》《环境与自然资源法典型案例评析》等教材，公开发表论文60余篇。主持和参与国家社会科学基金等项目十余项。

刘琦，男，1979年10月生，河南上蔡人，法学博士，中国地质大学（武汉）公共管理学院法学系副教授，硕士生导师，主要从事法学基础理论、环境资源立法学教学与研究。在《法律方法与法律思维》《统计与决策》等期刊发表论文十余篇，主编、副主编教材3部。主持湖北省社科基金项目1项，获省级教学成果奖三等奖1项，参与国家社科基金重点项目等12项。

涂亦楠，女，1985年10月生，湖北武汉人，法学博士，中国地质大学（武汉）公共管理学院法学系副教授，硕士生导师，主要从事自然资源法、国际法教学与研究。在《中国矿业》《中国国土资源经济》等期刊发表论文20余篇，出版专著1部。主持教育部人文社会科学研究基金项目1项，参与国家社科基金重点项目等20项。

前　言

一　研究的缘起

本书的研究可以分为两个阶段：第一阶段是 2008—2018 年，主要围绕教育部人文社会科学重点研究基地重大招标项目"生态文明与环境法制建设"进行研究；第二阶段是 2019—2022 年，主要聚焦于生态保护红线法律制度进行研究。

文明是反映人类社会发展程度和进步的象征，它标志着一个国家或民族的经济、社会和文化的发展水平与整体面貌。人类社会在告别蒙昧时代之后，经历了原始文明、农业文明，现正处在工业文明时代。工业文明大幅度提高了人类的科学技术水平，但是，在工业文明中所建立起的一国法制体系具有非常浓厚的"人类中心主义"的色彩，"人类中心主义"将人类的利益作为法的价值原点和依据，有且只有人才是价值判断的主体，把人类的生存和发展作为最高目标。这一思想虽然推动了人类社会的文明进步，但由于过度贬低了自然的价值，导致工业社会逐渐失去了人类与自然的和谐。从 20 世纪中后期开始，国际社会在环境污染和环境灾害的煎熬中，意识到用"生态文明"替代"工业文明"的重要性，这是人类在 20 世纪末最智慧的选择之一。

所谓的生态文明，是指人类遵循自然生态规律和社会经济发展规律，为实现人与自然和谐相处及以环境为中介的人与人和谐相处，而取得的物质与精神成果的总和；是指以人与自然、人与人和谐共生、良性循环、全面发展、持续繁荣为基本宗旨的文化伦理形态；是指人类用更为文明而非野蛮的方式来对待大自然、努力改善和优化人与自然关系的理念与价值取向。它是通过生态文化或环境文化所体现的文明，是一种物质生产与精神生产高度发展、自然生态与人文生态和谐统一的文化。生态文明同以往的农业文明、工业文明具有相同点，就是都主张在改造自然的过程中发展物质生产力，不断提高人的物质生活水平；但是，它们之间也存在明显的区别，即生态文明反对人类的绝对中心论，以尊重和维护生态环境为宗旨，以可持续发展为依据，以后代人的继续发展为着眼点。这种文明观强调人的自觉与自律，强调人与自然环境的相互依存，相互促进，共处共融。

作为一种社会习惯，生态文明需要制度文明（社会制度）作为其实现的必然措施，即以法律法规的形式进行确认和保护，用政策和制度的转型来予以支持和保障。对此，党的十七大报告在提出实现全面建设小康社会生态文明目标的三大战略措施时，就明确指出：要完善有利于节约能源资源和保护生态环境的法律和政策，加快形成可持续发展的体制、机制。与此同时，随着生态文明的提出，我国环境法制建设也面临着新的问题，即研究如何转变适用于农业文明和工业文明社会的以人类为绝对中心的法律，建立适用于生态文明社会的以人类生态系统为本位的法律。其后，党的十八大、十九大、二十大报告把生态文明建设提到一个新的高度，并进行了宏观制度设计和全面布局。

我国的环境法制建设有待于加强以下两个方面的研究：

（1）生态文明观下的环境法制建设基本理论研究。如环境资源法的基本原则、理念和价值，环境资源法学的哲学分析和伦理思考，环境资源法学与生态伦理的关系，生态法学理论和生态法的调整机制，环境法的治理机制，环境法的调整机制，环境权的性质、特点和实施，自然资源权与物权的关系，环境民主原则和公众参与，动物权利和动物福利立法，新型环境损害及其补救理论，中国环境资源法转型期的特点和重点，21世纪环境资源法的发展趋势与展望，区域环境资源法学理论，西部大开发中的环境价值取向和法律制度，生物安全技术、转基因物质、遗传物质和克隆物质立法所引起的新型法学理论问题等。

（2）生态文明观下的环境资源立法完善。就西方发达国家的环境资源立法而言，20世纪80年代到21世纪初这段时间是其环境资源立法发展完善的新时期。以1992年联合国环境与发展大会的召开，以及作为指导国际社会环境资源立法的可持续发展原则的提出为标志，很多国家对环境实行更加全面、严格的管理，环境立法趋向完备化，法律"生态化"观点日益受到重视并且向其他部门法渗透。例如有关动物福利的立法在发达国家已经相当完备，而不少发展中国家也相继制定动物保护法；又如不少国家的刑法中环境犯罪的规定出现刑事立法生态化趋势。而目前我国的环境资源法律体系的发展大致处于西方国家的第一个发展阶段，即20世纪60年代到80年代中期，环境资源立法的蓬勃发展时期。这一时期的特点是，由于环境公害危机，西方发达国家不得不重视环境问题，为了确立国家环境管理职能，很多国家在宪法中增加了环境保护的条款，为国家环境立法和实施提供了宪法依据；并制定了综合性的环境基本法；各国环境政策和立法宗旨从防治初期的末端治理，转变为预防为主的清洁生产、综合预防，在法律制度上完善并贯彻预防思想的环境影响评价制度、自然资源利用规划、采用无污染和低污染的生产工艺和设备、开发可替代产品等措施和政策。可见，我国的环境资源法律"生态化"的观念需要进一步受到重视，并且向其他部门法渗透。

研究的内容或问题主要有：第一，环境资源基本法或者《环境保护法》修改问题；第二，现有环境资源法以及涉及环境资源问题法律的修改完善问题：比如《民法典》和《物权法》《循环经济促进法》《湿地保护法》《长江保护法》《黄河保护法》《土地管理法》《野生动物保护法》中的环境资源法律问题研究；第三，对现有法律未能涵盖的环境资源问题进行立法探索。比如，对设立并通过《能源法》《海岛保护法》《野生植物保护法》《自然保护地法》等进行前期探索、研究。

二 围绕《生态文明与环境法制建设》课题进行的研究

教育部人文社会科学重点研究基地2008年发布重大项目"生态文明与环境法制建设"招标，我们组织团队投标并顺利中标。自2008年中标起，项目组负责人和项目组成员围绕这一课题进行了多方面的研究。

项目负责人及项目组成员先后发表46篇论文，其中，在CSSCI和北大核心来源期刊发表29篇论文。代表性成果论文《协同治理：创新节能减排参与机制的新思路》，发表于《中国行政管理》（CSSCI）2012年第1期，被引用次数为81次，下载1693次；《欧盟地下水保护的立法及其启示》，发表于《法学评论》（CSSCI）2010年第5期，被引用次数为18次，下载790次。

以项目负责人黄德林教授领衔完成的相关成果《自然遗产保护政策与体制创新研究》（系列论文）获第七届湖北省社会科学优秀成果奖三等奖（2011年），《国家地质公园管理制度研究》（著作）获第八届湖北省社会科学优秀成果奖三等奖（2013年）。

十一届全国人大期间，黄德林教授多次应邀出席全国人民代表大会环境与资源保护委员会《自然遗产保护法（草案）》立法咨询，随后应邀担任该法立法专家组成员。

项目组成员秦天宝、周训芳、高利红、才惠莲、董邦俊、廖霞林、夏云娇、蓝楠、王国飞、刘琦、涂亦楠、赵淼峰等，也先后发表了大量相关研究成果。

三 聚焦于生态保护红线法律制度研究，形成最终成果

我们围绕"生态文明与环境法制建设"这一项目虽然进行了许多研究，取得了多方面的成果，但是，如何依据课题形成研究报告，还是面临一些困难和挑战。困难之一在于原题目过于庞大，难以把握和聚焦；困难之二在于研究团队成员的变化和团队成员承担任务的多元化。

2019年，我们中标湖北省自然资源厅项目"湖北省自然资源机构改革与矿产资源开发管理研究"，根据项目要求，先后在襄阳市、黄石市、宜昌市三个地级市自然资源和规划局，保康县、南漳县、秭归县、兴山县、夷陵区、阳新县六个县市区自然资源和规划局，以及大冶铁矿、兴发集团等多家矿山进行了调研，调研中发现了许多新问题，而生态保护红线法律问题极为突出。因此，2019年11月我们完成了中标项目研究并通过评审之后，决定聚焦于生态保护红线法律问题进行研究。经过两年多研究，于2022年5月基本完成研究报告。

研究成果以生态保护红线为中心分析生态文明与环境法制建设的内在逻辑。首先，从原理层面梳理了生态文明对环境法制和环境法学的影响。生态文明代表了社会发展的建构方向，展现了人类进步的必然趋势，所蕴含的价值理念从根本上改变着现代环境法制变革的伦理价值、理论基础和价值功能，从而内在地推动着现代环境法制的革新和发展。我国环境法制在"生态文明"入宪的时代契机上，必将面向新时代"生态法治"进行建构与跨越，从而进一步促成我国未来环境法学从"环境法"向"生态法"研究范式的转型。其次，以生态保护红线制度为中心，探讨了以生态空间为立法理念的生态保护红线制度的独特性，即突破了以往环境要素的单一性和分离性，不再以某一环境要素"污染"或者"破坏"作为衡量标准，而是以生态空间与生态系统的整体性保护作为标准。在这一理念指导下，生态保护红线的划定与调整、信息公开、红线内禁止事项、与保

护地等制度的衔接、实施中的协同管理及相应的生态补偿等方面就构成了生态保护红线制度的完整体系。最后，在生态文明建设全过程性和综合性的基础上把握法律与政策的功能互补关系。生态文明建设应融入经济建设、政治建设、文化建设、社会建设各方面和全过程，并在此背景下作出进一步优化生态保护红线法律监管机制与责任划定的解读和对策建议。

  本书的创新性在于立足生态保护红线这一具体的制度视域检视生态文明和环境法制的关系，提出生态保护红线法律制度的功能定位、立法理念和改进对策。例如，在划定生态保护红线制度方面，提出行政决策是关键、公众参与是基础和生态补偿是前提的基本原则。在生态保护红线管控方面，本书指出，应以维护生态系统的完整性和保护生态系统服务功能为出发点，打破生态系统部门分割式、分块式管理的方式，共同对生态保护红线的生态系统实施综合管理。在生态保护红线与自然保护地制度的衔接方面，提出两者具有同源的逻辑关系，并从时间、空间、理念和制度四个维度构建了两者衔接的现实路径。在法律制度的完善方面，关注狭义生态保护红线与广义资源环境生态保护红线的关系、立法的同一性与地方立法特色的关系，指出在实体法层面应当制定自然保护区域综合立法，改革自然保护管理体制；在程序法层面应当进一步完善生态保护红线公众参与制度。本书就上述问题中涉及的利益冲突的形成机制进行了充分的分析论证，并就制度实施层面的规则设计提出了因应建议。

目 录

第一章 生态保护红线概述 (1)
 第一节 生态保护红线的概念 (1)
  一 生态保护红线的界定 (1)
  二 生态保护红线的属性 (4)
  三 生态保护红线的类型 (9)
 第二节 生态保护红线的历史 (12)
 第三节 生态保护红线的功能与作用 (19)
  一 生态保护红线的功能 (19)
  二 生态保护红线的作用 (22)
 第四节 设立生态保护红线的必要性和可行性 (24)
  一 设立生态保护红线的必要性 (24)
  二 设立生态保护红线的可行性 (27)

第二章 生态保护红线的划定与调整 (31)
 第一节 规范依据、理论基础 (31)
  一 生态保护红线划定与调整的规范依据 (31)
  二 生态保护红线划定的理论基础 (35)
 第二节 生态保护红线划定与调整的基本原则 (36)
  一 强制性原则 (37)
  二 合理性原则 (38)
  三 协调性原则 (39)
  四 可行性原则 (41)
  五 动态性原则 (42)
  六 划定差异性原则 (43)
 第三节 生态保护红线划定的程序 (44)
  一 划定生态保护红线基本流程 (44)

二　生态保护红线划定与调整的主体职责边界有待明确……… (45)
　　三　划定与管理过程中公众参与度有待提升………………… (47)
第四节　生态保护红线划定标准………………………………… (48)
　　一　国外生态保护空间的划定……………………………… (48)
　　二　我国生态保护红线的划定标准………………………… (49)
　　三　我国生态保护红线划定标准的不足…………………… (53)
第五节　生态保护红线划定的技术流程与步骤方法…………… (53)
　　一　生态保护红线划定的技术流程………………………… (53)
　　二　生态保护红线区划定的步骤和方法…………………… (57)
第六节　生态保护红线的评估…………………………………… (62)
　　一　生态保护红线的评估要求与技术路径………………… (63)
　　二　生态保护红线评估过程中的现实问题………………… (63)
第七节　生态保护红线的调整…………………………………… (65)
　　一　生态保护红线调整的原则……………………………… (65)
　　二　生态保护红线调整的条件、程序和保障措施………… (65)
　　三　生态保护红线的撤销…………………………………… (68)

第三章　生态保护红线信息公开与保密…………………………… (70)
　第一节　生态保护红线信息公开……………………………… (70)
　　一　生态保护红线信息公开的理论基础…………………… (70)
　　二　生态保护红线信息公开的域外经验…………………… (75)
　　三　我国生态保护红线信息公开的实践与探索…………… (80)
　　四　我国生态保护红线信息公开存在的问题……………… (81)
　　五　我国生态保护红线信息公开建议……………………… (88)
　第二节　生态保护红线信息保密……………………………… (95)
　　一　生态保护红线信息保密的原因………………………… (95)
　　二　生态保护红线信息保密的法律规定…………………… (95)
　　三　我国生态保护红线信息保密制度缺陷………………… (96)
　　四　我国生态保护红线信息保密制度的完善……………… (98)

第四章　生态保护红线内禁止事项的确认与排除……………… (102)
　第一节　生态保护红线内禁止事项的相关政策……………… (102)
　第二节　生态保护红线禁止事项涵盖的范围及要求………… (104)
　　一　自然保护区…………………………………………… (105)

二　风景名胜区……………………………………………（105）
　　三　森林公园……………………………………………（106）
　　四　地质公园……………………………………………（107）
　　五　国家重要湿地及湿地公园…………………………（107）
　　六　千人以上集中饮用水源保护区……………………（107）
　　七　水产种质资源保护区………………………………（108）
　　八　基本农田保护区……………………………………（108）
　第三节　生态保护红线内禁止事项的例外………………（109）
　第四节　生态保护红线内设立禁止事项的建议…………（110）
　　一　制定严格的土地管理政策…………………………（110）
　　二　制定全面的建设管护政策…………………………（110）
　　三　制定完善的资源保护政策…………………………（111）

第五章　生态保护红线与相似制度的衔接……………………（112）
　第一节　生态保护红线的内部组成部分及其逻辑关系…（113）
　　一　生态保护红线制度的宏观框架结构………………（113）
　　二　生态保护红线制度的微观组成部分及其逻辑关系…（115）
　　三　生态保护红线的管理体制设置……………………（117）
　第二节　生态保护红线与基本生态控制线的外部衔接关系……（118）
　　一　基本生态控制线的概念与规范依据………………（118）
　　二　基本生态控制线的主要范围………………………（120）
　　三　基本生态控制线涉及的行政职能机构……………（120）
　　四　基本生态控制线的划界和修订程序………………（122）
　　五　基本生态控制线的监督管理和法律责任…………（123）
　　六　生态保护红线和基本生态控制线的差异与衔接…（124）
　第三节　生态保护红线与主体功能区的外部衔接关系…（125）
　　一　主体功能区制度……………………………………（126）
　　二　生态保护红线和主体功能区的差异与衔接………（130）
　第四节　生态保护红线与自然保护地的外部衔接关系…（132）
　　一　国家公园制度………………………………………（133）
　　二　生态保护红线与其他类型公园的外部衔接关系…（137）
　　三　几者的主要差异与衔接……………………………（140）
　第五节　总结与建议………………………………………（142）

一　生态保护红线和相似制度衔接的前提及层次……………（143）
　　二　理顺管理体制……………………………………………（145）
　　三　协调边界矛盾……………………………………………（147）
　　四　整合监督管理力量………………………………………（147）

第六章　生态保护红线管理机构与管理策略……………………（149）
第一节　生态保护红线管理机构与管理要求…………………（149）
　　一　生态保护红线的管理机构………………………………（149）
　　二　生态保护红线管理的目标要求与原则…………………（152）
第二节　生态保护红线管理的政策框架………………………（156）
　　一　事前严防…………………………………………………（156）
　　二　事中严管…………………………………………………（157）
　　三　事后奖惩并重……………………………………………（157）
第三节　关于生态保护红线管理的多维度审视………………（157）
　　一　建立综合管控体系视角…………………………………（158）
　　二　差异化管控视角…………………………………………（158）
　　三　区域管控视角……………………………………………（159）
第四节　生态保护红线跨部门协同管理………………………（161）
　　一　生态保护红线跨部门协同管理的原因…………………（161）
　　二　生态保护红线跨部门协同管理的实现途径……………（162）

第七章　生态保护红线区生态补偿制度…………………………（170）
第一节　生态保护红线区生态补偿的范围及对象……………（170）
　　一　生态保护红线区生态补偿的范围………………………（170）
　　二　生态保护红线区生态补偿的对象………………………（173）
第二节　生态保护红线区补偿项目的资金来源与补偿方式………（177）
　　一　生态保护红线区补偿的资金来源………………………（177）
　　二　生态保护红线区补偿方式………………………………（182）
第三节　生态保护红线区生态补偿制度存在的问题及完善
　　　　　思路…………………………………………………（188）
　　一　我国生态保护红线区生态补偿制度存在的问题………（188）
　　二　生态保护红线区生态补偿制度的完善思路……………（191）

第八章　生态保护红线法律制度的完善…………………………（195）
第一节　生态保护红线法律制度建设…………………………（195）

一　生态保护红线相关法律法规梳理……………………（195）
　二　生态保护红线相关法律制度……………………………（198）
第二节　生态保护红线法律制度现存问题和完善路径…………（201）
　一　生态保护红线法律制度现存问题………………………（201）
　二　生态保护红线法律制度完善路径………………………（202）
主要参考文献……………………………………………………（207）
后　记……………………………………………………………（218）

Catalogue

Chapter 1 Overview of Ecological Protection Red Line .... (1)
  Section 1 Concept of Ecological Protection Red Line .... (1)
    1 Definition of Ecological Protection Red Line .... (1)
    2 Attributes of Ecological Protection Red Line .... (4)
    3 Types of Ecological Protection Red Line .... (9)
  Section 2 Historical Development of Ecological Protection Red Line .... (12)
  Section 3 Functions and Roles of Ecological Protection Red Line .... (19)
    1 Functions of Ecological Protection Red Line .... (19)
    2 Roles of Ecological Protection Red Line .... (22)
  Section 4 Necessity and Feasibility of Establishing Ecological Protection Red Line .... (24)
    1 Necessity of Establishing Ecological Protection Red Line .... (24)
    2 Feasibility of Establishing Ecological Protection Red Line .... (27)

Chapter 2 Delimitation and Adjustment of Ecological Protection Red Line .... (31)
  Section 1 Normative Basis and Theoretical Foundation .... (31)
    1 Normative Basis for Delimitation and Adjustment of Ecological Protection Red Line .... (31)
    2 Theoretical Foundation for Delimitation of Ecological Protection Red Line .... (35)
  Section 2 Basic Principles of Delimitation and Adjustment of Ecological Protection Red Line .... (36)
    1 Mandatory Principle .... (37)

  2 Rationality Principle ··· (38)
  3 Coordination Principle ··· (39)
  4 Feasibility Principle ·· (41)
  5 Dynamic Principle ··· (42)
  6 Differentiation Principle of Delimitation ························ (43)
 Section 3 Procedures for Delimitation of Ecological Protection
      Red Line ·· (44)
  1 Basic Process of Delimitation of Ecological Protection Red
   Line ··· (44)
  2 Unclear Boundaries of Responsibilities in Delimitation and
   Management Process ·· (45)
  3 Need for Enhanced Public Participation in Delimitation and
   Management Process ·· (47)
 Section 4 Standards for Delimitation of Ecological Protection Red
      Line ·· (48)
  1 Delimitation of Ecological Protection Space in Foreign
   Countries ··· (48)
  2 Standards for Delimitation of Ecological Protection Red Line
   in China ··· (49)
  3 Insufficiencies in the Standards for Delimitation of Ecological
   Protection Red Line in China ·· (53)
 Section 5 Technical Process and Methods for Delimitation of
      Ecological Protection Red Line ································ (53)
  1 Technical Process for Delimitation of Ecological Protection
   Red Line ·· (53)
  2 Steps and Methods for Delimitation of Ecological Protection
   Red Line ·· (57)
 Section 6 Evaluation of Ecological Protection Red Line ············· (62)
  1 Requirements and Technical Path for Evaluation of
   Ecological Protection Red Line ······································ (63)
  2 Practical Issues in the Evaluation of Ecological Protection
   Red Line ·· (63)

Section 7 Adjustment of Ecological Protection Red Line .... (65)
  1 Principles for Adjustment of Ecological Protection Red Line .... (65)
  2 Conditions, Procedures, and Guarantee Measures for Adjustment of Ecological Protection Red Line .... (65)
  3 Revocation of Ecological Protection Red Line .... (68)

Chapter 3 Disclosure and Confidentiality of Ecological Protection Red Line Information .... (70)

  Section 1 Disclosure of Ecological Protection Red Line Information .... (70)
    1 Theoretical Basis for Information Disclosure of Ecological Protection Red Line .... (70)
    2 Experiences of Information Disclosure of Ecological Protection Red Line in Foreign Countries .... (75)
    3 Practices and Explorations of Information Disclosure of Ecological Protection Red Line in China .... (80)
    4 Issues in Information Disclosure of Ecological Protection Red Line in China .... (81)
    5 Suggestions for Information Disclosure of Ecological Protection Red Line in China .... (88)

  Section 2 Confidentiality of Ecological Protection Red Line Information .... (95)
    1 Reasons for Confidentiality of Ecological Protection Red Line Information .... (95)
    2 Legal Provisions for Confidentiality of Ecological Protection Red Line Information .... (95)
    3 Defects in Confidentiality System of China's Ecological Protection Red Line Information .... (96)
    4 Improvement of Confidentiality System for Ecological Protection Red Line Information .... (98)

Chapter 4 Confirmation and Exclusion of Prohibited Items within Ecological Protection Red Line (102)

Section 1 Relevant Policies on Prohibited Items within Ecological Protection Red Line (102)

Section 2 Scope and Requirements of Prohibited Items within Ecological Protection Red Line (104)

1. Nature Reserves (105)
2. Scenic Spots (105)
3. Forest Parks (106)
4. Geological Parks (107)
5. National Important Wetlands and Wetland Parks (107)
6. Water Source Protection Areas for Drinking Water Supply to More Than 1,000 People (107)
7. Aquatic Germplasm Resource Protection Areas (108)
8. Basic Farmland Protection Areas (108)

Section 3 Exceptions to Prohibited Items within Ecological Protection Red Line (109)

Section 4 Suggestions for Establishing Prohibited Items within Ecological Protection Red Line (110)

1. Development of Strict Land Management Policies (110)
2. Comprehensive Construction and Management Policies (110)
3. Improvement of Resource Protection Policies (111)

Chapter 5 Connection between Ecological Protection Red Line and Similar Systems (112)

Section 1 Internal Components of Ecological Protection Red Line and their Logical Relationships (113)

1. Macro Framework Structure of Ecological Protection Red Line System (113)
2. Micro Components of Ecological Protection Red Line and their Logical Relationships (115)
3. Management System of Ecological Protection Red Line (117)

Section 2　External Connection between Ecological Protection Red Line and Basic Ecological Control Line ……………… (118)
  1　Concept and Normative Basis of Basic Ecological Control Line ……………………………………………………… (118)
  2　Main Scope of Basic Ecological Control Line ………………… (120)
  3　Administrative Agencies Involved in Basic Ecological Control Line ……………………………………………………… (120)
  4　Delimitation and Revision Procedures of Basic Ecological Control Line ……………………………………………………… (122)
  5　Supervision and Management of Basic Ecological Control Line and Legal Responsibilities ……………………………………… (123)
  6　Differences and Connection between Ecological Protection Red Line and Basic Ecological Control Line …………………… (124)
Section 3　External Connection between Ecological Protection Red Line and Main Functional Area ……………………… (125)
  1　System of Main Functional Area ……………………………… (126)
  2　Differences and Connection between Ecological Protection Red Line and Main Functional Area ……………………………… (130)
Section 4　External Connection between Ecological Protection Red Line and Nature Reserves ………………………… (132)
  1　National Park System ………………………………………… (133)
  2　External Connection between Ecological Protection Red Line and Other Types of Parks …………………………………………… (137)
  3　Differences and Connection between the Three ……………… (140)
Section 5　Summary and Recommendations ………………………… (142)
  1　Preconditions and Levels of Connection between Ecological Protection Red Line and Similar Systems ……………………… (143)
  2　Streamlining Management System ……………………………… (145)
  3　Coordinating Boundary Conflicts ……………………………… (147)
  4　Integrating Supervision and Management Forces ……………… (147)

Chapter 6 Management Institutions and Strategies for Ecological Protection Red Line (149)

　Section 1　Management Institutions and Requirements for Ecological Protection Red Line (149)

　　1　Management Institutions for Ecological Protection Red Line (149)

　　2　Objectives, Requirements, and Principles of Ecological Protection Red Line Management (152)

　Section 2　Policy Framework for Ecological Protection Red Line Management (156)

　　1　Strict Prevention in Advance (156)

　　2　Strict Management During the Process (157)

　　3　Emphasis on Rewards and Punishments Afterward (157)

　Section 3　Multidimensional Examination of Ecological Protection Red Line (157)

　　1　Perspective of Establishing Comprehensive Control System (158)

　　2　Perspective of Differentiated Control (158)

　　3　Perspective of Regional Control (159)

　Section 4　Cross-Departmental Collaborative Management of Ecological Protection Red Line (161)

　　1　Reasons for Cross-Departmental Collaborative Management of Ecological Protection Red Line (161)

　　2　Approaches to Achieving Cross-Departmental Collaborative Management of Ecological Protection Red Line (162)

Chapter 7 Ecological Compensation System for Ecological Protection Red Line Areas (170)

　Section 1　Scope and Objects of Ecological Compensation in Ecological Protection Red Line Areas (170)

　　1　Scope of Ecological Compensation in Ecological Protection Red Line Areas (170)

　　2　Objects of Ecological Compensation in Ecological Protection Red Line Areas (173)

Section 2 Sources of Funds and Compensation Methods for Ecological
          Compensation in Ecological Protection Red Line Areas ··· (177)
  1 Sources of Funds for Ecological Compensation in Ecological
     Protection Red Line Areas ·· (177)
  2 Compensation Methods for Ecological Compensation in Ecological
     Protection Red Line Areas ·· (182)
Section 3 Issues in the Ecological Compensation System for Ecological
          Protection Red Line Areas and Improvement Ideas ········· (188)
  1 Issues in the Ecological Compensation System for Ecological
     Protection Red Line Areas in China ······································ (188)
  2 Improvement Ideas for the Ecological Compensation System
     for Ecological Protection Red Line Areas ······························· (191)

**Chapter 8 Improvement of Legal System for Ecological Protection
           Red Line** ··· (195)
  Section 1 Construction of Legal System for Ecological Protection
            Red Line ··· (195)
    1 Review of Relevant Laws and Regulations on Ecological Protection
       Red Line ··· (195)
    2 Relevant Legal System for Ecological Protection Red Line ······ (198)
  Section 2 Issues and Improvement Paths of Legal System for Ecological
            Protection Red Line ·· (201)
    1 Issues in the Legal System for Ecological Protection Red Line
       ·· (201)
    2 Improvement Paths for the Legal System for Ecological Protection
       Red Line ··· (202)

Main References ·· (207)
Postscript ··· (218)

第一章 生态保护红线概述

第一节 生态保护红线的概念

一 生态保护红线的界定

（一）认识"生态保护红线"

所谓的生态保护红线，顾名思义，就是为实现生态环境保护而划定的一条警戒线，作为生态保护进程中生态环境安全的底线，也是绝对不能逾越的界限。有关红线这一概念的提出，既是城市规划与建设的基础，又是城市的边界划分，更是城市规划与建设的底线。2006年3月，《国民经济和社会发展第十一个五年规划纲要》提出"18亿亩耕地红线"，为严守粮食安全底线赋予法律效力。生态保护红线制度，则成为顺应环境保护迫切要求及具有法律意义的另一条"红线"制度。2012年国务院发布的《关于实行最严格水资源管理制度的意见》对水资源领域的"红线"制度予以规定，提出"水资源开发利用控制，用水效率控制与水功能区限制纳污"，实现对水资源开发和利用过程中的管理，采取有效措施改善水资源环境质量，从而调节我国水资源时空分布等的矛盾。为了保障国土生态安全，居住环境安全和生物多样性，国家林业局于2013年7月划定四条生态保护红线，涉及林地与森林，湿地资源，沙地植被及生物物种等。随着相关规范性文件陆续出台，生态保护红线的重要性日益凸显。

（二）规范性文件对生态保护红线的定义

"生态保护红线"的首次提出是在2011年国务院《关于加强环境保护重点工作的意见》，文件要求国家编制环境功能区，并在此基础上根据我国生态环境特点将其划分为重要生态功能区，陆地和海洋各种形态的生态环境敏感区、生态脆弱区等。

2013年9月，国家林业局印发了《推进生态文明建设规划纲要（2013—2020年）》，其中明确了生态保护红线制度的含义，即将生态保护红线作为保障国土生态安全、维护人居环境安全、保护生物多样性以及确保生态用地合理利用的底线。在这一概念的指引下，我国将在全国范围内划定重点区域禁止开发地区、限制开发区和严格管控区（简称"三区一禁"），并提出了相应的管理措施与对策建议。

2014年原环境保护部自然生态保护司生态红线划定技术组发布了《国家生态保护红线—生态功能红线划定技术指南（试行）》，在此系统地阐述了生态保护红线的定义和基本要求，是指对于保障国家和地区生态安全，促进经济社会可持续发展，维护人民群众的身体健康非常重要的，对于提高环境质量、增强生态功能和高效利用资源所必须予以严格防护的最小空间范围和最大或者最小数量限值。2015年生态环境保护部《生态保护红线划定技术指南》又对生态保护红线作了重新定义，即对重要生态功能区，陆地和海洋各种形态的生态环境敏感区、生态脆弱区及其他地区依法划定严格管控边界的总称，作为维护国家和区域生态安全，提升环境资源质量的底线所在。

2017年中共中央办公厅、国务院办公厅发布《关于划定并严守生态保护红线的若干意见》以及原环境保护部、国家发改委联合发布的《生态保护红线划定指南》中对生态保护红线进行了界定，是指在生态空间范围内具有特殊重要生态功能并必须强制进行严格防护的地区，是具有保障及维护国家生态安全的生命线和底线。生态保护红线划定区一般应当包括重要水源涵养和水土保持区、生物多样性维护区、防风固沙和海岸带生态稳定维护区、水土流失和土地沙化防治区、石漠化和盐渍化防治区等生态环境敏感脆弱区域。

(三) 学术界对生态保护红线定义的探讨

在理论研究中对"生态保护红线"概念的认识则有所不同，目前具体划分为"广义生态保护红线"和"狭义生态保护红线"两大流派。

支持广义说的学者提出应当将"生态保护红线"进行综合性的理解，其范围应当包括"生态、环境、资源"三个领域。因此，设立生态保护红线的目的不仅在于生态环境的保护、环境质量的提高，还应包括实现资源利用的最大化。据此，学者普遍认为，红线的作用首先在于划定空间范围，其次应当对生态环境管理过程中的环境资源的质量、数量等予以限制，从而实现维护环境保护质量、数量和资源利用的最低要求。蒋大林提出，生态保护红线是指立足于国家或区域生态安全的基础，为维持生态系统的完整性、生态功能的稳定性以及促进社会经济可持续发展潜力而划定的用于保护和恢复生态系统及其环境的管理基线。应当将生态保护红线划分为"空间"与"数量"两大主线。① 高吉喜将生态保护红线界定为：对于保障国家和地区生态安全，促进经济社会可持续发展，维护人民群众的身体健康非常重要的，对于提高环境质量、增强生态功能和高效利用资源，需要实行严格保护的空间边界控制与数量限值生态保护红线。具体可以包括生态功能保障基线、环境质量安全底线和自然资源利用上线三个方面。②

支持狭义说学者的主要观点与广义说支持学者相对，认为"生态保护红线"的概念仅适用于生态保护领域，其应当将重点着眼于生态保护功能，并不应涉及环境质量与资源利用方面的内容。"红线"应当作为地理空间上的划分，不应扩大解释为"环境标准"或者"资源利用限制"的范畴。在王灿发等看来，生态保护红线由生物多样性、重要生态功能区、生态安全屏障三个方面构成。③ 王社坤等定义"生态保护红线"为：国家为维护生态环境，确保国家生态安全，构建国家生态安全保障体系而对重点生态功能区，生态环境敏感区以及脆弱区进行全面考虑生态重要性之后所划定的以生态环境保护为目标的封闭物理空间警戒线。④

本书赞成狭义说。从文义来看，生态保护红线是指国家或地方为实现生态保护目的而划定的范围，它与文学、建筑等领域的底线或警戒线有着较大的区别。我国现行《环境保护法》第29条对"重要生态功能区以及生态环境敏感和脆弱区等区域"进行了列举式规定，显然其所列举的重点生态功能区、生态环境敏感区和生态环境脆弱区等都是狭义生态保护红线的范畴。不能仅凭借一个"等"字就将其扩大解释到环境、资源等范畴。此外，回归到生态保护红线的诞生，是通过"划定"，即依据物理空间标出的线，而非依据当地环境、资源标出的数量线。从实践层面来看，

---

① 蒋大林等：《生态保护红线及其划定关键问题浅析》，《资源科学》2015年第9期。
② 高吉喜：《国家生态保护红线体系建设构想》，《环境保护》2014年第Z1期。
③ 王灿发、江钦辉：《论生态红线的法律制度保障》，《环境保护》2014年第Z1期。
④ 王社坤、于子豪：《生态保护红线概念辨析》，《江苏大学学报》（社会科学版）2016年第3期。

近年来国家出台的相关政策文件也更加偏向狭义视角的解读方式。尽管国家林业局、原环境保护部、国务院办公厅等部门对于生态保护红线制度界定并不完全一致，但在发展过程中也呈现出从广义到狭义的转变，具体可以发现，2014年年初环境保护部印发的《国家生态保护红线—生态功能基线划定技术指南（试行）》和经1年试点试用、地方及专家反馈、技术论证后，所形成的2015年《生态保护红线划定技术指南》对比尤为明显。相关部门根据实践反馈，认为环境质量和资源利用是两项相互独立的、属性不同的科学数据，将其置于表征客观界线生态功能基线的"线"的语境模式中并不合适。并且，生态保护红线的狭义说解释也可见于具有环境与资源法律基本法地位的《环境保护法》。

综上，本书中所指的生态保护红线即狭义的生态保护红线，它并不包含环境质量安全底线与自然资源利用上线两个方面。从其本质上来看，生态保护红线的划定是针对特殊生态空间区域进行的，其意义在于实现特殊管理，从而形成生态安全的法律制度对国家或者地区整体大范围实现生态安全保护。基于这一研究背景，本书对生态保护红线的含义界定为：以保障与维护国家生态安全为底线，以生命线为宗旨，以划定重点生态功能区、生态环境敏感区及脆弱区等需要严格进行保护的地理边界管控线。

二 生态保护红线的属性

为正确理解生态保护红线这一理念，需要对生态保护红线的本质属性予以剖析，也可以借此实现对这一理念最本质的诠释。揭示生态保护红线的本质属性需要我们对其进行归类。诚然，从不同视角审视会有不同回答，但不同答案并不必然意味着相互矛盾。相反，多角度切入，有利于深化我们的理解，从而有的放矢地确立制度目标和实现制度价值。在我国现有法律框架下，明确界定生态保护红线法律属性是一个非常重要而紧迫的课题。这不仅关系到生态文明建设能否顺利推进，也直接影响到国家整体发展战略的实施效果。本书解析生态保护红线法律制度的属性，将从规范效力、空间特性和底线效应三个方面展开：

（一）规范效力

2014年《环境保护法》的修订开创性地提出了"生态保护红线"这一概念。最初，生态保护红线是以政策工具形式出现的，对于优化环境法治空间和拓宽环境行政管制的范围起到重要作用，促进政策工具形式的生态保护红线的法定化、规范化和制度化，成为广泛使用的"最严格环境保护制度"之一。在新时代的背景下，生态保护红线作为一种全新的法律制度，具有重要意义与价值。其中，应时刻铭记其设置目的在于通过刚性化手段强化政府的约束力，相较于"安全线""高压线"等对"红线"的抽象理解，更应通过采取更为严格的政策与手段，确保生态环境的阈值和底线。具体而言，生态保护红线是政府及其相关行政机关依法划定并实施保护的范围和区域，既约束个人，也约束政府本身。

法律制度在人类社会的秩序和行为塑造中发挥着重要作用。"种种规范显然与人们的举止息息相关，并且对人类的行为起着影响作用。人的行为所表现出来的规律性必然是同规范原始创设相联系的要素。"① 以"红线"作为国家保护生态环境的生命线和底线，体现了生态环境保护应有的严格性、强制性以及刚性等特征，对普通民众也能起到一定的警示作用，为生态文明制度保障提供了有力支撑。依据区域生态功能划定生态保护红线范围，生态保护红线相关法律制度的存在约束并规范着该空间范围内人类的行为，使得该空间范围内的生态环境状况及其生态功能，不因人类的行为而产生损害、破坏，也不能存在潜在的生态环境风险。此外，生态保护红线并非落在纸面上的一条虚线，而是具有实际约束力、强制力的实线，行为人触犯生态保护红线法律制度造成环境损害，则将面临民事赔偿责任、行政处罚责任、刑事责任等责任的追究。

生态保护红线对于行政机关的约束性主要体现在以下两个方面：一是生态保护红线一旦设立，即应得到遵守与落实，行政机关不应违反生态保护红线规定。具体而言，要求行政机关不得审批违反生态保护红线的建设项目、不得出台违反生态保护红线规定的政策举措、不得对行政相对人行为威胁生态环境安全的行为不作为。二是行政机关应当严格按照生态保护红线的相关规定严格执法，并对其作为或不作为行为造成的生态后果承担相应的行政责任。应当明确，生态保护红线的划定与实施对于改善我国生态环境具有重要意义，同时也是政府履行社会管理职能的重要手段之一。生态功能区划、主体功能区规划、生态保护规划、环境保护规划、环境预警、生态保护红线即作为政府管理环境的工具或手段发挥管理作用。

---

① [英]麦考密克、[澳]魏因贝格尔：《制度法论》，周叶谦译，中国政法大学出版社2004年版，第42—43页。

行政机关在划定生态保护红线时，需要明确行政机关在环境行政管理中的地位和职责，明确行政机关与其他部门之间的关系，明确各级行政机关在生态保护红线划定过程中应当承担的责任，以确保区域内的生态环境得到有效保护。上级行政机关通过划定生态保护红线对下级行政机关作出要求；下级行政机关则依据生态保护红线要求采取行政行为。下级行政机关严格按照生态保护红线对辖区内的涉及生态环境及可能造成生态保护红线问题进行严格监督。对产生严重不良生态环境影响的行政相对人，负有依法严惩的责任和义务。同时，要明确行政机关相关人员的法律责任，如果行政机关及工作人员管理松懈、执法不到位，导致所辖区域生态环境状况触发生态保护红线且未满足划定生态保护红线要求，则应依法对超越生态保护红线的行为负责。

（二）空间特性

当前，有限的地球环境资源与人类永无止境的发展使得环境保护与经济发展这一矛盾不容回避。环境资源是人类赖以生存发展的基础，但随着人类社会的快速发展，资源消耗与环境破坏不可避免。人类社会在不断改造和创造新的生产生活空间及生态环境空间的过程中，使得生态环境自身的自然属性与生态服务功能会随着时间的推移逐渐弱化或消失，这就要求人们对现有的生态环境空间进行有效保护并合理利用，以获得最大限度的经济效益，实现两者之间的平衡。环境规制的效力空间性是当前生态文明改革权利义务内容、可同质性调整的社会行为及社会关系是否符合环境法要求的重要参考因素。[①] 生态保护红线制度是我国最重要的国土空间管控制度之一，其对特殊区域实行特殊管理和保护，通过划定特定的生态区域范围，运用信息化手段优化空间布局，实现对不同类型的国土空间有效调控，并制定相应的生态区域环境准入标准等。

2015年9月，中共中央、国务院印发了《生态文明体制改革总体方案》，提出要加快推进生态文明体制改革，完善国土空间用途管制管理制度。实现对不同用途的国土空间制定适宜的管控制度，这一文件要求涵盖所有应当予以保护的国土空间。2017年，中共中央、国务院发布《关于划定并严守生态保护红线的若干意见》，其中提出，要在全国范围内建立生态保护红线制度，贯彻落实主体功能区制度，严格实施生态空间用途管

---

① 杜群：《环境法体系化中的我国保护地体系》，《中国社会科学》2022年第2期。

制等措施，从而实现对生态空间的有效管理，标志着我国生态保护红线的空间规划进入新阶段。

相较于过去将部分环境要素如"污染"或"破坏"作为衡量标准，环境要素呈现出单一性与分离性，当前生态保护红线制度将环境空间融入立法理念，实现了对生态环境的整体性保护。由于生态系统中存在"物物相关"的联系，使得各个环境要素在相互影响、钳制的过程中可能导致其中某种生态功能的退化。而生态保护红线区作为生态环境保护不可触碰的安全线与底线，相较于其他环境保护区域，其敏感性、重要性及脆弱性更加显著。也使得生态保护红线制度总体目标的实现更加依赖于环境联系中介或信息沟通的畅通。由此可以发现，生态保护红线制度改变了过去单一环境要素影响下的制度设计，通过强调整体空间下的诸多环境要素保护，以该区域生态空间的分散保护和整体涵养为目标，通过限制或禁止实现对特定区域国土空间合理开发利用。这就能够在生态系统整体性的基础上，充分考虑各因素间的关联协调，对制度进行整体设计，确保实现生态保护红线范围的全面保护。

另外，在实践中生态保护红线区域划定重叠，一个区域可能既被划定为自然保护区，又被认定为风景名胜区，这种现象是因为审批程序和管理部门的不同造成的，这种划定既不合理也不科学，导致环境管理工作缺乏统一的环境标准作为依据。而制定相应的标准，需要投入大量人力、物力及添置大量设备才能达到预期的规制效果。通过对生态保护红线外延进行分析，将现有的自然保护区、风景名胜区、水源保护地等区域划定进来，将一定区域进行空间叠加，更利于从整体性出发，从而有效保障生态保护红线法律制度的落地，实现管理生态系统、生态安全的制度设计目标。

（三）底线效应

生态保护红线划定的目的在于维护和保障国家及地区的生态安全，遏制资源环境矛盾加剧及生态环境恶化，从而优化国土空间，在实现经济社会可持续发展的同时为保护自然环境提供有力支撑。从生态保护红线的运作机制来看，其实质上是要求人类在实现自我发展的同时，必须对环境与生态系统的底线有所认识，在理想状态下确保生态保护的底线不被触碰，生态保护红线惩罚机制也始终不会启动，在这其中担负着一种托底作用。环境本身的承载力是有限的，需要坚守自身的底线，人类基于生态安全的目的，也需要划定一个底线。

生态保护红线的创设性提出，既作为一项重要的生态管控工具，又是一项重大的制度创新。其思想内核可见于可持续发展理论，确切地说，根植于可持续发展理论的核心理论——承载力理论。1991年世界自然保护联盟（IUCN）、联合国环境规划署（UNEP）以及世界自然基金会（WWF）对可持续发展界定如下：可持续发展要求在人类生存品质提高的背景下，确保生存活动不超过生态系统涵容能力。这一界定明确了"维持生态系统涵容能力"是可持续发展的前提与条件。显然，生态保护红线的底线思维与其保持了一致，两者均关注并重视环境生态功能的完好。上述定义中提到的"生态涵容能力"本质上就是生态承载力，意味着在自然规律的决定作用下，人类能够开发利用的自然资源不能超过生态系统本身的环境容量限制。因此，以承载力理论阐释生态保护红线划定的重要意义在于：生态系统在为人类活动与发展提供资源支持的同时也需要实现自我生态功能的维护与可持续，而当人类一方的活动超出一定频率与界限时，则会对生态系统自身的调节能力进行冲击，从而导致生态功能的退化与丧失。而当环境资源状况恶化程度逼近或超过原有资源承载力时，将会对人类的生存活动及生活品质造成严重威胁。生态保护红线的划定，就是在生态系统所能承受的环境资源状况中划定一条必要的安全线，也是限制人类活动进一步影响生态系统的阻隔线。

生态安全是指在国家或区域层面来看，生态功能区划合理、生态系统结构健全，为人类生存和生命健康、经济社会等的可持续发展提供生态保障。[①] 良好的自然生态环境是人类赖以生存的"摇篮"和国家整体生态安全的基础，是人类可持续发展的基本保障。在过去数年生态灾难和环境危机的影响下，人类逐渐认识到了自然于人的重要性与唯一性，对大自然的态度也实现由最初的剥削、征服到现在的尊重与保护。生态保护红线这一法律制度的提出，便是当今生态保护优于经济发展这一环保理念的体现。

划定生态保护红线将制止经济发展给生态环境带来的不良行为与危害，使保护环境成为一种具有法律效应下的强制性行为，警示人们敬畏自然、保护自然、适度开发利用自然，从而恢复自然生态环境、改善生态功能区质量、抑制生态环境状况持续恶化，为我国生态环境安全设置屏障和

---

① 杨治坤：《生态红线法律制度的属性探析》，《南京工业大学学报》（社会科学版）2017年第3期。

底线。

三 生态保护红线的类型

划定生态红线是指依据一个国家或地区生态系统具体情况，充分考量该地区生态系统的特点，维护其完整性、稳定性和特殊性，并结合该地区经济社会发展的需要，对特殊的生态区域进行界定并划分的过程。《环境保护法》中规定在重点生态功能区、生态环境敏感区和脆弱区等区域划定生态保护红线。

（一）重点生态功能区

最初，人们逐渐深化对生态系统服务功能的认识，并充分开展了一般性生态功能的区划工作。但仅规定一般生态功能区还无法完全达到保护生态功能区的目的，更加无法强调保护一些应当划分为重要生态功能区却受到严重破坏的功能区。基于此背景，需要开展重要生态功能区划的工作，以此实现关键性生态功能区域的重点保护，通过深化对有重要功能区的重点区域的认识，并结合国外生态环境管理理念，进而提出中国生态功能区的概念。

依据国务院《关于加强环境保护重点工作的意见》，并参照《全国主体功能区规划》《全国生态功能区划》《全国生态脆弱区保护规划纲要》《全国海洋功能区划》《中国生物多样性保护战略与行动计划》等文件，综合考虑区域经济社会发展规划与生态环境保护等因素，提出将重点生态功能区划分为陆地与海洋两个重点区域。陆地的重要生态功能区包括水源涵养和土壤保持区、防风固沙和洪水调蓄区、生物多样性保护区等；海洋重要生态功能区包括海洋保护、海洋资源保护以及海洋公园等。《全国生态功能区划》中提出将能够保持流域、区域生态平衡，减轻当地自然灾害，以及对确保当地生态环境安全具有重要作用的区域划定为重要生态功能区。其中涉及了生物多样性保护、水源涵养、土壤保持、防风固沙、洪水调蓄等重要生态功能保护区，也包括江河源头区、重要水源涵养区、江河洪水调蓄区、重要渔业水域、防风固沙区和水土保持的重点预防保护区与重点监督区。《生态保护红线划定指南》（以下简称为《红线划定指南》）也对重点生态功能区加以定义：是指事关全国或区域生态安全，在国土空间开发中需要限制高强度工业化城镇化发展，从而有效维持和增加生态产品的供给能力，其主要类型包括水源涵养区、水土保持区、防风固沙区和生物多样性维护区等。

在我国生态环境安全日益受到重视的当下，重要生态功能区红线的划定是我们提高生态环境意识、强化我国生态空间保护的重要举措。一方面，重点生态功能区的划定可以促进我国生态环境保护和区域内重点与脆弱生态系统的保护。另一方面，可依据已确定的重要生态功能区，有针对性地进行相关地区保护，并将其作为合理开发利用自然资源、优化产业布局的决策参考，这将有利于从根本上化解人类开发利用资源与自然生态保护间的突出矛盾。

（二）生态环境敏感区和脆弱区

生态敏感区是指较为容易受到不正当开发活动波及以及对环境变化较为敏感，并且造成负面生态效应的区域。生态脆弱区是指生态系统内在结构稳定性差，难以抵御外在干扰和保持自身稳定能力、易生态退化、自我修复困难的地区。在《生态保护红线划定指南》中将两者的定义相结合，把生态环境敏感脆弱区界定为"生态系统稳定性较差、易受外界活动影响导致生态退化和自我修复困难的地区"，这一地区对于自然环境所造成的改变和外界所造成的干扰反应非常灵敏，极易发生生态退化。也因此生态脆弱区的生态环境会对当地的社会经济发展产生较大限制，若要进一步开发则可能使整个生态安全面临威胁，而局部生态要素细微变化同样影响着生态环境稳定与安全，敏感脆弱区不能保持其稳定性，对于各种人类活动及突发性自然灾害非常敏感且难以解决。

当前我国生态敏感区、脆弱区分布广，种类多，涉及面广。在现行政策文件中，将生态环境敏感区主要划分为陆地生态敏感区域与海洋生态敏感区域，其中陆地生态敏感区主要由水土流失敏感区、土地沙化敏感区、石漠化敏感区和河湖滨岸敏感区等组成；而海洋生态敏感区则包括海洋生物多样性敏感区、海岸侵蚀敏感区、海平面上升影响区和风暴潮增水影响区等区域。由于受到降水、积温以及地表土壤等条件的限制，生态环境脆弱区植被自身的恢复能力较弱，经常容易受到大风及干旱高温等恶劣气候影响，也极易遭受到洪水和风浪剧烈冲刷。有关于生态环境脆弱区的划定，可见于2008年环境保护部出台的《全国生态脆弱区保护规划纲要》，明确了我国主要存在八个生态环境脆弱区。主要包括：位于东北区域，因林地和草地过渡区域遭受破坏而形成的东北林草交错生态脆弱区；位于北方畜牧业聚集地，因牧场与农田交错而导致环境较为脆弱的北方农牧交错生态脆弱区；位于西北荒漠，在绿洲与荒漠的交界处，存在的西北荒漠绿洲交接生态脆弱区；主要分布于南方丘陵与山地生态脆弱的地区，从而形成南方红壤丘陵山地生态脆弱区；在西南岩溶分布广泛呈现出石漠化现象的区域，即形成西南岩溶山地石漠化生态脆弱区；我国西南地区多山地，在山地农田与牧场交界区生态环境脆弱，从而形成西南山地农牧交错的生态脆弱区；青藏高原由于地形起伏大，较为容易受到侵蚀现象影响，也由此导致生态环境的敏感脆弱，形成青藏高原复合侵蚀生态脆弱区；主要分布于我国沿海区域，在海岸与陆地交接地带，由于受到台风、暴雨等气候灾害以及潮汐自然现象影响，使得该区域的土壤含盐量高，植被难以生存，品类较为单一，因此形成沿海水陆交接带的生态脆弱区。

随着经济社会高速发展对环境资源的开发力度不断加大，我国环境问题日益凸显，除典型的水土流失及石漠化生态问题外，还存在着酸雨、雾霾、土壤污染等种种问题制约当地经济发展。立足我国生态环境现状，通过划定生态敏感区、脆弱区保护红线区的形式，可以为当地生态环境的保护构建起一道自然屏障，为当地协调可持续发展奠定基础。

（三）禁止开发区

禁止开发区作为我国现有法定保护区之一，在《全国主体功能区规划》中被列入四大主体功能区，具有维护生物多样性、涵养水源以及保护自然、人文景观的重要功能。作为区域的"主体"之一，理应在区域的生态环境保护与社会经济发展的平衡中发挥功能，功能发挥程度的标准主要有以下三项：第一，区域环境自身的承载力，显然环境的承载力高低与区域开发的承受力呈正相关，直接影响到地区能够承受的开发强度；第二，区域内现有开发活动的发展程度，直接决定了地区的资源现状与可承受开发强度；第三，区域自然资源的可再生能力，决定未来区域发展的可持续性与长久性。在上述功能区的指引下，当前主体功能区主要被分为优化开发区、重点开发区、限制开发区以及禁止开发区四种。所谓优化开发区，顾名思义即区域此前的开发状况较好，但由于生态环境与自然资源的可承受力逐步下降，使得该地区的环境保护有待优化。限制开发区的设立是由于当地自然环境较为脆弱，为实现环境保护的目标需要对当地的资源开发采取限制手段。禁止开发区即根据一定条件划定区域，在此区域严格禁止开发行为，具体包括各级各类自然文化资源保护区以及重点生态功能区等。禁止保护区的设立依据于当地的自然、文化资源环境条件，实现自然保护区的分类、分级设立，除明确禁止客体外，也对禁止行为的内容予以明确。在顺应当前城镇化、工业化发展趋势的同时，也能实现对环境生态的特殊与严格保护。具体而言，国家级别的禁止开发区域主要由国家级自然保护区、风景名胜区、森林公园等区域构成。除此以外，为响应国家号召，以《生态保护红线划定指南》为指导以及当地自然、文化资源具体保护现状为依据的情况下，积极完成禁止开发保护区的划定。其中，《生态保护红线划定指南》规定禁止开发区的划定工作完成之后，必须严格按照相关标准进行管理，并且对其用途不得随意更改，各项开发活动不得违反红线区域的生态定位。但实际操作中，也存在着相关例外情况。例如在《生态保护红线划定指南》中规定了"国家重大基础设施、重大民生保障项目建设等"，但需要严格的报批手续以及后续省级相关政府部门全面科学地对此予以论证。以此为基础，将考察的情况与所得结论进行汇总，从而提出科学合理的建设项目调整方案，交由原环境保护部和国家发展改革委等部门进行审核，此后再交由国务院完成复核，最终决定调整方案批准与否。

划定禁止开发区红线实现了我国环境保护工作的一大跨越，初步形成了较为完善的区域保护原则、方法及相应监管体制与保护措施，为进一步实现各个区域的界定与保护，维护国家生态安全与促进经济可持续发展发挥着重要保障作用。

第二节　生态保护红线的历史

生态保护红线作为我国在环境保护领域的一项重要制度创新，呈现出较为鲜明的政治背景与管理内涵。自2000年这一概念被首次提出，历经20多年的实践探索与持续发展，逐步实现由意识理念的形成—生态管控体系的初步建立—国家战略转变的发展。具体到生态保护红线的实践发展历程，大致经历了从萌芽期到快速发展期，最后迈入成熟完善期三个发展阶段。

（一）第一阶段：萌芽期（2000—2010年）

1. 早期雏形的诞生

在生态保护红线这一专有名词出现之前，与之联系较为密切的研究主要集中在生态功能区划、生态安全格局及生物多样性保护等方面。与此同时，各地也开始将红线区纳入地方区划管理的方案，如2000年，浙江省安吉县形成"生态立县"这一生态发展战略，较早提出"红线控制"方案，作为我国"生态保护红线"的发展雏形。① 同年，国务院颁布《全国环境保护纲要》，在其中对生态保护红线制度的具体内容进行规定，详细阐述了生态功能保护区的建设问题，并就解决重点生态问题的责权划分做出明确规定，构建并完善了我国生态环境保护的责任制。

2. 全国性生态功能区划定

2001年，在全国生态环境现状调查工作的基础上，环境保护部与中国科学院完成了《全国生态功能区划规程》的编制工作。2008年联合发表了《全国生态功能区划》，提出按照生态系统的自然属性将各生态系统划分为三类一级区，以生态调节作为第一类，产品提供作为第二类，人居保障作为最后一类。根据以上条件完成对三类一级区的划分，生态功能二级区的划分则需要结合各生态系统的具体生态功能与区域形成的具体时间来进行划分。生态功能三级区的划分标准则更加具体，需要对包括生态功能的空间分布、土地利用、土质差异在内的综合数据进行综合分析后开展。当前，在全国范围内共存在216个生态功能区，包括具有生态调节功能的生态功能区148个、提供资源的生态功能区46个、实现人居保障功能的生态功能区22个，分别占据国土面积比例为78%、21%、1%。对此，2010年发布实施的《全国主体功能区规划》，以国土环境承载力、城镇发展强度及潜力评价为依据，在各地实现禁建区与限建区的划分，其中各级自然保护区被纳入禁建区范围进行保护。因地制宜作为各类主体功能区划分的重要前提，要求划分时应当结合当地的实际情况与具体自然条件，做到开发内容与地方自然条件属性相吻合。从构建空间发展的角度出发，为国家层面的生态关系体系构建奠定坚实的基础。

3. 区域性生态功能区划定

2004年8月，作为区域性生态功能区划分的先驱，江苏省率先完成生态功能区划工作，全省被划分3个生态区、7个生态亚区和33个生态功能区。此后，广东省于2005年2月颁布并实施《珠江三角洲环境

---

① 张琨等：《从划定历程与属性特征正确认识生态保护红线内涵》，《生物多样性》2022年第4期。

保护规划纲要（2004—2020年）》，首次提出将生态保护红线、自然保护区与重点生态功能区统一划定的概念，通过在城市区域内划定"红线调控、绿线提升、蓝线建设"三线，使得区域内生态保护红线占据20%的土地，并据此采取分级管控与差别化管理等相关举措。2005年11月，深圳市人民政府颁布实施《深圳市基本生态控制线管理规定》，结合城市实际状况完成了基本生态控制线的划定，以保障城市基本生态安全、防止城市建设无序扩张为主要目的。2007年，昆明市将划定生态保护红线纳入土地利用的总体规划，具体保护范围以生态敏感脆弱和关键生态功能区为主。2008年4月，东莞市政府通过发布《东莞市生态控制线规划》，将全市1103平方千米纳入生态控制线范围，大约占据本市土地面积的44.7%。2009年2月，江苏省又印发了《重要生态功能保护区区域规划》，初步实现构建区域统一的生态空间管控格局。东莞市政府则于2008年直接编制《生态控制线规划》，并出台相应配套管理规定《生态控制线管理规定》，以此为标志，以生态控制线为主线的保护制度在各区域层面已初见成效。

（二）第二阶段：快速发展期（2011—2013年）

1. 国家出台政策规定对生态保护红线划定规范指导

2011年，国务院《关于加强环境保护重点工作的意见》明确指出，要实现重要生态功能区、陆地和海洋生态环境敏感区、脆弱区等区域生态保护红线划定工作的完成。这是国务院首次以文件形式提出"生态保护红线"这一概念并提出工作要求，标志着"生态保护红线"的划定进入了发展新阶段。

2012年年初，原环境保护部组织召开了全国生态保护红线划定技术研讨会，就全国生态保护红线的划定工作完成了总体部署。同年12月，完成《全国生态保护红线划定技术指南》的草拟工作，其中初步制定了生态保护红线划定的技术方法，最终形成《全国生态保护红线划定技术指南（初稿）》。

2013年5月24日，习近平总书记在主持中共中央政治局第六次集体学习时指出，要将生态环境保护放在更加突出的位置，要大力推进生态文明建设，树立生态保护红线的观念。坚决对环境问题的重视，保持高度警戒心，不能跨越雷池一步。2013年11月党的十八届三中全会召开，作为推进生态文明建设的重点改革任务之一，明确提出划定生态保护红线。在会议通过的《关于全面深化改革若干重大问题的决定》第十四部分提到，要在全国范围内划定生态保护红线，坚定主体功能区制度的推行与实施，实现国土空间开发保护制度与国家公园体制的建立，在执行中严格要求地方按照划定主体功能区的定位制定自身发展规划。生态保护红线的第一次正式表述在此得以呈现。

生态保护红线作为我国提出的一个重大战略决策，对维护国家生态安全格局、减缓生态环境退化趋势，协调人口资源环境及经济社会发展之间的关系具有重要意义。通过划定生态保护红线并以强制性方式落实对生态环境的永久保护，表明了我国在科学规范生态环境保护领域的政策导向与坚定决心。

2. 国家层面的试点逐步开展

自 2012 年 3 月份以来，作为首批生态保护红线划定的试点省份，内蒙古、江西、广西、湖北陆续开展相关工作。次年 6 月，尽管江苏并不在试点省份内，但仍积极制定生态保护红线区域规划，作为首个省级层面发布生态保护红线规划的地区。江苏于 2009 年就开展了全省重要生态功能保护区的区域规划，并形成"江苏省生态保护红线区域保护规划"系列文件。

2013 年年初，环境保护部召开全国生态保护红线划定工作研讨会，会议对各地生态保护规划工作的成效予以总结与肯定。并据此进一步部署生态保护红线划定工作，确定采用从上而下和自下而上相结合的方式推进红线划定。国家层面承担出台红线划定的技术责任，各试点省份结合自身城市发展情况，坚持工作开展的系统性、科学性和历史延续性原则。在红线划定的过程中，注重各地边界勘定和现场调查工作的完成，推动地方高精度生态保护红线分布图的绘制，推动生态保护红线这一法律制度落在实处。此外，针对试点城市境内的国家重要生态功能区、生态环境敏感区、脆弱区完成生态保护红线初步形成划定方案。形成的方案中各试点省（区）生态保护红线的区域占据地方总面积的 20% 左右，其中内蒙古保护红线区域规划包括地区重要生态功能区和生态环境敏感、脆弱区，涉及生态环境的面积约为 28.46 万平方千米，占据全区面积达 24.1%。

在试点工作提供的工作经验基础上，环境保护部联合相关部委开展生态保护红线划定技术工作的研究，为后续生态保护红线管控的政策措施与管理法规的相继出台做好了一系列准备工作。探索生态安全底线的建设、确保国家生态安全的实现，促进经济社会可持续发展长效机制的构建取得了显著进展。

3. 各领域生态保护红线相继出台

为有效应对我国当前存在的水资源紧张、水资源污染严重等水资源保护严峻形势，强化各项针对水资源的保护工作，国务院于2012年1月出台《关于实行最严格水资源管理制度的意见》（以下简称《水资源管理制度意见》），并根据《水资源管理制度意见》制定了有关水资源的红线标准。《水资源管理制度意见》中提出划定我国水资源开发利用红线、水资源效率控制红线、水功能区限制纳污红线，要求2030年我国用水总量保持在7000亿立方米以内。同年，用水效率达到或接近世界先进国家的水平，每1万元工业增长值对应用水量降低到40立方米以下（不变价均参考2000年），农田灌溉水的有效利用系数增至0.6及以上，同时保持主要污染物入河总量在水功能区纳污可承受范围内，从而实现水功能区的水质不断提高，达标率达95%以上。

2012年10月，国家海洋局印发《关于建立渤海海洋生态保护红线制度的若干意见》，提出开展海洋生态保护红线的划定工作，依据当地生态环境的特点与管控需求，细致划分生态保护区为禁止开发区和限制开发区，对海洋生态保护红线区的划定包括渤海海洋保护区、重要滨海湿地、重要河口、特殊保护海岛和沙源保护海域、重要砂质岸线、自然景观与文化历史遗迹、重要旅游区和重要渔业海域等区域。2013年12月底，作为渤海区首个完成海洋生态保护红线划定的省份，山东省率先发布了《山东省渤海海洋生态保护红线区划定方案》，实现对海域总面积16313.9平方千米、红线区总面积6534.42平方千米的划定，有效期自2013年持续至2020年。

2013年由国家林业局编制的《国家林业局推进生态文明建设规划纲要》，实现了对森林、湿地、沙区植被、物种4条生态保护红线的划定。并对相应区域的面积总量提出了要求，其中林地和森林红线区域，要求林地和森林的总面积不低于46.8亿亩、37.4亿亩，森林的总蓄积量不得低于200亿立方米；在湿地红线区域内，总面积不得少于8亿亩；沙区植被红线区域内要求总面积不得少于56万平方千米，用于全国沙区治理及植被保护；在物种区域内，要求各级各类自然保护区严格禁止开发，对区域现有的濒危动植物实现综合性保护。

(三) 第三阶段：成熟完善期（2014年至今）

1. 从国策机制转向法律规范

2014年在《环境保护法》修订过程中，立法者通过对以往生态保护红线规范性文件创制情况及实践经验进行总结，将"在重点生态功能区、生态环境敏感区和脆弱区等区域划定生态保护红线"考虑在内，标志着立法层面对"生态保护红线"概念与制度的认可。2015年，《国家安全法》的颁布明确将划定生态保护红线纳入国家安全任务的范畴，明确了生态保护红线划定的原则、范围及生态风险预警等内容，实现了我国生态环境保护制度体系构建。此后，《海洋环境保护法》与《水资源保护法》也分别于2016年、2017年将生态保护红线制度纳入其中。2021年4月，国务院审议通过《土地管理法实施条例》，其中明确提出国土空间规划应当立足并贯彻国家发展规划中提出的国土空间开发保护要求，对生态、农业、城镇等功能空间进行整体布局，实现对生态保护红线、永久基本农田及城镇开发边界等功能区的划定，对尚未被纳入生态保护红线区的重要生态功能区域查漏补缺，严格依照要求予以保护。

在上述背景下，地方陆续开展生态保护红线的管理条例的制定工作。2014年，沈阳市作为全国第一个颁布生态保护红线管理地方性法规的地方政府，正式出台《沈阳市生态保护红线管理办法》，其中明确了生态保护红线的概念、范围及立法目的和原则，并对各级政府依法行政提出要求。此后，部分省政府也通过颁布管理办法，开始生态保护红线管理的试行工作，《吉林省生态保护红线区管理办法（试行）》《湖北省生态保护红线区管理办法（试行）》《广西生态保护红线管理办法（试行）》得以相继出台。

此外，实施意见、通知及具有技术指导作用的指南等形式的文件也被各省市地方政府用于生态保护红线的划定工作中，因地制宜实现对当地生态保护红线工作的推进。

2. 全面部署稳步推进

2014年年初，环境保护部发布了《国家生态保护红线—生态功能红线划定技术指南（试行）》，作为生态保护红线划定工作全面开展的标志，为后续主体功能区规划、源头保护制度与生态环境保护管理体制的实施指明了行动方向。在此背景下，试点工作的经验积累与各地技术论证和专家反馈陆续完成，在充分调研与试点的基础上，环境保护部在2015年完成了《生态保护红线划定技术指南》的修订工作，为全国性生态保护红线的划定奠定了基础。

2016年3月，全国人大审议通过了《国民经济和社会发展第十三个五年规划纲要》，其中明确提出了生态保护红线划定工作的开展要求。同年5月30日，国家发改委等九部委联合发布《关于加强资源环境生态保护红线管控的指导意见》的通知。中共中央办公厅、国务院办公厅于2017年2月发布《关于划定并严守生态保护红线的若干意见》，要求京津冀区域、长江经济带沿线各省市在2017年年底之前开展生态保护红线划定工作；在2018年年底前，其他省（自治区、直辖市）完成生态保护红线的划定工作；2020年年底，在全国范围内全面实现生态保护红线划定与勘界定标工作的完成，从而有效实现生态保护红线制度的基本建立、国土生态空间优化的目标、生态功能稳定发展与国家生态安全格局的进一步健全。到2030年，逐步实现生态保护红线布局的进一步优化，形成以生态保护红线制度为基础，以生态功能为核心的国家生态安全新格局。

2017年5月，环境保护部和国家发改委联合印发《生态保护红线划定指南》，对生态保护红线的内涵、基本原则、管控要求、工作程序、技术流程及成果要求等方面进行明确，为全国生态保护红线的划定提供依据，确保国家生态安全保护目标的实现。2018年《生态保护红线管理办法（暂行）》的发布，使生态保护红线的划定在调整、监测、修复等制度方面得以细化。2019年《生态保护红线勘界定标技术规程》颁布，有关红线勘界定标的工作在全国范围内进一步落实。同年10月召开的党的十九届四中全会强调生态文明建设工作中生态保护红线制度的重要性，对各地开展生态保护红线划定与统筹工作提出尽快落实的要求。2020年11月，自然资源部发布《生态保护红线管理办法（征求意见稿）》，提出要进一步细化生态保护红线保护区的管控规则。2022年8月16日，自然资源部、生态环境部、国家林业和草原局联合印发《关于加强生态保护红线管理的通知（试行）》，对生态保护红线内的有限人为活动作出了具体要求，具体包括日常活动、原住民、考古、林地、旅游、线性基础设施、地矿、生态修复、国界管理、法律法规规定10个关键词。立足新时代，当前我国对现有生态问题的认识以及生态文明建设关注度不断提升，并且采取科学合理的方式增强生态保护红线中资源环境红线的划定量化约束效力，为制度在全国范围内的落实与推广指明了方向。

第三节 生态保护红线的功能与作用

一 生态保护红线的功能

日益严峻的环境危机，对环境保护实现效率的追求促使各项环保技术发明不断更新。在此背景下，若干法律原则与法律制度得以确立，与之配套的环保政策也被陆续实施。尽管在相关技术、法律制度与政策的影响下，局部地区污染防治、生物资源可再生能力提高等工作取得了一定进展，但实践中存在实施范围、技术差异等问题，使得环境保护对象仍有可能因为人类的活动而永久性丧失其生态服务功能。因此，为了实现对人类环境利益的有效保障，必须采取覆盖范围更广、更具科学性的保护方法。基于此，生态保护红线保护制度应运而生，其基本功能在于保障地方生态系统安全，避免经济发展过程中城乡建设用地的无序扩张，实现生态环境与地方经济的可持续发展。其功能的实现也要求各地尊重其价值选择，以尊重生态规律与环境承载力为前提，实现对生态保护地范围的合法划定。[①] 实现生态保护红线所具有的强制、矫正、兜底等主要功能。

（一）强制功能

近年来，随着工业化与城镇化的深化发展，我国面临着越来越严峻的资源环境危机。尽管在各方的努力下，生态环境保护与建设工作得以有序推进，但总体而言，仍面临着资源约束、环境污染、生态系统退化等多重压力，部分生态问题呈现出复杂性、持续性及不可逆性，对我国生态系统保护工作提出了一定考验。在此种情况下，人们的活动范围与行为模式必然会受到一定程度上的消极影响，表面上为了保护生态环境而对人类的生产、生活行为设限，但从长远角度出发，其目的在于更加公平、合理、有效地利用自然资源。究其本质，是满足人类自身对环境资源的可持续利用。因此，在前一阶段对于人类需要的限制即对利益的限制，需要依赖强

---

① 王权典：《我国生态保护红线立法理念及实践路径探讨》，《学术论坛》2020年第5期。

制手段来得以实现,以此确保生态保护红线制度的有效落地。①

具体而言,强制性主要体现在划定生态保护红线区的范围与类型均依据具有强制性的法律规范,体现了生态保护红线法律制度对法律的严格适用。另外,生态保护红线的划定以维护生态健康和遏制环境恶化趋势、维持生态系统功能的完整性为目标。为了促进该目标的实现,必须对资源开发利用的规模进行有效控制,若缺乏相应强制性手段或约束规则予以限制,涉及多方利益主体的污染物排放标准、排污许可证制度等的落实将存在较大阻碍。

从具体执行来看,生态保护红线的强制功能具体作用于确定红线方案、划定红线区域、衡量红线目标是否达成等领域,从以上功能的特点来看,均依赖于具有约束力和可评估核查的具体措施来实现。从生态保护红线强制功能执行的保障机制来看,生态保护红线监管办法、目标评估与标准评估均需要做到真正落实。

(二)纠正功能

生态保护红线纠正功能的作用主要表现为纠正人类破坏自然环境的行为,这一纠正功能实现了权利救济观念与事先预防理念的结合。

第一,体现人类对生态功能破坏结果的修正,修正功能的发挥"遵循生态学基本原理,对其中关键的生态系统进行恢复与重建,本质上来说即人为干预生态系统的恢复与演变"②。尽管当前在理论层面提出可以人为干预或整治海洋生态系统,使得其实现完全恢复与重建,但这些仅能作为美好愿景而存在。因为生态演变过程中存在的路径依赖现象,使得人类能动修复的生态系统必然与此前的生态系统具有较大差异,只能尽最大可能实现模拟系统在遭受破坏前的状态进行修复。尽管纠正行为无法使生态系统得到彻底恢复,但也并非毫无作用,相关工作的开展也能使此前退化的生态系统回到较为健康的自然条件中。因此,纠正功能是生态保护红线效用实现的重要一环。

第二,体现为针对未来可能造成生态功能损害的预防性纠正措施,具体表现在对既定区域内人类的环境破坏行为进行限制与禁止。此种纠正手段立足于对生态环境损害的预防,以生态系统的管理为基础开展生态红线

---

① 戈华清:《海洋生态保护红线的价值定位与功能选择》,《生态经济》2018年第12期。
② 邹长新等:《论生态保护红线的类型划分与管控》,《生物多样性》2015第6期。

的划定工作。由于自然界自身存在较强的自我调节能力，使得人们对生态服务功能存在认识偏差，因此采取合理约束手段来纠正人类的认知性偏差极为有必要，也因此，对构建相应的约束机制提出了一定要求。此种自我约束行为，是人类面对自然环境谨慎选择的结果，体现了人类应对生态环境破坏风险前的自我主动干预，有效采取措施纠正自身意识偏差。此外，由于人类对生态系统发生的变化具有"非线性放大作用"，这就使得人类对遭受自然环境影响的结果认知具有延时性、不可预测性与突变性。从审慎视角出发，当前需要着眼于对实现人类与生态环境消费性关系的转变，要求人们对自身心态进行改变，在人与自然共生共存的生态系统中探索生态价值实现的最佳途径。

（三）兜底功能

2017年，中共中央办公厅、国务院办公厅发布《关于划定并严守生态保护红线的若干意见》（以下简称《生态保护红线若干意见》），其中强调生态保护红线作为保障和维护国家生态安全底线和安全线的重要地位。从早年意义深远的18亿耕地保护红线，到近些年来围绕大气、水资源、土壤环境等核心环境要素的最严格环境保护制度的逐步实施，应该承认生态保护红线对底线思维与红线思维的充分体现。因此生态保护红线也可以被称为"兜底红线"。具体可以从划定目的、应用频率与使用顺序三个方面予以考量：

从生态保护红线的划定目的来看，《生态保护红线若干意见》中指出生态保护红线具有涵养水源、保持水土、防风固沙、调蓄洪水以及保护生物多样性等特点，能够实现地方保护自然环境条件、保持生态系统完整与稳定性等需求，有效兼顾地方经济社会发展和环境生态保护的双重需求。因此，在具体实践层面上，必须依法严格落实对重点生态功能区、生态环境敏感区和脆弱区等区域生态保护红线的划定，使受保护区域做到面积不减少、生态功能不降低、性质不改变。另外，针对森林、草原、湿地、海洋等区域划定生态保护红线，严格限制人类生产、生活活动对该区域空间的占用，并采用科学合理手段加以管理，以此实现对当前生态系统退化趋势的有效遏制。《生态保护红线若干意见》还提出了一系列管控内涵和相应指标，构建起一张覆盖全社会的生态保护网，确保严守生态保护的底线，以此为基础，实现从根本上扭转我国环境保护与经济发展之间存在的不可持续、经济发展不协调的状况，推进生态文明建设的全面开展。

从生态保护红线在环境保护实践中应用的频率来看，作为一项"隐性"制度，排放标准制度、清洁生产促进制度、循环经济促进制度无时无刻不在发挥着作用，法定建设项目在环境影响评价制度的规制下设立，行为人的行为受到相关许可制度的管理。普通民众在其中可以积极参与检举、控告制度的建设，行使申请环境信息公开等权利。环境督察组织可以运用环境违法行为的"惩罚"制度，对环境违法行为予以惩治。与之相对，生态保护红线制度在环境保护的实践中并不能全部适用，生态保护红线制度难以适用于对排污企业的监管当中，也未能成为环境保护志愿者参与环保活动的法律武器，在环境保护的机关使用频率也远低于其他法律法规。并且在我国数十部环境法律法规成百上千条的规定中，涉及生态保护红线，对环境行为人、各级政府及环境管理机关、普通民众参与环境管理责任的规定也较少。

从环境保护手段的使用顺序来看，生态保护红线制度并非首选。以当前我国生态保护红线保护的主要对象为例，具体包括保护水源、保持水源地、减轻洪涝灾害等功能，对此《水法》《水污染防治法》《水土流失防治法》等法律法规的使用频率更高。只有当常规法律手段无法发挥作用，造成水源保护失败，水源地涵养水源及减轻洪涝灾害等功能严重受损，并且在未来将造成严重后果时，生态保护红线制度才会得以运用。

二 生态保护红线的作用

生态保护红线制度的创设作为生态文明建设的一项重要制度创新，在保障国家及地区生态安全和经济社会可持续发展中发挥着至关重要的作用。其意义不仅在于应对当前的环境保护危机，更在于解除人类在未来可能面临的严重环境利益威胁。作为保险系数最高的环境保护制度，能够有效确保生态功能区原有功能不丧失、生态脆弱区有效恢复。具体而言，其功能主要体现在保护生态安全、维持生态承载力、保障生态完整性与稳定生态系统服务四个方面。

（一）保证生态安全

从广义上来讲，生态安全即人类居住、健康、资源保障、基本权利及环境适应能力良好的状态。具体包括自然生态安全、经济生态安全和社会生态安全三个方面。狭义的生态安全则由自然生态系统安全和半自然生态系统安全两个方面组成，通过生态系统的完整性、稳定性和健康性等来体现，是评判当地生态安全的重要标准。涉及生态安全的研究内容主要包括对生态系统是否完整的评估、对生态系统稳定性和健康性的诊断与评价，并以此为依据实现当地生态安全等级的划分，根据相应的安全等级来开展生态安全预警和应急工作，以确保生态环境的保障。生态保护红线的划定旨在确保国家和区域生态安全，核心目的在于让地方生态系统处于完整及稳定的状态，从而在遭遇外界环境干扰时能保持较好地自我调节与自我恢复功能，确保区域的大气、地表水和地下水、土壤与植被等环境功能的完整、稳定和健康，有效实现对地区生物多样性的维护。

（二）维持生态承载力

生态承载力是指生态系统的资源供容、自我调蓄以保稳定的能力，具体反映在当地资源环境能够供给并维系的社会经济活动强度与人口水平数量上。当人类活动对生态系统的资源索取、自我维持和调节能力未超出环境的能力范围时，当地的经济社会发展能够较好地实现可持续发展。反之，若超出生态系统的资源储存及自我调节能力的范围，则将导致当地资源环境的破坏，对当地经济、社会的可持续发展造成负面影响。作为生态保护红线划定的重要理论依据，生态承载力理论在实现对区域自然条件评估的基础上，明确地区生态承载力的具体范围，将人类活动予以限制，以此保障区域生态环境的良性与健康发展。

（三）保障生态完整性

生态系统中的各种参与者，如初级生产者、消费者和分级者等，都在其中发挥着不可替代且重要的作用。保证生态系统结构的完整、稳定和健康，是实现生态系统中物质循环和能量流动完整的前提，也就是实现过程的完整。过程的完整与否将直接影响到生态系统提供的服务功能实现与否，进而对区域的社会经济可持续发展造成影响。生态系统是否完整，具体可以从以下三个方面予以考查：第一，在生态系统原始条件下，能否维持生态系统的最优化；第二，在人类活动不断创造环境风险的条件下维持环境最优化运作的能力；第三，实现环境自我进化和发展的能力。生态保护红线的划定，其意义就在于划定最小空间范围来维持当地生态系统的稳定，以此确保生态系统结构和过程的完整性。提升环境自身抵抗外来作用与自我恢复的能力，同时具有一定抵抗外力的能力和恢复能力，在面临环境突变等情况的影响也能保持稳定状态，不至于造成系统性崩溃局面。

(四) 稳定生态系统服务

生态系统服务功能是指生态系统在其自身发展过程中形成的，为维持人类生存提供的环境资源要素和条件。生态系统服务功能的内容主要包括供给、调节、文化和支持四大类。供给体现为物质性服务功能，包括直接为人类提供生存所需要的食物、淡水、火源以及生物资源等；调节体现在自然环境发挥调节气候、净化空气、保持土壤以及涵养水分等作用，为人类的生存发展提供间接性支持；文化体现在具有特殊意义的区域环境、具有美学价值的景观，能够为人类提供非物质性的教育、科研、休闲娱乐场所；支持在于生态环境作为人类生存与发展的物质资源的源泉，划定生态保护红线，可以保证区域内的生态系统持续健康发展，进一步推动当地经济社会可持续运行。当某一区域为满足经济发展需求，过分开发、消耗环境资源，并造成严重污染等问题，健康生态环境遭到破坏就会使得其能提供的生态功能大大降低，严重影响地区未来的经济社会发展。因此，考虑生态系统所具有的完整和稳定功能，进行生态保护红线的划定至关重要，既能满足短期当代人发展的需要，又能确保长远后代人的利益不受损害。

第四节 设立生态保护红线的必要性和可行性

一 设立生态保护红线的必要性

随着人类文明的不断推进以及日益频发的多种生态灾难和环境危机，诸多经验和教训都在警醒着人类对于具备重要性与唯一性的自然环境应当改变态度——从征服、剥削转为尊重、保护。不论是农耕文明还是工业文明，人类在过去数万年中为了自身的发展已然对生态体系造成了不同程度的损害，发展到如今的现代文明，短时间内经济腾飞的"果实"在不断诱惑着人类打开破坏环境的"潘多拉魔盒"。为了使生态安全屏障不遭受进一步的破坏，为了使经济发展与环境保护相辅相成，从而实现绿色、可持续发展，生态保护红线在此时便应运而生。

（一）遏制生态环境持续恶化的必然选择

自改革开放以来，我国工业化程度已逐步进入深水区，城镇化水平也不断快速提升，随之而来的除了人民生活水平的日益提高，还有我国资源环境形势的日益严峻。虽然党的十八大已将生态文明建设纳入我国特色社会主义事业总体布局，并且取得了诸如森林覆盖率从 21 世纪初的 16.6%上升到了 23.04%、地表水的优良水体比例从 2012 年的 61.7%上升到了 2021 年的 84.9%等显著成就，但是，基于人口众多的基本国情，我国的总需求量仍是自身生态系统可维持供应能力的两倍多，资源开发约束难度、环境污染程度、生态系统退化速度都在不断加重甚至恶化，生态问题日趋复杂。尽管多年努力使得环境质量总体得到了一定改善，但是，生态恶化趋势尚未得到根本逆转。仅就空气质量这一项来说，《2021 年中国生态环境状况公报》显示，在我国 339 处地级及以上城市当中，仅有 218 个城市达到了环境检测标准，占据城市总量的 64.3%，其中城市环境空气质量超标的城市有 121 个，占 35.7%。就水质而言，位于东北地区的松花江流域，水质从 2020 年度良好转变为轻度污染，主要污染物检测为化学需氧量、高锰酸盐指数、氨氮和总磷。报告中总共对 254 个水质断面进行检测，其中，Ⅰ—Ⅲ类占据总量的 61.0%，相较于 2020 年下降了 9.5%，劣Ⅴ类占据总量的 4.3%，相较于 2020 年下降 1.2%。

我国面临人口多、底子薄、污染重、可持续发展难度大等严峻挑战，在此形势下划定生态保护红线是完善生态保护制度、实现资源高效利用的重要手段之一，也是改善我国生态系统功能和环境质量状况的重要途径，能够有效缓解经济社会建设活动对生态系统造成的破坏。这要求在生态保护红线的划定过程中，牢固树立环境法治观念，协调好环境利益、社会利益、经济利益三者之间的关系，为维护国家生态安全寻求最佳方法。促进人口、资源、环境之间的相互平衡，最终实现经济、生态效益相互协调与和谐共进。

(二) 优化国家生态安全格局的基本途径

随着经济社会的发展、人民生活水平的不断提高，普通民众对于环境质量的要求与期待也随之提升。但此前部分地方政府片面追求经济发展，对环境资源无节制开发与索取。在此背景下，生态保护红线法律制度应运而生，通过关注我国生态自然环境的发展情况，将生态安全作为国家安全的基础进行延伸，对生态环境保护的重要性进行强调。

构建良好的生态安全格局是实施国土空间优化开发、促进经济社会可持续发展的重要基础保障。为促进国家生态安全格局的构建，我国在国土空间优化、保护区规划和物种资源等保护领域积极开展探索与研究，相继开展了全国生态功能区划、主体功能区规划、生物多样性保护战略与行动计划，不断推进各类保护区的规划与建设步伐，使得保护区的重要生态服务功能得以发挥，对缓解区域资源的环境承载力、合理利用地方自然资源、充分发挥经济及生态效益、促进人口、经济、社会和自然的发展作出重大贡献。当前我国自然保护区在陆地总面积中的占比达到15%，这一比例已经达到乃至超越了部分发达国家，但是当前仍存在部分问题，自然保护区建设的地域特征鲜明且较为不平衡，30%的自然生态系统、20%的野生动物及40%的高等植物仍在保护区的建设范围之外。总的来说，各类生态保护区的建设仍存在空间重叠、规划不合理、缺乏相应管理制度等问题。从生态环境保护投入来看，由于存在各级政府优先追求地方财政收入、企业和个人优先追求经济利益等情况，导致过去难以形成高效稳定的国家生态安全格局。划定生态保护红线，有利于从全局视角实现对国家生态空间的高效整合，进而实现规划布局的统一，夯实原有生态基础，从而为构建与完善国家生态安全屏障和保护格局提供强有力的支持。

（三）变革生态环境管理体制的有效方式

随着经济社会的不断发展，环境保护面临历史性转变的关键节点，生态环境管理体制的问题也逐渐在实践中浮现，其中很多问题形成了生态保护的阻碍。最重要的一个表现在于现行的生态环境管理体制存在诸多弊端，当前我国主要采用单一环境要素保护的规制模式，将单一环境要素作为保护目标对生态环境进行规制，这也使得政府的生态保护管理职能分散在环境保护部门、林业部门、水利部门等部门，缺乏统一且强有力的生态保护监督管理机制。各部门从自身利益出发，推动本部门管理范围内的资源法律制定，并希望借此提升自身的权力，从而形成"政出多门"的局面，造成法律法规之间的矛盾和基层部门的执行难度加大。在规划与政策制定层面，由于生态保护红线划定的目的与分类体系有所不同，使得政府部门之间的衔接不够，生态保护标准不统一，各项措施的提出与执行不一致，对国家在生态保护领域的宏观调控极为不利。同时，分工执行的矛盾也对环境保护造成了反作用，主要表现在物种保护与自然保护区管理、水资源管理和污染防治等方面；资源管理部门政企不分，既扮演资源保护、监督生态建设的角色，又执行经营、开发资源等任务，并不利于生态环境保护的实现。

划定并严守生态保护红线作为一项综合性极强的系统性工程，旨在实现生态环境保护的整体性运作，由国家从宏观层面统筹对生态空间的管控、保护和监察，将资源的开发利用、环境管理、生态保护等有机整合，协调相关主管部门的职责与利益，采用更为严格且和谐的生态保护红线制度，构建出各司其职、协调统一的生态保护机制。

二 设立生态保护红线的可行性

（一）理论研究成果为生态保护红线制度奠定了理论基础

当前生态保护红线的理论基础为宇宙飞船理论、环境负载定额理论、环境正义理论和生态系统控制理论等。宇宙飞船理论认为，地球作为宇宙的一艘飞船，人类无节制地消耗飞船上有限的资源，终有一天会将地球的资源耗尽。这一理论被部分学者认为是生态保护红线的基础，同时也被视为循环经济学的基石，明确环境资源有限性的同时，也倡导并鼓励循环经济的适用。环境负载定额理论依据于环境承载力理论，表现为有机体在外界干扰和阻碍情况下，能够维持生存的诸多生理特征。[①] 当人的行为忽略自然规律而超出系统自身可承受的限度时，就有可能产生不可逆的危害，生态系统也将走向紊乱乃至瓦解。有学者提出，环境正义理论可以作为生态保护红线制度的理论基础，其理论在于人们平等享有环境权利与应承担同等的环境义务，因此，在环境资源的利用和后果承担上也应当受到同等对待，从而实现个人在环境资源利用与环境保护领域的公平环境。[②] 生态系统控制理论作为生态学理论的重要部分，是基于生态学理论提出的。为了维持整个生态系统处于动态平衡状态，必须对其进行有效的生态保护和全面管理，以确保生态系统的整体性和稳定性。

通过对当前有关文献的梳理，对当前关于生态保护红线的研究现状进行总结，可以发现目前主要按照"概念界定—划定方法—管控策略"的思路，分三个方面对生态保护红线相关理论问题进行展开论述。在概念界定上，理论界展开了相关探讨，主要表现为广义概念与狭义概念的区分，广义概念支持学者认为，应当将生态保护红线进行综合性理解，生态保护红线的功能不仅作用于生态空间保护，还应当包含自然资源及生态环境领

---

① [英] E. 马尔特比等编著：《生态系统管理：科学与社会管理问题》，康乐、韩兴国等译，科学出版社2003年版，第134页。
② 汪劲主编：《环保法治三十年：我们成功了吗》，北京大学出版社2011年版，第36—41页。

域。因此，可以将其具体划分为生态功能红线、环境质量红线和资源利用红线三类。① 而狭义学说则认为，生态保护红线的概念应仅作为生态功能红线存在，主要作用于生态空间保护功能的实现，以空间为界限划定生态保护红线。

作为生态保护红线研究体系的核心，如何划定生态保护红线必然是生态保护红线研究的热点与难点。目前，生态保护红线的划定方式主要为两种：一种是在法定生态保护区域的基础上，通过筛选并叠加其他需保护范围形成生态保护红线；另一种则是通过选取生态评价，依据此前的评价结果结合适宜的评价方法，对于评价级别较高的区域进行生态保护红线的划分。在此基础上，相应的管控策略也被提出，即在"建"与"不建"的问题上要避免"一刀切"的管理模式，建立以生态保护红线区域为单元的多元复合管控模式等。目前，对生态保护红线区域试行两级或三级管控的划线方法被部分学者所认同，并为之在不同管控区域配套相应准入标准与管控的措施。当前，有关于生态保护红线的研究仍在发展与丰富，理论成果也日臻完善，为生态保护红线制度的建立打下了良好的理论基础。

（二）地方生态保护红线制度的探索提供了实践基础

一直以来，我国政府都较为重视环境生态保护相关工作的开展，并采取了一系列措施予以推进。从各部委相关工作开展情况来看，2008年，水利部为实现水资源保护而划定三条水资源控制线；国家海洋局为实现海洋环境保护而开展海洋保护区、重要滨海湿地等区域的保护红线划定工作；国家林业局面向林地、荒漠等地区的保护需求，划定林业和森林、湿地、荒漠植被、物种四条红线；国土资源部划定耕地红线等。2013年，环境保护部组织开展了生态保护红线划定试点工作，在内蒙古、江西、广西、湖北的国家重要生态功能区、生态环境敏感区、脆弱区等区域开展生态保护红线的划定工作，通过试点区域的反馈初步形成试点省域的生态保护红线划定方案。方案中生态保护红线区域面积达到省域的20%以上。同年，江苏通过了《江苏省生态保护红线区域保护规划》，并在区域划定后严格落实相关细则，落实完善生态补偿措施、定期开展生态评估等规定，对推动江苏经济社会全面、协调、可持续发展发挥了重要作用，同时

---

① 包庆德、刘雨婷：《制度底线：确保中国国土生态安全的控制线》，《哈尔滨工业大学学报》（社会科学版）2022年第1期。

也为其他省份划定生态保护红线提供了良好的借鉴与示范作用。2014年,国务院印发《关于支持福建深入实施生态省战略加快生态文明先行示范区建设的若干意见》,其中明确提出要把福建打造成中国首个生态文明建设示范区。并要求福建加强对主要生态环境功能区和环境敏感区的保护与修复工作。通过建设生态文明先行示范区,发挥引领示范效应,有力地形成人与自然和谐相处的现代化发展新格局。

(三) 相关配套机制为生态保护红线制度提供了有力支撑

1. 生态补偿机制

生态保护红线制度的实施要求划定特定区域禁止或限制开发,导致红线以内的保护与红线以外的开发活动产生冲突,因此必须引入生态补偿制度,将法律规制与生态补偿有机结合,从而提升生态保护红线制度落实的积极性,[①] 达到更好的保护效果。生态补偿即是指在综合考虑生态保护成本、发展机会成本和生态服务价值的基础上,采用行政、市场等方式,由生态保护受益者或生态损害加害者通过向生态保护者或因生态损害而受损者以支付金钱、物质或提供其他非物质利益等方式,弥补其成本支出以及其他相关损失的行为。[②] 当前我国生态保护红线大多位于西部偏远欠发展的地区,而因此获得收益的地区则大多坐落于东部沿海经济发展较为发达的地区。由于生态保护红线的划定、管理及保持过程中投入了大量人力、物力及财力,并对当地产业构造与发展布局产生了一定影响,使当地的经济社会发展步伐减缓。如果对生态保护红线区域不采取补偿措施,将会进一步拉大红线区域与非红线区域的经济差异,打破生态正义与经济发展的平衡,难以实现区域协调和可持续发展。

生态补偿的思想在我国发展已久,早在20世纪90年代,"谁开发谁保护,谁破坏谁恢复,谁利用谁补偿"和"开发与保护并重"的生态环境保护实践已在我国部分地区开展,也在此后成为生态补偿实践与法律的参考。2000年以来,随着退耕还林还草、天保工程、自然保护区建设等一系列生态建设工程的实施,生态补偿的理论研究和实践工作取得了较大进展。此后,随着生态补偿领域的不断扩大,从最初主要由财政转移支付

---

① 于鲁平:《生态保护红线法律制度建设时空主要矛盾解析》,《政法论丛》2019年第6期。

② 汪劲:《论生态补偿的概念——以〈生态补偿条例〉草案的立法解释为背景》,《中国地质大学学报》(社会科学版) 2014年第1期。

兑现的天然林等少数类型，逐渐发展到当前跨越东西部的河流流域（水质、水资源、水生态等）、山区、农业、扶贫、矿山、林业、生态脆弱区、主体功能区、国家公园、碳交易、排污权交易等类型。生态补偿也逐渐实现由点到面，实施范围也不断扩大，在经济发展较发达省份的带头作用下，得以在东中西部广泛实施。生态补偿机制持续发展与完善，为生态保护红线制度落地提供了强有力支持，成为实现"绿水青山"到"金山银山"的重要途径与有机载体。

2. 公众参与原则

政府部门对于生态保护红线制度的设计与执行需要公民的参与。国家使用强制性去惩治违法行为，从本源来说，这只是依靠法律作为外在力量，并不是法律实施的效力本身；从现实依据来看，只能起到治标的效果，而不能起到治本的效果。要从根源上保护生态环境，不仅需要强制性，还需要带动社会公众、企业和其他组织的自发性。引导公众参与生态保护红线划定与管理，有利于实现对行政行为公正合理的保障。生态保护红线一经划定，对于本地居民而言，会对土地的承包权和使用权产生极大的限制，因此需要保障利益相关的公众参与生态保护红线规划的过程。此外，若生态功能区以野生动物的保护为重点，划定后，野生动物会因为得到保护，在更好的生息繁衍条件下数量骤增，可能会影响本地居民的生活，产生人与兽之间的矛盾。为了妥善应对上述情况，我们不仅需要实行生态补偿的经济手段，还需要转变管理方法，让强制保护转变成可协调的保护，让公众参与到生态保护红线制度的实施过程中，从而更深入地协调保护与发展的矛盾关系。

近年来，公民参与有关环境治理决策的热情越发明显，主要原因在于项目建设和环境污染导致的环境群体性事件频繁发生，对人们的身体健康造成了较多不良影响。在这一背景下，2015年修订的《环境保护法》明确写入公众参与并将其作为一项基本原则，环境保护部也为此制定了专门规章《环境保护公众参与办法》。让公民参入保护红线制度的实施，不仅是科学决策的需要，也是依法决策的需要。只有广泛征求群众意见，才能在维护公共环境利益的同时，也切实保护好集体或个人的合法利益。

第二章　生态保护红线的划定与调整

第一节　规范依据、理论基础

一　生态保护红线划定与调整的规范依据

关于生态保护红线的划定与调整，国家和地方层面都出台了一系列的规范性文件，这些文件构成了生态保护红线划定与调整的法律和政策依据。

（一）国家层面的规定

从国家层面而言，生态保护红线的划定与调整的规范依据主要分为三个类别：中央立法与政策、部门规章和党内法规。

中央立法层面的依据主要包括四部法律，即《环境保护法》《国家安全法》《海洋环境保护法》和《水污染防治法》。《环境保护法》第29条规定："国家在重点生态功能区、生态环境敏感区和脆弱区等区域划定生态保护红线，实行严格保护。"《国家安全法》第30条规定："国家完善生态环境保护制度体系，加大生态建设和环境保护力度，划定生态保护红线，保障大气、水、土壤等自然环境和条件不受威胁和破坏，促进人与自然和谐发展。"《海洋环境保护法》第3条规定："国家对重点海洋生态功能区，生态环境敏感区，脆弱区及其他水域划定生态保护红线并严格保护。这是党中央国务院作出的一项重大决策部署，是加强海洋资源环境综合整治，促进人与自然和谐发展的重要举措。实施好这一战略决策，对于保障我国海洋经济可持续发展具有重大意义。"《水污染防治法》第29条规定："进行开发建设活动的，必须采取有效措施保障流域生态环境功能的发挥，并严守生态保护红线。"上述法律规范共同为生态保护红线法律制度的实施奠定了基础。

党的政策与国家政策方面有代表性的文件包括：

（1）国务院《关于加强环境保护重点工作的意见》（2011年）。该意见首次以规范性文件的形式提出了"生态红线"的概念，这对保护重要生态功能区、恢复生态系统服务功能具有重大意义。规范性文件中首次提出"生态红线"概念是一个信号，体现了国家以强制性手段强化生态保护的政策导向。该意见要求加强生态保护，国家划定环境功能区划，划定生态保护红线，对各类主体功能区制定环境政策；加强青藏高原、黄土高原—川滇、东北森林带等区域的生态保护，推进生态修复，让生态系统休养生息；建立生物多样性监测、评估与预警体系，实施生物遗传资源获取与惠益共享制度，防范物种流失；评估生态系统状况，在矿产、水电、旅游资源开发和交通基础设施建设中保护生态；推进生态文明建设试点，进一步开展生态示范创建活动。

（2）党的十八届三中全会《中共中央关于全面深化改革若干重大问题的决定》（2013年）。该决定明确规定了加快生态文明制度建设，提出划定生态保护红线，坚定不移地实施主体功能区制度，建立国土空间开发保护制度，建立国家公园体制。建立环境资源承载能力监测预警机制，对水土资源、环境容量和海洋资源超载区域实施限制性措施。对限制开发区域和生态脆弱的国家扶贫开发工作重点县取消地区生产总值考核。探索编制自然资源资产负债表，对领导干部实行自然资源资产离任审计，建立生态环境损害责任终身追究制。

（3）《关于划定并严守生态保护红线的若干意见》（2017年）。该文件是由中共中央办公厅、国务院办公厅在2017年2月7日公布的，对全国范围内生态保护红线的总体规划提出了要求：在2017年年底前实现京津冀地区、长江沿线各省（直辖市）的生态保护红线划定；在2018年年底前完成其他省市（自治区、直辖市）的生态保护红线划定工作；到2020年年底，全面完成全国范围内的生态保护红线划定工作，完成全国范围内的勘界定标；至2030年，生态保护红线有效实施，国土生态安全得到有效保障。在生态保护红线的划定过程中，对于有条件的地区，可逐步实现生态移民，进行人口安置，降低人类活动对环境的影响。

（4）党的十九大报告《决胜全面建成小康社会 夺取新时代中国特色社会主义伟大胜利》（2017年）。报告提出应加大生态系统保护力度，建立生态廊道、生物多样性保护网络，提高生态稳定性。完成生态保护红线、永久基本农田、城镇开发边界控制线划定。开展国土绿化行动，治理荒漠、石漠、水土流失，强化湿地保护恢复，提高地质灾害防治能力。实施天然林保护，推进退耕还林还草。保护耕地，试点轮作休耕，健全耕地、草原、森林、河流、湖泊休养生息制度等。

（5）《关于在国土空间规划中统筹划定落实三条控制线的指导意见》。该指导意见由中共中央办公厅、国务院办公厅于2019年颁布，其中就生态保护红线的划定及治理作出整体部署，并通过对我国生态环境现状的分析，从加强顶层设计，增强公众参与以及健全法律法规三个层面提出相关建议。从规划编制、实施监管及法律体系建设三方面探讨了如何建立有效的制度机制保障生态保护红线得到科学高效的管控，从而实现人与自然和谐发展的目标。

部门规章方面，代表性的文件有：

（1）《生态保护红线划定技术指南》（2015年）。该文件现已失效，被《生态保护红线划定指南》（2017年）取代。

（2）《关于加强资源环境生态保护红线管控的指导意见》（2016年）。该文件由国家发改委、财政部、国土资源部等九部委于2016年6月5日联合发布，对生态保护红线的管控制度进行了严格的规定，将各类经济活动限定在生态保护红线的范围内。该意见同时提出了完善生态保护红线相关的准入制度的要求，鼓励地方出台严于国家要求的管控办法，加快建立源头管控、过程严管和责任追究的管控制度体系。

（3）《生态保护红线划定指南》（2017年）。该文件是由环保部和国家发改委于2017年5月27日发布，它基于《生态保护红线划定技术指南》对生态保护红线划定的工作规划，结合试行指南与技术指南的实践反馈，对生态保护红线的划定原则、划定程序、评估办法、勘界定标等作出了较为科学的规定。

（4）《生态保护红线勘界定标技术规程》（2019年）。该文件是由生态环境部和自然资源部于2019年8月30日公布，主要是为了响应《关于划定并严守生态保护红线的若干意见》《关于全面加强生态环境保护坚决打好污染防治攻坚战的实施意见》《关于建立国土空间规划体系并监督实施的若干意见》的要求，力求在2020年年底前完成生态保护红线勘界定标。勘界定标是对生态保护红线边界线进行内业核定和外部勘察，以确定该界限足够合理，并在边界线重要点位上设立生态保护红线规范界标和标识牌的行为。该规程的颁布，可以指导全国范围内的生态保护红线的勘界定标，对于生态保护红线的落地和长效实施奠定了基础。

（5）《关于实施"三线一单"生态环境分区管控的指导意见（试行）》（2021年）。生态环境部首度明确划定生态保护红线，此举标志着我国环境保护的新纪元，对推动绿色发展，建设美丽中国具有显著的推动价值；这是我国首次由国家层面主导，制定并发布的生态保护红线相关的制度文件。这一决定是党中央站在战略和全局的高度所作出的重要决策，具有划时代的意义。

此外，在党内法规中规定生态保护红线，既可以丰富生态保护红线制度，也可以深刻彰显我们党护卫生态环境系统安全的坚强信念。"绿水青山就是金山银山"这一理念在新时代下得到了充分的体现和落实。中共中央办公厅、国务院办公厅2017年2月7日印发的《关于划定并严守生态保护红线的若干意见》明确指出：牢固树立和践行绿水青山就是财富、美丽家园就是未来的发展理念，实现经济社会可持续发展。这对我国目前正在开展的生态文明建设有着重大的现实意义，也有着深远的历史意义。

（二）地方层面的规定

从地方层面而言，关于生态保护红线的划定也有一系列地方性法规、规章及规范性文件的规定，其中大多是在2014年《环境保护法》在全国范围落地实施后颁布的。各地出台的地方立法规定大多以地方政府规章和其他规范性文件为主，地方性法规的数量较少。目前已经颁布的地方性法规以《海南省生态保护红线管理规定》（2016年7月）和《宁夏回族自治区生态保护红线管理条例》（2018年11月）为主要代表。其中，海南省对于私人主体违反管理规定在生态保护红线区内进行开发建设的行为规定了责令停止违法行为、限期拆除或关闭的处罚。其他省份如青海省，在《青海省生态文明建设促进条例》（2015年1月）中也对生态保护红线的划定和私人主体的相关越线责任提出了相应要求。

还有不少省份制定地方性规章，对生态保护红线法律制度内容进行规定，如：《沈阳市生态保护红线管理办法》（2014年12月）、《江西省生态保护红线管理办法（试行）》（2015年10月）、《湖北省生态保护红线管理办法（试行）》（2016年9月）、《广西生态保护红线管理办法（试行）》（2016年11月）和《吉林省生态保护红线区管理办法（试行）》（2017年8月）等。这些地方性规章均对各自行政区域范围内生态保护红线的划定原则、划定方法、划定程序、调整程序和配套措施等作出了相应的规定。其他省份，如江苏省、天津市、上海市、辽宁省、福建省、吉林省、广西壮族自治区、山东省、四川省等则在有关规范性文件中对生态保护红线的空间规划、工作方案、划定技术规范进行了规定。①

鉴于此，从中央到地方各级政府已高度重视对生态保护红线法律的制定。在这一进程中，各单行环保法、部门规章以及党内法规共同构成了一系列保护生态环境的法律群，为各地生态保护红线的设定提供了指导。各级地方政府在依据中央政策精神以及当地环境特点的前提下，也制定了各类具备区域特色、效力等级的实施文件，旨在推动生态保护红线制度的落实。在横向上，各级地方政府在划定具体的生态保护红线时，大多会将其定位为具有较强灵活性、操作性的地方性政府规章。目前，全国大部分省份已在红线制度构建方面取得了一定成绩，但从总体上来看，生态保护红线法律制度仍然存在一定问题，比如立法效力层级较低、法律规范覆盖面不全、与既有制度衔接不畅以及责任追究和保障机制缺失，这些都给当前生态保护红线的划定和调整带来了挑战。

二 生态保护红线划定的理论基础

（一）生态系统服务功能理论

Costanza 等人于 1977 年所著《全球生态系统服务对自然资本价值核算》一文，极大地加深了对生态系统服务功能问题的探讨。随着社会经济发展及人类活动范围不断扩大，生态系统服务功能日益受到关注，已成为当前生态学与经济学领域最重要的研究课题之一。在我国，生态环境建设是国家实施可持续发展战略的一项重大举措。目前对生态资产和生态服务价值之间关系的认识尚不一致，这在一定程度上阻碍了生态系统服务功能研究从理论探索走向政策制定与实践应用。所以，对这一问题的讨论是十分必要的。2001 年，谢高地参照 Costanza 等人提出的方法，成功对 18

---

① 参见《江苏省生态空间管控区域规划》（2020 年）、《天津市永久性保护生态区域管理规定的通知》（2019 年）、《关于上海市生态保护红线的通知》（2018 年）、《辽宁省生态保护红线划定指导方案》（2017 年）、《福建省生态功能红线划定工作方案》（2016 年）、《四川省生态保护红线实施意见》（2016 年）、《吉林省生态保护红线区管理办法（试行）的通知》（2016 年）、《广西生态保护红线管理办法（试行）的通知》（2016 年）、《山东省生态红线划定工作方案》（2015 年）等。

种草地类型的17种草地生态系统服务价值进行了估算,并在2015年对中国生态系统提供的11种生态服务类型价值进行核算,制定出了单位面积生态系统服务价值当量表,这为我国的生态系统保护提供了重要的参考依据。① 生态系统服务功能理论有利于我们辨识出生态系统服务价值高的区域。

(二)"三生"空间协调发展理论

"三生"空间是中国基于合理配置国土空间而提出的特有概念,"三生"空间失衡会导致环境污染、自然灾害频发、能源资源过度开发、生态系统功能退化等现象的发生。② 党的十八大报告明确指出,"优化国土空间开发格局,控制开发强度,调整空间结构,促进生产空间集约高效、生活空间宜居适度、生态空间山清水秀"。这一模式的协调发展有利于合理配置国土空间,实现经济、社会、生态的长久稳定发展。

(三)可持续发展理论

1972年在斯德哥尔摩召开的人类环境会议上通过了《人类环境宣言》,该宣言明确指出,"人人都有在良好的环境里享受自由、平等和适当生活条件的基本权利,同时也有为当今和后代保护和改善环境的神圣职责",这成为可持续发展这一理念的雏形。1987年,世界环境与发展委员会在《我们共同的未来》中进一步定义了可持续发展的概念:"既能满足当代人的需求,又不会对后代人满足其需求的能力构成威胁的发展。"

第二节 生态保护红线划定与调整的基本原则

我国《生态保护红线划定指南》(2017年)规定,生态保护红线就是在重点生态功能区、生态环境敏感区以及脆弱区范围内依法划定严格管控边界的红线,红线与自然生态系统有着天然的联系,也是可持续发展的一个重要依据。划定生态保护红线的基本原则是贯穿生态保护红线的划定与保护的整个法律体系中的指导性原则,该基本原则是具体制度

---

① 谢高地、张彩霞、张昌顺等:《中国生态系统服务的价值》,《资源科学》2015年第9期。

② 刘燕:《论"三生空间"的逻辑结构、制衡机制和发展原则》,《湖北社会科学》2016年第3期。

设计的根基。① 基本原则在生态保护红线的划定与调整过程中起着总揽全局的作用，是一切划定调整方法所要遵循的基本依据，因此，基本原则的出发点是我们所要讨论的首要问题。

其一，国家设定生态保护红线的核心目标在于维护优良的生态环境。因环境和物种资源的稀缺性，设定生态保护红线的任务变得更为必要和紧迫，这有助于实现国家的生态安全战略，维护世代间的公正，并为子孙后代留下最珍贵的遗产。

其二，地方设定生态保护红线需妥善协调与国家制定的其他环境规划之间的关系。在设定生态保护红线的过程中，不得与其他环境规划战略发生冲突。

其三，明确生态保护红线的制度功能、效力位阶定位以及利益关系。②

由于科学划定生态保护红线区，对于确保生态环境质量和维护生态安全的战略决策，促进人口资源环境相协调、经济效益和生态效益相统一具有关键性的作用，所以生态保护红线的划定与调整必须遵循如下基本原则。

一 强制性原则

生态保护红线制度已被纳入《环境保护法》中，以法律制度的形式凸显了其在国家生态环境保护战略中的重要地位。对生态保护红线的划定与调整形式由政策转变为法律制度，体现了国家对其保护的强制性。这就证明对生态保护红线的划定与调整依据变得更加正式，通过技术划定的生态保护红线区域将会受到法律的严格保护，任何单位和个人都不得在生态保护红线划定的区域实施污染环境的行为，否则将受到法律的制裁，承担相应的法律责任。关于生态保护红线的越线责任追究，《环境保护法》提供了法律层面的依据。在民事责任方面，第64条规定行为人超越生态保护红线实施行为，且在发生损害这一实际后果时，以《侵权责任法》的相关规定承担侵权责任。有关行政责任，第59条规定："企业事业单位

---

① 王灿发、江钦辉：《论生态红线的法律制度保障》，《环境保护》2014年第1期。
② 吴勇、扶婷：《论湖南省划定生态保护红线的原则及实现》，《邵阳学院学报》2020年第3期。

和其他经营者违法排放污染物，受到罚款处罚被责令改正，拒不改正的，依法作出处罚决定的行政机关可以自责令改正之日的次日起，按照原处罚数额按日连续处罚。"并于第 60 条指明对"超过污染物排放标准或者超过重点污染物排放总量控制指标排放污染物"的行为处以责令其采取限制生产、停产整治，甚至停产停业的法律责任。通过上述的法律规定我们可以看出，当前我国对于生态保护红线已经形成了初步的责任追究机制，真正实现了生态保护红线的划定与调整方面的有法可依。

二 合理性原则

合理性原则要求考虑生态保护红线划定范围在空间、人口和产业布局等方面是否合理，同时也要对生态保护红线进行科学有效的规划和实施，以确保生态保护红线管理的效果。生态保护红线的划定需要综合考虑多方面因素，合理性原则的具体要求如下：①需要充分关注生态环境的敏感性和脆弱性；②在经济与社会发展之间寻找平衡和持续；③适应我国的国情，尊重并适应不同地区的自然禀赋和实际情况。在完善生态环境保护红线区域的划定和管理方面，应明确该区域内生态保护红线的范围和面积，恰当处理生态红线与该区域经济和社会环境的关系，确保生态保护红线保护与资源配置的公平性。唯有如此，我们才能更好地落实"绿水青山就是金山银山"这一生态保护理念。

生态保护和经济社会发展之间应该是相互统一和相互关联的，不能单纯地划红线边界来分割二者之间的关联。党的十八届五中全会提出"坚持节约资源和保护环境的基本国策"，把生态环境保护摆在更加突出的位置，将其列为我国五大发展理念之一，这充分体现出党和国家对生态环境问题的高度重视。随着《关于划定并严守生态保护红线的若干意见》等政策的实施，全国各地已经出台了生态保护红线规划办法。尽管大部分地区仅采取了一种方法来划定和维护生态保护红线，但也有些地区在面对不同类型情况时采取了不同的策略：一种方法是按照行政区域的国土面积比例来划定红线，例如规定某行政区域内的国土面积中有多少比例是生态保护红线的范围；另一种方法是规定某一行政区域为全省生态保护红线，如果行政区域内有某种具有特殊价值的动植物时，就简单地将整个行政区域作为全省生态保护红线；还有一种方法是按照海拔高度来划定红线，例如规定水源涵养区的海拔要达到 3600 米或更高。总之，我们需要妥善处理生态保护红线划定区域与区域内经济社会发展之间的关系，将划定边界与用地开发现状相联系，综合考虑区域开发建设和生态环境保护之间的关系，并结合区域经济社会的实际发展情况，科学、合理地确定生态保护红线和经济开发利用的边界。

三　协调性原则

生态保护红线的划定不仅要与当地的经济社会发展相适应，还要与法律制度的规定相协调，在原有的生态保护制度的基础上去提升生态保护的实效。生态保护红线是一项重要的空间管理制度，对实现我国经济社会可持续发展具有十分重要的意义。目前生态保护红线主要有"空间管控""用途管制"和"总量控制"三种管理模式。关于生态保护红线的划定要遵循两个基本的要求：一是处理好生态保护红线的划定与现有的生态保护制度之间的关系；二是生态保护红线要同资源消耗上限和环境质量底线相协调，对于各种严重超出环境资源承载力的经济社会活动要予以及时必要的规制。

（一）红线制度与已有制度的协调

从央地角度来看，地方除了划定中央所规定的最基本的生态保护红线区域以外，也可以根据自身行政区的基本情况，额外增加对生态保护红线区的划定面积。划定生态保护红线是为了更好地保护生态环境，但在划定过程中的部分环节存在瑕疵，例如对既有制度梳理总结不足，未将红线区域作为整体研究，缺乏中央至地方的统筹思考，这些都导致了生态保护红线制度很难统一，不利于构建一体化、一致化的生态保护红线区体系结构。

保护生态环境的红线应视作主体功能区的基本单位，并与生态功能区划定、土地利用总体规划、城市规划等相协调。已经划定的生态保护红线应根据实际情况进行调整，将不符合生态文明建设或破坏自然生态系统功能的行为纳入红线；为了使生态保护红线制度更为完善，需要制定科学、合理的规划方案，明确各地区功能定位，优化空间布局结构，科学设定产业定位，强化区域协同合作机制，建立统一协调机构，完善考核评价体系；加强各部门间的协作，实现上下联通，结合功能区、生态功能分区、水功能分区及土地利用现状与城乡发展布局等，与国家应对气候变化规划相衔接，全面推动我国经济的持续、稳定、健康和生态环境质量的稳步提升。

生态保护红线划定涉及多个部门的行政职能，需要遵循行政管理与红线管护相结合、行政管理与公众参与相结合的原则，其中的关键是规范相关的行政许可行为。我国环境立法及政策已经逐步建立，并对环境资源利用者和排污者的行为产生约束，在这一背景下，生态保护红线划定与管护将制约环境资源领域各级政府及职能部门行政许可权的行使，红线区域界定还将引起建设用地和农用地的相应调整，倒逼地方经济社会转变发展方式，从而影响到地方政府及职能部门的行政审批工作等。① 这就要求各地区在制定规划方案时，必须根据自身辖区的实际情况，深入研究并详细剖析，从而制定出符合本地经济社会发展需求和自然环境承载能力的合理规划方案。

在规划方案制定的过程中，环保部门的角色至关重要。他们需要充分发挥自身的监督职能，对规划方案进行严格把关，确保方案的合理性和可行性。环保部门应加强与相关部门的沟通和协调，努力在各部门之间形成合力，共同为实现规划方案的目标而努力。作为保护生态环境的首要责任部门，环保部门在生态保护红线划定和调整进程中起着决定性作用。在这一过程中，环保部门不仅要承担起环境保护管理的职责，确保环境质量的持续改善，还要对生态保护红线的划定进行严格监督，以确保其符合生态保护的要求。

（二）生态保护红线与资源消耗上限、环境质量底线的功能互补

国家发展和改革委员会等九部委于2016年发布的《关于加强资源和环境生态红线控制的指导意见》中提出，要严格处理好各项经济活动与生态红线之间的关系，不可逾越生态红线划定最基本的底线。而"绿水青山就是金山银山"这一理念要求必须落实到具体的行动上，即实施绿色发展战略和循环经济发展模式。这也就决定了绿色产业是实现可持续发展的最有效手段。资源消耗上限和环境质量底线是生态保护红线的核心要素之一，其目的在于通过功能互补实现保护生态环境的最大效益。

生态保护红线不同于资源消耗上限，但二者又密切相连。生态保护红线划定后，在一定时期内，任何一个红线区内的项目工程都不能再进行建设和开发，否则会对当地的生态环境造成严重影响。生态保护红线是一条

---

① 肖峰、贾倩倩：《论我国生态保护红线的应然功能及其实现》，《中国地质大学学报》（社会科学版）2016年第6期。

明确的界限，它不仅可以约束政府和资源利用者，而且也是一个国家和地区经济发展到一定程度时的"警戒线"，是一条不可逾越的界线，是不能突破的底线。这一底线不同于资源消耗上限，资源消耗上限是将自然资源要素作为一根虚线进行管理和控制，不需要实行严格的空间管制。而生态保护红线中的"生态"和"环保"两个词却有着密切的联系："生态"侧重生物多样性，"环保"是对污染物进行控制或削减的能力，它们都属于生态学范畴。所以，生态保护红线是对资源利用上线进行限制和约束的。生态保护红线与资源利用上线之间存在着一定的关系，即生态保护红线对资源上限约束效应表现为其在空间分布上呈现均衡分布。但对于某个具体项目而言，由于其所在地区所处的地理位置不同，对该项目进行环境影响评价后得出的结论有很大差异；同时，受经济发展水平等因素的影响，同一建设项目往往会有多个环评结果。

环境质量底线这一概念旨在对环境资源要素作出必要的限制和约束。该底线是保护环境的一个重要因素，能够有效地维护自然环境的平衡，从而确保人与自然和谐共处。划定生态保护红线必须充分考虑该区域的生态环境和自然资源等基本条件。为了确保生态保护红线的科学性和有效性，在划定任务开始之前，需要对该区域的自然环境要素进行严格的审查。在审查过程中，必须尊重当地自然环境的基本条件，并仔细审视该区域的资源消耗上限和环境质量底线。因此，在划定生态保护红线的过程中，必须综合考虑多个环节，确保各个环节之间协调一致，以确保生态保护红线能够充分发挥其作用，实现人与自然的和谐共生，从而获得最佳的生态保护效果。

四　可行性原则

首先，生态保护红线规划应符合国情。我国目前仍属于发展中国家，人均国土空间不够丰富，尤其是满足生产生活所需空间比较少，所以在保证重要生态功能区、生态脆弱区及敏感区不受干扰的前提下，还应兼顾当地耕地、草场、矿产开发及其他人居与经济发展空间等基本要求，留出合适的发展空间与环境容量。划定生态保护红线必须以满足当地经济社会发展需求为前提，而当前各地的实际情况不同，需要有针对性地选择合适的方法和手段来提高当地的监管能力，才能实现生态保护红线的有效划定。

其次，生态保护红线的设定必须具有切实可行的操作性。可操作性不仅需要生态保护红线的设定在宏观和微观层面都具备科学性和合理性，而且要确保生态保护红线在实施过程中具备广泛的可行性。为了保证生态保护工作能够顺利进行，各相关部门在制定和实施生态保护红线时，必须以《环境保护法》为指导，以法律的手段和方式来明确生态保护红线的具体位置，从而确保生态保护红线的界限能够被清晰地界定。在这个过程中，各相关部门需要与其他相关部门、地区和组织紧密合作，共同探讨和制定合适的生态保护红线设定方案，从而更好地保护和恢复生态环境。

最后，要根据生态保护红线划定结果，结合当地经济社会发展状况、水土流失现状、水土污染现状以及现有森林及绿化面积等因素对生态保护区进行综合评价，提高其监管能力，加大政府的监管力度，确保生态保护红线得到有效落实。经济社会正常发展是划定生态保护红线的前提和基础条件，而合理的环境容量空间则是其重要内容之一，同时也是划分经济社会人文发展空间的重要依据。2017年5月发布了《生态保护红线划定指南》，对全国范围内的生态安全保护提出了明确的要求。但全国各地区情况差异较大，因此各省份要遵循国家指南的精神，结合当地经济、社会发展和生态保护需求，制定本省份生态保护红线划定的准则。

五　动态性原则

生态系统总是在不断地发生变化，生态系统生态产品生产力在不断地改变，因此生态保护红线范围并非固定不变。因此，动态性原则要求在确定生态保护红线时，应根据当地经济社会发展和生态生产能力等情况进行动态调整，使之形成合理的边界。

生态保护红线的划定必须与当地经济、社会、资源等各个方面相互适应，这既是一项重要的原则，也是科学合理的方法。在划定过程中，我们不仅需要考虑对现有生产力可能产生的影响，也需要着重分析如何优化调整生态保护的原有能力。这样，我们才能以科学严谨的态度，来明确生态保护红线的范围。实际上，自然生态系统内部的能量流动和物质循环都会因生态保护红线的划定而产生相应的变化，这种变化将使整个系统从一个相对分散的系统逐渐转变为一个有机系统。然而，人类对自然资源的过度利用会导致自然生态环境的严重恶化，进而引发一系列的生态危机。从目前我国的实际情况来看，大部分地区都面临环境问题，其中包括水土流失严重等情况。虽然生态系统自身也在不断地进行着自我恢复，但当生态系统的自我恢复能力未达到一定程度时，它就会表现出自我承载力不足的现象，这种现象会直接导致整个自然生态状况呈现螺旋式下降趋势。因此，生态保护红线划定需要根据生态系统的自我承载力变化进行相应的调整，以适应生态系统的动态变化和实际需求。①

六 划定差异性原则

首先，生态保护要以生态区域的重要性为基础，它是评估生态区域保护价值的核心，也是在区域划分保护区域时进行细致考虑的依据。其次，生态保护要以区域特点为导向，在区域的自然环境、社会条件、经济发展水平以及资源利用状况这四个方面进行全面评估和考虑。② 最后，通过建立生态环境承载力评价指标体系来综合评价不同生态系统的承载能力，评估出各个生态系统的优长之处和薄弱环节，从而对生态系统进行有针对性的保护和管理。在国家法制层面上，生态保护区域被划分为国家级生态保护区域和省级以下（含县级）保护区域，在此基础上，我们还要对这些区域进一步细分为不同级别的生态保护区域，按照不同区域的特点、物种分布以及地势特点，制定出更加差异化的管理措施或监管措施，来更加细致和有针对性地保护好生态环境。

在红线规划建设时，生态—经济—社会的协同发展理念必须恪守。其要旨在于将生态保护红线区域划分为一级管控区和二级管控区两大领域。具体的管理策略如下：在一级管控区内，实施严格的监管策略，包括建立健全法律法规体系及行政执法机制，并加大投入。二级管控区实施差异化管理。针对一级管控区域，由于这一区域在生态保护红线内占据核心地位，因此应采取最严苛的管控措施，禁止所有开发利用活动。对于二级管控区域，实施差异化管护，在不破坏生态资源和环境的前提下，可适度发展生态产业，以促进区域生态资源与地方产业经济的平衡发展。

在生态状况优质的地区，可以将之划分为各具特点的生态功能区。而在生态保护红线区域，其生态系统的主要应用场景为旅游与休闲娱乐项目，但对于人文景区和森林公园，则需严格限制。人文景区，作为独特的

---

① 王永杰、张雪萍：《生态阈值理论的初步探究》，《中国农学通报》2010年第12期。
② 晋川：《关于差异化管理的理论探讨》，《理论前沿》2005年第3期。

生态旅游模式,以历史文化遗迹为依托,成为我国重要的历史文化区域之一。对于人文景区来说,它的核心任务是充分发挥其生态功能,带动当地旅游业的发展,丰富旅游产品,同时保持其原有的人文景观风貌和特色,从而推动地区经济的发展。而森林公园,其生态功能主要通过人为活动实现,因此,在开发过程中需要注意对其生态功能的保护和生态自然恢复。总之,开发过程中需避免盲目建设和过度开发,应根据生态功能区的精细划分,提出相应的保护措施,这种类型化处理展现出的资源协调利用等优点,有助于实现生态、经济和社会的平衡发展。

第三节　生态保护红线划定的程序

我国划定全国和各省(自治区、直辖市)生态保护红线时,采取的是自上而下和自下而上相结合的方式。

一　划定生态保护红线基本流程

在生态保护红线的科学划定过程中,可以参考国务院各部门文件、各省市文件及做法,特别是湖南省的做法,制定湖南省生态保护红线的划定流程。首先,以上位的国家法律法规为基础,进行全面深入的论证和分析;其次,依据《土地管理法》等一系列与土地资源开发利用活动息息相关的法规,提出与之相适应的具体要求;最后,这一划定过程由县级以上的地方政府联合起来,按照严格的规章制度进行组织实施,确保生态保护红线的划定能够真实、完整地反映出区域内的生态环境现状。

《环境保护法》第29条规定:国家划定重点生态功能区、生态环境敏感区、脆弱区及生态保护红线,实行严格保护;各级人民政府应当将自然生态系统区域作为珍稀濒危野生动植物及其生境、水源涵养区域,并按照其重要程度、科学文化价值、地质构造、溶洞、化石分布区、冰川、火山、温泉等自然遗迹以及其他人文遗迹的标准,合理规划建设各类公园、广场、道路及景区内的古树名木等。循此依据,地方政府可以开展划定生态保护红线的工作。

以湖南省为例,湖南省立法机关起草了《湖南省生态保护保护区规划编制与实施条例(草案)》,提出坚持"政府主导、群众参与"原则,合理利用土地资源;湖南省应尽快建立健全生态保护红线的管理体制和信息公开等制度。鉴于此，湖南省人民政府编制了《湖南省生态红线区域保护规划》，湖南省国土资源管理部门主导编制了《生态红线区域保护实施方案》，经湖南省人民政府审议通过后向社会发布实施。① 湖南省划定生态保护红线的实践表明，将国土资源生态保护红线纳入全省土地利用总体规划中，具有较强的法律约束力；湖南省在制定和实施国土资源生态保护红线时，遵循一定的原则，并严格按照法律程序办事，提高公众的生态保护意识，加强对地方各级人民政府的监督力度；同时，通过立法手段对省级以下行政区域划定生态保护红线进行行政分割也是必要的。

二 生态保护红线划定与调整的主体职责边界有待明确

2015年1月《环境保护法》实施后，生态保护红线制度引起理论界和实务界极大关注。2016年3月28日第十二届全国人民代表大会常务委员会第二十四次会议通过《固体废物污染环境防治法（修订草案）》，该草案对我国生态保护红线制度进行全面修改完善。虽然目前已经有了相关法律依据，但我国生态保护红线制度在实施过程中依然存在诸多问题，主要原因在于现行法律对生态保护红线制度的规定过于原则和笼统，缺乏具体的可操作性措施，导致生态保护红线制度难以有效维护国家的生态安全和生态底线。

我国初步建立起了生态保护红线制度的基本框架：水利部提出了三条水资源控制线，国家海洋局划定了海洋保护区及重要滨海湿地的保护红线，国家林业局划定了林业、森林、湿地、荒漠植被（包括物种）四条红线，国土资源部划定了耕地红线，详见表2-1。目前我国已有多个省、自治区、直辖市制定出各自的生态保护红线划定方案，但由于各地实际情况不同，生态保护红线划定结果也会有所差异。以湿地为例，管辖部门就涉及国家林业和草原局、国家海洋局、生态环境部和水利部等，划定生态保护红线的主体不同，没有统一监管部门，和传统分割式、分块式的管理模式没有两样，容易造成抢工程、争经费的现象。这种"一刀切"的做法不仅造成了资源浪费，而且破坏了当地的生态

---

① 廖建祥、周庄：《湖南省国土资源生态保护红线的划定与实施》，《中南林业科技大学学报》2015年第3期。

环境。为此，需要改革现有的管理方式，建立政府主导、社会参与、多方监管的新模式。

表 2-1　部分国家部委划定生态红线的规范性文件及划定内容

年份	划定主体	规范性文件	划定内容
2008	国土资源部	《全国土地利用总体规划纲要（2006—2020年）》	18亿亩耕地红线
2012	水利部	《关于实施最严格水资源管理制度的意见》	三条水资源控制线
2012	国家海洋局	《关于建立渤海海洋生态红线制度的若干意见》	海洋保护区、重要滨海湿地、重要河口、自然景观与文化历史遗迹等
2013	国家林业局	《推进生态文明建设规划纲要》	划定林业和森林、湿地、荒漠植被、物种四条红线
2014	环境保护部	《生态保护红线划定技术指南》	重要生态功能区、生态环境敏感区和脆弱区等区域
2021	生态环境部	《关于实施"三线一单"生态环境分区管控的指导意见（试行）》	将生态保护红线纳入"三线一单"即生态保护红线、环境质量底线、资源利用上线和生态环境准入清单管理体系

我国《生态保护红线划定指南》对生态保护红线应遵循的原则、管控要求、程序和方法等作了较详细规定，但该指南通篇未规定生态保护红线应由谁来划定，导致生态保护红线动态调整时主体职责边界陷入模糊。通过分析发现，目前国内关于生态保护红线主体权责划分方面主要有两种观点：一是以政府为主导的划界模式；二是以市场为主导的划界模式。这两种模式都不能满足现实需要。与此同时，指南中还贯穿了生态建设空间优化配置的论述，使得生态保护红线静态调整具有盲目性与随意性。

实践中各地的红线划定主体亦不一致，如深圳市要求市规划主管部门负责基本生态控制线划定；沈阳市则要求建立多部门参与的生态保护红线治理协调机制。在国家层面有相关法律法规对划定主体进行了规范和约束，主要涉及生态环境方面的法律、法规及规章，以及各级环保部门（如环境保护部门）、自然资源部、国土资源部、住房和城乡建设部等政府部门。但实践中红线划定主体职责的边界问题始终悬而未决，各环境要素主管部门对生态保护红线的划定也存在不同程度的认识误区。究其原因，主要在于各级行政部门在各自的职责范围内，对其所管辖的辖区范围缺乏明确具体的界定，也缺少与地方政府签订的相关管理规定。此外，由于宏观抽象的生态保护红线和具体的生态保护规划之间的衔接存在问题，导致各地对生态保护红线的划定和管理要求存在较大差异。虽然各个职能部门都有相应的职责和权限，但是由于各自利益不同，容易产生相互冲突甚至矛盾。同时，这些部门又存在一定程度上的职能交叉或重叠问题。所以，在国家层面完善生态保护红线划定和调整主体的规定对各个地方立法和实践都有很大的启示意义。

三　划定与管理过程中公众参与度有待提升

公众参与对于生态保护红线的划定和管理是十分必要的。法律之权威源于它的历史性、公正性、科学性和强制性，而归根到底则源于它的民主性。公众能对良法制定建言献策，是法得以有效贯彻和落实的根本。划定生态保护红线是一项专业技术性非常强的任务，它要求有关技术人员根据自然地理特征对生态系统结构、流程作出科学评价和确定，再利用专业知识作出科学论证并最终全面划定某一区域为红线保护范围，而一般人普遍难以胜任这一任务，似乎没有必要把大众也纳入生态保护红线划定和保护中。然而现实中，生态保护红线划定和保护关系着自然生态系统，关系着人类今后的长远发展，尤其会对拟划红线范围内的民众行为活动造成深远影响，在划定后还需要广大民众的支持和合作，生态功能红线落实才会有真正意义上的保证。公众既是生态环境的保护者又是环境损害的受害者，他们对环境保护事业有着强烈的参与感和责任感。

国家层面并未具体规定公众在生态功能红线划定及管理过程中应如何参与，地方的实践也不尽如人意。综观各地发布的生态保护红线划定方案和保护管理规定，江苏省对于市民是否享有参与权以及通过什么途径参与红线划定和管理并没有作出相应规定，强调通过行政强制等方式实现生态红线保护和治理，而不是依靠法律或者其他途径来保证其实施；广东省则要求所有公民都必须参加并监督生态保护区内一切活动的开展，却没有明确公众的具体权利和义务；云南省也未作过类似规定。对人的行为作了相应禁止性的规定，但忽视了公众对于红线划定和保护管理所能起到的作用；福建省仅仅规定了面向全社会开放的红线划定计划，同样没有规定公众对于红线划定的参与；深圳市则规定基本生态控制线的划定计划仅征求市政府有关部门和区政府意见，这一规定显然把公众排斥于征求意见主体之外，基本生态控制线必须部分调整后才能公布调整计划并广泛征求意见；沈阳市则规定生态控制线必须征求规划地段利害关系人意见，如果公众认为生态控制线存在破坏问题,有权提出建议。

在处理生态保护红线的划定和管理的具体问题时,亦未考虑到公众的感受和诉求,只是一味地强调政府的责任,忽视了公众对于"无利害关系人员"的关注度。由于"利害关系人"发表意见时往往以私利为出发点,而把视野聚焦于这一"私利交换",从而难以站在公众利益立场上来提出观点,还会导致很多衍生问题,例如公众的知情权被严重忽视、公民的监督权没有得到充分重视、政府官员在审批项目时缺乏应有的监督和约束机制。此外,尽管规定了公众在生态保护红线区域内发现环境破坏行为后有权进行检举,但是,这一制度在细节设计上存在欠缺,在检举途径、检举奖励以及举报人人身安全保障方面缺少相关法律规范,使检举法治化受到较大阻碍。

第四节 生态保护红线划定标准

一 国外生态保护空间的划定

英国第一部关于自然保护区的立法是 1949 年颁布的《国家公园和乡土利用法》,该法第一次明确界定了自然保护区,明确了建立以"具有特别科学价值的场地"为基础,以国家级自然保护区为核心的自然保护区体系。英国在划定自然保护区之前要求对划定区域进行充分的自然资源和生态状况调查,其评估因素主要有:范围、多样性、生态脆弱性、典型性和历史等。

20 世纪 70 年代以来,西方国家在生态空间的保护上出现了新的趋势,保护范围从大区域的国家公园逐渐深入到对动物、植物的保护。环境敏感区制度应运而生。环境敏感区是指由于环境十分敏感需要被特殊保护,需要从一些区域和地方的土地利用规划中剔出的区域。1992 年《加拿大环境评估法》中,环境敏感区的划定标准为依据生态环境独特的地形、稀有或濒危物种栖息地、生物多样性高的地区、地形与栖息地相结合具有较高美学价值的区域以及具有较高研究和教育价值的区域等。因此,各种细化的划定标准对环境敏感区的划定起到了实践指导的作用。各地方政府在实践中将环境敏感区的划定标准纳入法定官方规划之中,将划定标准规范化,同时建立多学科的技术咨询委员会进行讨论,从而达到科学划定环境敏感区的目标。

国外划定自然保护区和环境敏感区更为关注生态环境本身特点,故而针对不同生态环境有更为详细的划定标准。英国对自然保护区的划定,首先根据国情对生态环境进行充分的调查,其次进行多种划定影响因素的评估;加拿大环境敏感区的划定标准,依据实践中需要被特殊保护的多种敏感脆弱的生态系统来划定,为需要被保护的特殊环境区域提供全面的保护。此外,加拿大还将具有巨大观赏价值和教育价值的区域也划为了环境敏感区,有助于重点地区的生态系统功能和科研价值的维护。总体来看,国外自然保护区和环境敏感区的划定,是建立在对生态环境足够了解的基础之上的,其划定标准往往较为贴近生态现状。

二 我国生态保护红线的划定标准

我国生态保护红线范围划分的类型主要有自然保护区、森林公园、水源涵养区、重要风景名胜区和地质遗迹保护区。《国家生态环境质量评价技术规定》将全国划定为 366 个生态保护红线区域和 274 个生态功能类型区,按照"分区控制、分类管控"的原则进行管理。其中,国家级和省级自然保护区都应列入生态保护红线范围,国家级湿地公园、森林公园、风景名胜区、地质公园都应列为红线区,重点生态功能区、重要水源涵养区和饮用水水源保护区也应列入红线区,重要湖泊、主要河道、南水北调河道和为重要水源地提供水源的渠道也应列入红线。

生态保护红线划定应遵循差异化管控原则。依据《环境保护法》及相关法律法规要求,生态保护区具有重要的经济、社会价值与作用。因此,应根据不同地区经济社会发展水平和生态环境状况等因素确定具体指标。生态保护区域内不同类型的生态服务功能具有不同的保护重要性,应采取分级保护与管控结合的方式进行规划。根据国家对于生态保护区的重视程度,可以把生态保护红线分为"一级管控区即绝对禁止管控区"与"二级管控区即合理利用管控区",从而采取有区别的措施来行使保护管理。生态保护红线的划定标准,详见表 2-2。

表 2-2　　　　　　　　生态保护红线的划定标准①

保护区域名称	一级管控区	二级管控区
世界文化与自然遗产	重点保护区	一级保护区

---

① 孟根巴根:《中日环境影响评价法制度的比较研究》,内蒙古大学出版社 2012 年版,第 76 页。

续表

保护区域名称	一级管控区	二级管控区
自然保护区、风景名胜区	核心区、缓冲区	实验区
森林公园	生态保护区	游览区
地址遗迹保护区	罕见地质遗迹	具有一定价值的地质遗迹
水利风景区、湿地区域	核心景区	景区、保护地带
饮用水水源保护区	一级保护区	二级保护区
水产种植资源保护区	核心区	实验区
海洋特别保护区	重点保护区	适度利用区、生态与资源恢复区、预留区
公益林地	一级公益林	二级公益林
洪水调蓄区	整体划为二级管控区	

(一) 自然保护区

自然保护区是生态资源的一个构成部分，该类型的资源是在特定生态系统的支撑下构建而成的，拥有自身独特的科学研究价值与科普教育功能。保护区的设立与当地社会和经济的发展密切相关。中国已经构建了以国家公园为主体的自然保护区体系，通过设立保护区来充分发挥其重要功能，在推动地区经济和社会发展方面具有不可替代的作用。自然保护区通常指的是在特定地域内，为了保护该区域的自然生态系统和珍稀濒危野生动植物种群及其生活环境而设立的具有特殊意义的自然遗迹或其他类型的保护对象，这些对象可以被划分为陆地和海域两部分进行特殊保护。

(二) 森林公园

森林具有强烈的生态保护意义、独特的生态价值，虽被划归土地资源类型却不适宜简单地视为自然资源。在我国经济发展中，森林资源占据重要地位，林业也成为国民经济和社会持续发展中不可或缺的基础产业。森林是地球上的陆地动物与海洋动物生存的基本条件。森林是由多种土地要素构成的具有一定自然属性的实体，例如森林公园就是由人工林和天然林两部分构成。其特点包括：①林木生长迅速，树种多样；②景观优美，生物多样性丰富；③生态效益显著；④社会经济价值高；⑤旅游利用频繁；⑥对维护生态平衡发挥重要作用。

(三) 湿地公园

湿地作为一种特殊的自然景观，起着蓄洪防涝调节径流的重要作用。

湿地公园是指在一定范围内，以湿地为主体，以湿地景观资源为依托，集科普宣教、湿地功能利用和湿地文化于一体的综合性旅游休闲设施或生态型主题公园。湿地公园属于自然生态系统与社会经济复合生态系统之间的过渡地带，具有独特的自然属性和人文特征，是实现人与自然和谐相处的一种新型城市建设模式。国家级和省级湿地公园是国家重要的生态湿地保护区，具有良好的水土保持及生态功能，其周边应划定为主要的生态空间类型或生态保护红线区域。湿地公园中的保育区为其最重要最核心的区域，该区域禁止人类的活动并将其列入红线的划定范围。作为生态文明建设的重要载体之一，湿地公园在改善人民群众生产生活环境、促进经济社会健康发展方面发挥了积极作用。湿地公园在我国发展迅速，但也存在一些问题，例如缺乏统一的规划和指导、盲目开发建设、过度利用资源、忽视了对江河湖泊的保护、缺乏科学规划和有效的管理制度等。

（四）其他生态保护红线类型

1. 风景名胜区

风景名胜区有着极高的观赏价值和科学价值，它的自然景观和人文景观相对集中，可供人们参观或从事科学活动。《森林法》及其实施细则规定：风景名胜区属于国家所有，由国务院批准公布。风景名胜区是旅游资源中不可缺少的重要组成部分，对促进国民经济发展、保护自然环境以及改善人民生活都起着积极作用。我国多个国家级风景名胜区被联合国教科文组织列为世界自然遗产。风景名胜区不仅具有极高的科研价值，而且与自然环境、山河湖泊、动植物、化石、特殊地质现象以及天文气象等多种自然因素紧密相连，因此，被视为珍贵的自然遗产。地方政府有权组织编制本地区的风景名胜区规划，并将其提交给当地省、自治区、直辖市人民代表大会常务委员会批准后公布实施。由于国家级和省级风景名胜区具有特殊的自然价值，因此，该地区对人类活动有严格的限制，以防止自然价值受到人为破坏。然而，因为风景名胜区同时具备游览观光、科学文化活动等价值，因此，在保护重要风景资源的前提下，可以适度开展相关活动。

2. 地质遗迹保护

地质遗迹，作为地质作用所造就的非可再生的自然遗留物，是地球历史的记录，亦是地球演化的起点，也是生态环境与自然资源中不容忽视的重要构成部分。地质遗迹的类型有地质剖面、古生物化石、古冰川遗迹、冰缘现象、地震灾害及地质灾害遗迹等。根据国务院《关于加强地质环境保护实施天然林保护工程的决定》，全国共有 24 处省级以上的重点地质遗迹被纳入首批国家级重点保护单位名录。然而，地质遗迹往往受城市建设、采矿等人类活动的干扰，其价值受到侵蚀，故保护地质遗迹并避免其受到干扰的需求日益迫切。在地质遗迹的保护与人类活动之间实现动态平衡，可能是一种有效的方法，即建设国家地质公园。一方面，地质公园可以对地质遗迹进行必要的保护；另一方面，地质公园的高观赏价值与科研价值也推动了人类对地质遗迹的深入研究。因此，通过国家地质公园的形式对地质遗迹进行保护，不仅能够确保其受到保护，同时也能够使其价值得到最大限度的发挥。

3. 重要湖泊、水源涵养区

湖泊与水源涵养区在支撑着人类社会持续而健康的发展过程中，扮演着至关重要的角色，对于维护生物多样性、调节水圈、大气圈也发挥着不容小觑的功能。然而，随着人口的急速增长、经济的飞速发展以及城市化进程的不断加快，不少城市，特别大城市，正面临愈发严峻的水资源短缺、水污染问题严重、水质持续恶化以及生态系统逐渐退化的窘迫局面。因此，必须加强对重点湖泊及其流域生态环境的管理和维护，对河流湖泊发源地进行严格的保护，确保它们的功能和生态安全。根据河流湖泊的具体功能，可以科学地划分生态保护红线，为生态安全筑起一道坚不可摧的屏障。同时，对于人类活动中可能产生的各种污染物，必须进行严格的限制和禁止，以防止对河流湖泊的调蓄功能产生不利影响。对于污染严重的企业，应当加大整治力度，限制其生产活动或采取强制性措施要求企业搬迁，以改善河流湖泊的生态环境。

4. 海洋生态维护区

《海洋环境保护法》将生态保护的红线确定为海洋环境保护的核心制度，明确规定国家需要在重点的海洋生态功能区、生态环境敏感区以及脆弱区等重要海域，根据相关标准划定生态保护红线，并对这些海域进行严格的保护措施；开发利用海洋资源时，必须根据海洋功能区划进行合理布局，严格遵守生态保护红线，任何情况下都不能造成海洋生态环境的破坏。按照《环境保护法》以及相关法律法规的规定，对划定的重点区域需要实施分类管理，以适应海洋生态保护的不同需求；在符合相关标准的情况下，这些重点区域实行差别化管理，有助于实现海洋生态保护的精细化；通过严格控制开发强度和规模，加强资源环境的承载能力研究，可以让海洋生态得到更好的保护。划入红线区范围内的海域，严格禁止一切破坏海洋生态的活动，以及对海洋生态产生危害的一切行为。①

三 我国生态保护红线划定标准的不足

目前我国各省市区生态保护红线划定主要依据《全国主体功能区规划》《全国生态功能区划》《全国生态脆弱区保护规划纲要》，结合各省市区自身生态环境特点及城市总体规划情况进行生态保护红线综合划定。

随着经济的增长和人口的增长，以及海拔高度的变化，原有的行政区划已经无法满足新的情况和问题，如：某些地区的山脉受砍伐影响，行政区划与生态保护红线的关系变得复杂；生态保护红线经常被限制在行政区域的范围内，而忽视了对特殊动植物的保护等。这种做法违背了《土地管理法》关于"严格限制开发区域"规定的相关内容，与我国目前国土空间用途管制制度的相关法律法规存在冲突。如果划定标准趋向简化，生态保护红线的划定将超出其应有的范围，增加治理和保护的难度，并导致部分生态保护红线区域在实践中出现未达到管控要求的合规矿产用地、商品人工林用地、基础设施用地以及集中连片的居民用地等问题。究其原因，可以归结为生态保护红线的划定标准过于简化，缺乏科学性和合理性。

第五节 生态保护红线划定的技术流程与步骤方法

生态保护红线的划定既要坚持一定的原则，又要遵循一定的技术流程与步骤方法，只有这样才能确保生态保护红线划定的科学性。

一 生态保护红线划定的技术流程

生态保护红线划定的技术流程详见图2-1。

---

① 范丽媛：《山东省生态红线划分及生态空间管控研究》，硕士学位论文，山东师范大学，2015年，第21页。

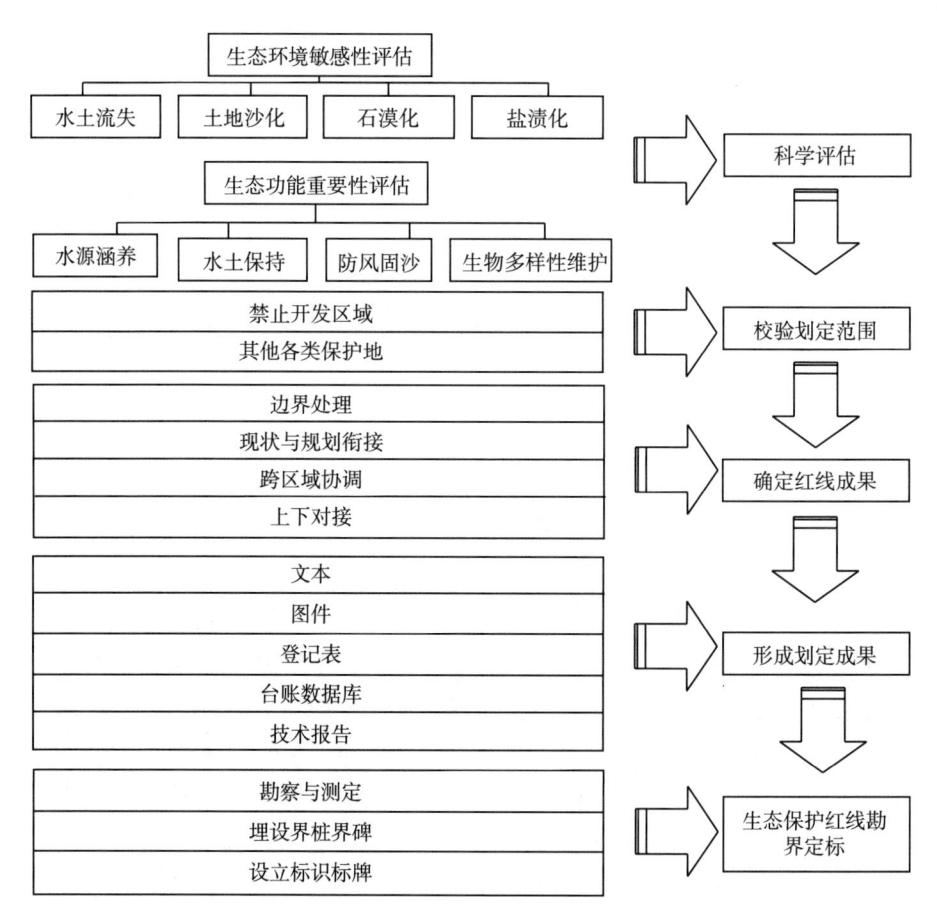

```
生态环境敏感性评估
├── 水土流失
├── 土地沙化
├── 石漠化
└── 盐渍化

生态功能重要性评估
├── 水源涵养
├── 水土保持
├── 防风固沙
└── 生物多样性维护

禁止开发区域
其他各类保护地

边界处理
现状与规划衔接
跨区域协调
上下对接

文本
图件
登记表
台账数据库
技术报告

勘察与测定
埋设界桩界碑
设立标识标牌
```

科学评估 → 校验划定范围 → 确定红线成果 → 形成划定成果 → 生态保护红线勘界定标

图 2-1　生态保护红线划定的技术流程

（一）开展科学评估

以国土空间范围为研究对象，依据资源环境承载能力与国土空间开发适宜度评价的技术手段，对国土空间进行生态功能重要度评价与生态环境敏感度评价，识别出水源涵养、生物多样性保持、水土保持与防风固沙的国土空间极其重要区与极其敏感区，并将其列入国土空间保护红线。同时结合规划实施情况和相关法律法规要求，对划定区域进行动态调整，将其划分为重点管控区、禁止开发区、限制开发区、一般控制区和优化提升区五大类功能区。科学评估这一环节可以大致分为以下几个要点：

1. 确定基本评估单元

评估工作划分为两部分：第一部分是对各基本空间单元进行评估，第二部分是在此基础上生成一个面积约为 250 米×250 米的网格。在此基础上,提出了一种新的基于 GIS 和遥感技术的森林生态系统健康评价方法。该方法以遥感影像为数据源,通过分析各指标因子与健康状况之间的关系来进行森林生态系统健康状况评估。评估工作的运行环境使用地理信息系统软件进行。

2. 选择评估类型与方法

针对该区域生态环境特征及存在的主要生态问题进行生态功能及生态环境敏感性类型的识别,结合数据条件选择合适的评价方法。

3. 数据准备

以地理信息系统软件 ArcGIS 为平台,建立一套完整的基于地理空间信息和社会经济因素分析的区域生态安全综合评价体系;并采用层次分析法(AHP)确定各指标权重值。评价的基本数据类型是栅格数据,对非栅格数据要做预处理并将其统一变换成方便空间计算的网格化栅格数据。

4. 模型运算

依据评估公式将评估所需要的参数输入地理信息系统软件,并计算出生态系统服务功能重要度及生态环境敏感性指数。

5. 评估分级

根据评价结果将生态功能的重要性顺序分为一般重要性、重要性及极重要性三个级别,生态环境敏感性顺序分为一般敏感性、敏感性及极敏感性三个级别。

6. 现场校核

依据有关规划、区划重要生态区域的空间分布情况,并结合专家知识对评价结果是否符合实际生态状况进行综合评判。比如,重庆市通过对其主要生态功能区进行现状和未来发展需求分析,确定了重庆市重点生态功能保护区及优先保护地区,并在此基础上构建指标体系、建立评价模型。

(二) 校验划定范围

以科学评估结果为基础,对评估所得生态功能极重要区、生态环境极敏感区叠加归并,与下列保护地校验形成生态保护红线空间叠合图,保证划定区域覆盖国家级、省级禁止开发区域及其他需要严格管理的类型保护地。

1. 国家级和省级禁止开发区域

——国家公园;

——自然保护区;

——森林公园的生态保育区和核心景观区；
——风景名胜区的核心景区；
——地质公园的地质遗迹保护区；
——世界自然遗产的核心区和缓冲区；
——湿地公园的湿地保育区和恢复重建区；
——饮用水水源地的一级保护区；
——水产种质资源保护区的核心区；
——其他类型禁止开发区的核心保护区域。

对于上述禁止开发区域内的不同功能分区，应根据生态评估结果最终确定纳入生态保护红线的具体范围。位于生态空间以外或人文景观类的禁止开发区域，不纳入生态保护红线。

2. 其他各类保护地

现实中，各地区可以根据生态功能的重要程度，视实际情况将需要进行严格防护的所有类型保护地列入生态保护红线。《全国生态环境建设规划》明确了我国自然生态系统中自然保护区和风景名胜区两大主体功能区的划分方案。其中，"国家公园"是指由国务院批准设立或指定为核心景区并具有特殊意义的生态系统类型。

(三) 确定红线边界

1. 边界处理

按照保护需要和开发利用现状，结合以下几类界线勾绘调整生态保护红线边界：

——自然边界，主要是依据地形地貌或生态系统完整性确定的边界，如林线、雪线、流域分界线，以及生态系统分布界线等；
——自然保护区、风景名胜区等各类保护地边界；
——江河、湖库，以及海岸等向陆域（或向海）延伸一定距离的边界；
——地理国情普查、全国土地调查、森林草原湿地荒漠等自然资源调查等明确的地块边界。

2. 现状与规划衔接

将生态保护红线界线作为一个整体进行综合考虑，在划定范围时充分考虑生态环境敏感区和生态功能保护区对区域经济发展的影响。同时要加强相关部门协调配合，建立科学完善的生态保护红线管理制度体系。

3. 跨区域协调

从生态安全格局建设的需求出发，将邻近行政区域内的生态保护红线划定成果充分衔接和协调，并进行跨域技术对接，保障生态保护红线的空间连续性。

4. 上下对接

采取上下联动、技术对接等形式，广泛听取市、县（市、区）两级政府意见并作出共识。

（四）形成划定成果

经过以上的步骤，台账数据库已初具雏形，生态保护红线的基本基调已经建立。

（五）开展勘界定标

根据环境保护部和国家发展改革委发布的《生态保护红线划定指南》，勘界定标阶段应收集红线周边原平面控制点坐标结果，控制点网图并辅以高清正射影像图，地形图及地籍图相关数据，对生态保护红线的各种基础信息进行调查研究，确定红线区块边界走向及实地拐点坐标并对红线边界进行精细勘定。在此基础上，通过对界桩进行测量，获取界桩埋设位置及界桩的精确空间坐标，建立界桩数据库，编制生态保护红线勘测定标的图件。设置统一规范标识标牌，标识标牌主要涉及生态保护红线区块范围、区域、拐点坐标、保护对象、主导生态功能、主要管控措施、责任人和监督管理电话。

二 生态保护红线区划定的步骤和方法

（一）重要生态服务功能保护红线划定的步骤

重要生态服务功能区（以下简称"重要生态功能区"）是对保持水土、涵养水源和维护生物多样性起着至关重要作用，并对国家或地区自然生态安全产生重大影响的地域空间。[1] 对该区域划定生态红线，不仅能有效地保护该地区重点生态系统，还能从根本上保证人类开发利用资源与维护自然生态这一突出矛盾得以化解。[2]

---

[1] 何广顺、王晓惠、赵锐：《海洋主体功能区划方法研究》，《海洋通报》2010年第3期。
[2] 王灿发、江钦辉：《论生态红线的法律制度保障》，《环境保护》2014年第2期。

1. 划定范围

从全国范围看，选择了《全国生态功能区划》50个重要生态功能区、《全国主体功能区规划》25个限制开发区作为红线划定目标。依据"自上而下""自下而上"两种方法分别建立了各级政府主导下的空间管制框架体系，并对各分区进行评价分析。省级以下行政区可以参照所辖区域《主体功能区规划》《生态功能区划》等规划，将其他有重大意义的生态功能区确定为红线划定范围。

2. 生态服务功能重要性评价

生态功能区是一种特殊的区域，是指国家为保障生态区域安全和促进人与自然和谐发展而对区域生态特性和生态系统服务功能进行生态调查和区域生态功能分析后编制的全国生态功能区划。通过分析生态系统服务功能区域分异规律将各生态服务功能按重要程度分为不同等级，并明确它们的空间分布范围，进而从水源保护、防风固沙、生物多样性等诸多方面进行区域内的综合评价。

以林区为例，可以选取森林覆盖率、植被覆盖度、年降雨量、年均气温4个指标作为该地区主要生态环境质量参数；采用主成分分析方法将这些参评因子降维为N个公因子。评价方法主要包括指标体系构建，评价模式建立等步骤，并将生态服务功能量化评价结果进行归一化，同时结合空间归一化人类干扰及影响强度，通过GIS环境中图层叠加运算及重分类获得生态系统服务重要度等级划分结果。

3. 确定重要生态服务功能保护红线边界

将生态服务功能的重要性级别划分为三个等级，即极重要、中重要和较重要。以吉林省为例，通过对吉林省各县域进行空间分布特征的研究发现：长白山林区及通榆河流域是全省最主要的生态功能区；白山市区是省内第二大重点生态功能区；松原市区以农业为主。其中划定为重要（点）生态功能区保护红线的范围，就是生态服务功能重要度级别高，受人类干扰、胁迫程度比较低或者容易控制的地区。

（二）生态敏感区及脆弱区保护红线划定的步骤

生态敏感区和脆弱区是那些对自然环境改变以及外部因素干扰反应敏感，易于生态退化的地域。陆地和海洋都被归属于这两个范畴。伴随着经济与社会发展的快速节奏，人类对生态环境的关注日益增强。而生态敏感区和脆弱区，则成为影响社会经济持续发展的主要障碍。鉴于此，加强对生态敏感区和敏感区内环境的保护，显得尤为关键。《全国生态脆弱区划设方案（试行）》是根据我国目前对陆地生态脆弱区域开发强度大、利用粗放等实际情况而制定的，与《全国海洋功能分区》相比，将海洋生态敏感区作为一个独立的单元进行管理，并在此基础上提出了相应的脆弱区划分标准。划定生态敏感区和脆弱区保护红线是保护人类生存环境安全的有效生态保护屏障，能为预防各类灾害发生和保持地区协调发展奠定坚实基础。

1. 划定范围

依据生态环境的基本情况，可以将生态红线的划定区域分为以下几种：水陆过渡区、农牧生态交错区、沙漠化扩展区。按照国家规定和要求，将全省划分为5个一级保护区、10个二级保护区、100多个三级保护区。省以下行政区可以根据本行政区的生态环境的基本情况，制定相应的政策，划定生态红线区。

2. 陆地生态脆弱区、敏感区保护红线的划定

（1）河湖水库滨岸缓冲带红线。实地考察河湖水库滨岸地带的实际情况，重点针对土壤植被地形地貌的基本特征，并结合各个区域的实际情况，制定专属的河湖水库滨岸红线，同时对于具有相似情况的区域可以推广适用。

（2）农牧生态交错区红线。界定农牧生态交错区空间范围，对农牧生态交错区生态系统脆弱性进行评价和分级，划定极脆弱区红线。

（3）沙漠化扩展区红线。影响划定沙漠化扩展区红线的重要因素主要表现在该区域的气候状况、地形地貌、地下水地下河流以及地上植被覆盖的基本情况，同时依据这些生态环境要素确定控制沙漠化扩展的有效屏障的宽度。

（三）生物多样性保育红线划定的步骤

1. 物种保护红线的划定

对于物种保护红线的精确划定，首要任务在于确定具有极高研究价值和保护价值的珍稀物种。物种的生活习性与物种的栖息地及物种在原生环境中的生长动态密切相关，只有掌握了其生长习性，才能依据物种生长过程中对于生态环境的独特需求，确定其生长环境的精确标准。为此，当确定了最为贴合物种生长的自然环境指标之后，才能以此为基础划定出保护红线的最小范围，以期最大限度地保护这些濒危物种的生存繁衍。

2. 关键生态系统保护红线的划定

考虑到生态系统的分类工作具有多样性，涉及的尺度大小不尽相同，为了确保红线划定的科学性、合理性和有效性，应该在进行红线划定之初，就先确立生态系统分类的层次结构。在这个基础上，可以有针对性地选择关键的生态系统类型，确保关键生态系统类型得到充分的保护。为了获得关键生态系统的详细分布信息，可以采取一些有效的手段进行信息的收集工作。例如，可以采用遥感技术、大数据等方式来进行广泛的生态系统分布信息的搜集。通过对这些信息进行分析和评估，就可以确定关键生态系统的优先保护等级。最后，在这些信息的基础上，就可以划定关键生态系统的保护红线，从而确保关键生态系统的保护工作得到有效的开展。

（四）生态保护红线划定的方法

1. 3S 技术

3S 技术即 GIS 地理信息系统、RS 遥感技术、GPS 全球定位系统。3S 技术在土地资源管理中发挥了重要作用，为土地资源信息化管理开辟了新途径。3S 中最重要的三个核心技术之一就是国土空间规划与管理的应用技术，也是一种基于第三方的融合应用技术。新型 3S 应用融合技术已被广泛运用到国土空间规划编制、审批、监管和执法四个环节中，它是将信息收集信息处理与信息应用相结合的产物。3S 应用技术优势体现在信息高速实时获取及处理、应用精度高、全部应用数据均可量化等方面，为国土空间规划、决策提供了海量基础信息和数据资料，也为当今倡导数字城市、智慧城市提供了底层逻辑及基础技术支持。

（1）GIS 技术。地理信息系统（Geographical Information System, GIS）是一种以计算机硬、软件为支撑，研究现实世界（资源与环境），并收集、存储、操作、分析、显示与管理描述各种变迁空间数据的技术系统。它以计算机技术为核心，通过空间数据库把地理上分布的各种信息组织起来并提供给用户使用。[1]

（2）RS 技术。遥感（Remote Sensing, RS），广义上是指在没有直接接触的前提下，对遥远目标所反射、辐射或散射的电磁波进行检测的过程。在狭义上，遥感是通过使用对电磁波具有高度灵敏的仪器设备，来检测目标在非接触条件下所反射、辐射或散射的电磁波，并通过加工处理这

---

[1] 李旭祥：《地理信息系统在环境科学中的应用》，清华大学出版社 2008 年版，第 43 页。

些信息以获取相关信息的科学技术。遥感作为现代科学技术发展过程中的一种新概念，它具有广泛的应用前景，目前已成为许多国家竞相开发和研究的重点课题。遥感技术基于电磁波，能够在无接触的条件下进行检测。它在大范围宏观环境质量与生态监测、污染监测、植被分类、土地利用和环境规划等方面具有广泛的应用。近年来，随着我国经济的发展和社会的进步，生态环境问题日益突出，传统的环境监测手段已不能满足当前环境管理的需求。因此，开展遥感技术在环境保护领域的应用研究具有重要意义。在生态保护红线划定方面，遥感技术应用于以下三个方面：首先是数据采集，包括数据存储和传输、地物波谱处理、航空和卫星数据的处理；其次是数据解译，包括光谱波段信息融合、辐射变换和改正、几何校正和影像配准；最后是信息提取，包括数字解译和人工判读。

（3）GPS。全球定位系统（Global Positioning System，GPS）是由人造地球卫星构建的高精度无线电导航系统，可在全球范围内及近地空间提供准确的地理坐标、时间数据以及车辆行驶速度信息。它在全球统一的WGS-84坐标系统中进行计算，具有精度高、观测时间短、仪器操作便捷等特点。

2. 模型分析法

模型分析一般利用数学模型来抽象研究对象，刻画并反映客观事物或者现象的结构特征与规律，[①] 并允许在时空尺度约束下对模型进行适当的压缩与扩展，被广泛用于计算机模拟。模型分析法在综合调查研究区真实生态环境的基础上，构建了气象、地形和植被生态指标的单因子和综合因子分析模型，开展生态保护重要度分析，从而为划定生态保护红线提供了科学依据。在此基础上，运用模型法分析社会、经济和资源发展因子，能够明显地反映出该区的发展状况，从而提出该地区生态保护红线空间格局的优化规划，进一步引导了科学协调发展和环境保护规划。

3. 叠加分析法

叠加分析是一种分析手段，用于在空间和属性数据运算的基础上，生成具有多重属性特征的空间区域。这种分析方法已经成为 GIS 领域中实现空间潜在信息提取的主要方法或技术。与传统统计分析相比，叠加分析具

---

① 杜立新、唐伟、房浩等：《基于多目标模型分析法的秦皇岛市水资源承载力分析》，《地下水》2014 年第 6 期。

有直观性强、易操作和效果良好等优点,被广泛应用于地学研究。叠加分析可以分为直接法和间接法两种,常见的叠加分析方法有视觉叠加分析、矢量数据叠加分析和栅格数据叠加分析。其方法示意详见图 2-2。

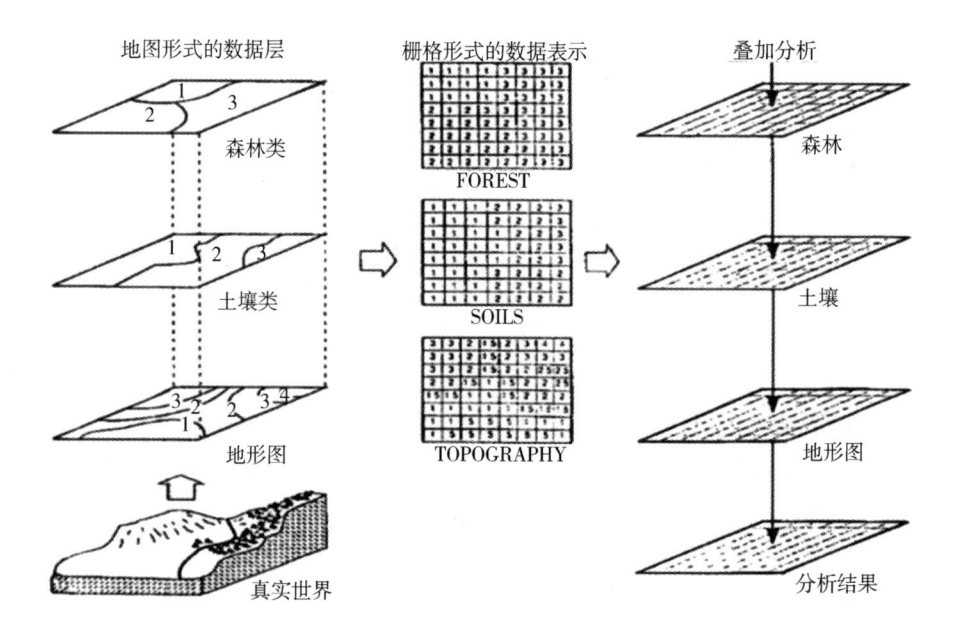

图 2-2　空间叠加分析①

第六节　生态保护红线的评估

生态保护红线划定后,为了应对出现的新情况与问题,需对划定进行评估并适时予以调整。自然资源部、生态环境部 2019 年 6 月 9 日联合印发《关于开展生态保护红线评估工作的函》,该函部署了生态保护红线评估工作。各省生态环境厅高度重视,及时下发文件要求各地认真贯彻落实,明确工作任务,落实部门责任分工;2018 年 3 月 31 日,生态环境部和住建部联合印发了《生态保护红线综合区划调整工作指南(试行)》,要求在全国范围开展生态保护红线综合分区调整工作。

---

① 安静:《兼顾区域发展因素的生态保护红线划定研究》,硕士学位论文,太原理工大学,2018 年,第 17 页。

一 生态保护红线的评估要求与技术路径

作为决定生态环境质量基础和实施国家空间管制的重要考量，生态保护红线的评估重点聚焦于关键区域的矛盾与冲突、提供优化调整建议和针对性的调整方案以及勘界定标方案。将国土空间规划编制与勘界定标的实施相结合，旨在确保生态保护红线的生态功能不减反增。

在技术路径上，自然资源部发布了《关于提供生态保护红线评估相关材料的函》，该通知将生态保护红线的评估工作划分为两个主要阶段：一是地方的自我检查，明确生态保护红线的基本划定状况、评价的技术流程和方法，以及存在的问题；二是国家的审查，其将基于地方自查的基础，通过专家的审查来确认地方自查的状况，并确认调整方案符合国家的生态安全格局及生态保护红线的控制要求，从而实现应划尽划、科学合理。

二 生态保护红线评估过程中的现实问题

（一）评估调整工作存在的技术难点

1. 基础数据权威性不足

基于第三次全国土地调查与海岸线修正成果的评估调整指南，我们需依据双评价结论进行工作优化。具体到地方实践，浙江省已成功完成生态保护红线划定，进行实地测绘，部分地区完成了陆海边界划分，部分地区于2016年年底前提交了初步成果。与此同时，我国第三次国土调查资料尚待完善，各市县计划在2019年6月前以提交的初步调查成果为基础，进行评价和调整。然而，多数市县仍未完成自然保护地普查，保护地规划多为现有图纸和数据梳理结果，缺乏统一坐标系下的矢量数据，精度和数量完整性仍待改进。

2. 支撑数据协同性不足

在生态保护红线的划定和调整过程中，我们需要从相关部门获取大量支撑资料。为了更有效地解决生态保护红线的规划管理问题，需要建立一套完整、科学、系统的空间信息分析体系。GIS作为一种高效的数据管理工具，具有强大的数据处理能力。然而，目前现有的评价和调整技术方案在数据选择和协调方面缺乏相应的引导，导致在红线协调的具体步骤中数据选择一直是影响调整发展的一个难题。比如，如果仅依据第三次全国国土调查资料，就无法确定"人工商品林"和"一级公益林"等协调要素在全国范围内的确切分布情况。而如果依据森林资源第二类调查资料，则会担忧其权威性不如第三次全国国土调查那样高，从而导致调整后的成果不科学。

3. 空间规划依据不足

生态保护红线，作为国土空间规划的管制要素，与国土空间规划存在着部分和整体的互动关系。然而，目前的情况显示，部分区域的国土空间规划仍处于初级阶段或尚未起步，局部规划的推进速度远超整体。生态环境问题已经成为制约经济与社会发展的重要挑战，因此，对生态保护红线的动态监测与调整是必要的。当前阶段，生态保护红线评价调整尚未与"三生空间"划定相协调，同时，城镇开发边界和基本农田保护红线与生态保护红线的对接尚未达成。这就意味着，生态保护红线的配合与其他控制线的构建主要受限于现有的"三线"划定空间。城镇开发边界往往形成于现行的城市总体规划所划定的区域范围或城市已批准的城镇控规拼合边界上，基本农田保护红线则通常基于2017年划定的永久基本农田方案。如果"三线"划定的推进步骤不一致，可能会导致城镇发展空间和永久基本农田布局空间的优化工作陷入停滞，协调工作缺乏基础。

(二) 评估调整过程中的博弈现象

地方政府要坚持生态优先、应划尽划、实事求是，实现"生态功能不减、面积不减、性质不变"。作为中央与地方关系中最重要的一项权力配置方式，省级政府在落实这一理念上发挥着至关重要的作用。当前我国已初步建立起较为完善的省级生态补偿机制，并取得一定成效。而各地方政府在其工作过程中出于争取地方事权、保留地方发展权等原因而采取多种应对策略，表现出一种"央—地"博弈局面。

对生态保护红线进行划定、调整、监测与评估的事权主体是国务院，地方各级党委与政府则是恪守生态保护红线责任主体，需要以生态保护红线为重要基础与前提进行综合决策。在省级行政区域（含设区的市）划定并实施国家生态保护红线制度，其目的在于落实党中央提出的"两个一百年"奋斗目标中关于坚持节约资源和保护环境基本国策的战略部署。生态保护红线一经划定，只可增不可减，原则上按照禁止开发区域要求实施治理，禁止与主体功能定位不一致的各种开发行为和随意变更用途。对于在生态保护红线以内空间活动导致生态环境与资源遭到严重破坏的行为，应当进行终身问责，相关责任人无论其转岗、晋升或退休均应受到严格问责。① 因此，中央提出建立以省级行政区（地级市）为单元的国家层面的生态保护红线管理体系，使得划定生态保护红线对于地方政府来说意味着责任风险落地。同时亦应考虑到，红线之内的各种空间资源使用受到制约，意味着地方发展的潜力在空间中受到限制，其间可能存在的经济利益也会随之被遮蔽。

第七节 生态保护红线的调整

一 生态保护红线调整的原则

2013年国务院颁布的《国家级自然保护区调整管理规定》，明确了严格保护原则，并对调整期限、原因、范围以及程序和责任追究等方面进行了全面规定。然而，从生态保护红线管理制度实施的角度来看，这项规定主要以"减法"的视角来调整自然保护区，通过严格限制项目建设和经济开发来改变现状。在实际工作中，由于缺乏具体明确的政策依据，相关部门难以把握调整时机和力度；同时，也无法通过立法形式实现对保护区内生态系统服务价值的补偿。此外，该规定也未以"加法"的视角规定现行自然保护区的调整步骤。②

从整体视角来审视，上述规定确实存在一定的局限性，但其仍然为生态保护红线提供了一定的参考基础性法律程序，是对生态保护红线明确界限的重要依据之一。此外，它还确立了生态保护红线的功能和总量不减少原则，这无疑是对生态环境所能承受的保护红线限值的一种有效的约束与保护，充分体现了保护生态环境、维护生态平衡的基本理念。

二 生态保护红线调整的条件、程序和保障措施

（一）生态保护红线调整的条件

中共中央办公厅与国务院办公厅于2017年联合颁布的《关于划定并

---

① 中共中央办公厅、国务院办公厅印发《关于划定并严守生态保护红线的若干意见》，https://www.mee.gov.cn/zcwj/zyygwj/201912/t20191225_751550.shtml，2020年12月14日。

② 陈海嵩：《生态红线制度体系建设的路线图》，《中国人口·资源与环境》2015年第9期。

严守生态保护红线的若干意见》明确指出：一旦生态保护红线确定，只可增不可减。若因国家重大基础设施建设和重要民生保障项目需求，省级政府必须提交调整建议，环境保护部和国家发展改革委会协同其他部门，提出审查意见，并报请国务院审批。① 生态保护红线的调整权由中央政府全权掌控，包括对地方政府实施生态保护监督和管理，以及对生态保护红线实施控制的权力。地方政府在生态红线的调整方面的自主权不大，以《武汉市基本生态控制线条例》为例，该条例规定了生态保护红线的调整条件，具体包括：（1）只有在上位规划调整时，才能对生态保护红线进行调整；（2）只有在国家和省市重大项目建设所需，或法律法规要求的其他情形下，才能对生态保护红线进行调整。

（二）生态保护红线调整的程序

根据《国家级自然保护区调整管理规定》，生态保护红线的调整过程需要遵循征求意见、申请调整、编制方案、审议批准及备案公告的标准程序。对此，国家和地方层面的法规文件虽然作出了相关规定，但目前尚没有针对生态保护红线调整的专门行政规章或规范性文件出台。以《武汉市基本生态控制线条例》为例，对生态保护红线的具体调整步骤如下：

（1）区政府在主要新闻媒体和政府网站上公示申请调整内容，征求公众和利害关系人的意见。在区人民代表大会常务委员会审议后，向市人民政府提交申请，同时提交审议意见、公众和利害关系人的意见以及论证和评估等方面的信息。

（2）市城乡规划主管部门对调整申请进行审查，向市人民政府提出专题报告，在市政府同意后，组织编制调整方案。调整方案需征求市人民政府相关部门、相关区人民政府以及利害关系人的意见，并采用论证会、听证会或其他方式征求专家和公众的意见。

（3）调整方案需根据相关意见修改完善，经市规划委员会审议通过，报市政府批准。涉及生态底线区调整的，市政府在审批前需将调整方案提请市人民代表大会常务委员会审议。

（4）经批准的调整方案需在市人民代表大会常务委员会备案，并在本市主要新闻媒体和政府网站上公布。

---

① 中共中央办公厅、国务院办公厅印发《关于划定并严守生态保护红线的若干意见》，https://www.mee.gov.cn/zcwj/zyygwj/201912/t20191225_751550.shtml，2020年12月14日。

（三）保障措施

1. 红线内优先考虑生态保护活动并考虑空间规划科学性。当前实施的生态保护方案主要有：通过空间划分对农田进行评估调整，划定生态保护红线，加强森林建设和改造，增加耕地数量等措施来实现退耕还林目标；在实施过程中，要考虑到生态保护、空间布局和经济发展能力等因素，对原有的农田进行适当的调整，同时也要考虑到地方政府的利益。由于我国现行法律对这两个问题并没有明确的规定和具体的措施，导致实践中出现了不同程度的冲突与争议。[①] 鉴于此，构建一套完善的规则来解决这些纷争与冲突是至关重要的。考虑到各当事方经济体若要撤离所需的经济补偿额度相当可观，以及权益所有者在规划征求阶段中占据的重要地位，采取强势退出策略实非适宜之举。

（2）通过生态转换机制，达到生态保护的目标。生态转换机制的目标是保护和恢复生态系统，提高生态系统的健康和功能。它不仅包括耕地的价值转换机制，还包括其他生态系统的保护和恢复，如森林、湿地和草原。以耕地价值转换机制为例，它对于促进我国经济持续稳定发展、扩大现有耕地面积，以及弥补后备耕地资源具有无可替代的关键作用。首先，为了确保耕地资源的可持续利用和有效保护，需要在对耕地资源进行管理和保护的过程中，以持续调整和优化耕地结构为手段，促使耕地总量达到动态平衡。其次，通过推行异地代保相结合的耕地价值转换机制，即通过跨区域的土地资源优化整合，实现土地资源的合理配置，从而更好地保护现有耕地资源。最后，完善增减挂钩的耕地价值转换机制，即通过实行耕地的增减挂钩政策，以实现耕地资源的有效利用和保护，从而更好地保护现有耕地资源。

（3）细化生态保护红线范围内事权，保障调整效率。在生态保护红线范围内，合理划分事权显得尤为关键，有助于解决实际操作中可能出现的问题，确保各部门及人员的协同合作。细化事权将使得各部门在工作过程中更有条理，有效避免职责重叠或空缺。同时，为保障调整效率，需要在生态保护红线范围内事权细化方面下足功夫。环境问题可能随着时间和空间的变化而产生变化，因此，需及时调整事权，确保保护措施的有效

[①] 张高生、张梦汝等：《山东省生态保护红线的管控对策及建议》，《环境科学与管理》2019 年第 2 期。

性。以村落建设为例，生态保护红线范围内村落建设管理权属于国家直辖，从而造成生态保护红线内部管理相对落后。县级政府的困境在于对生态移民缺乏经费扶持；同时，由于县级政府的财力物力有限，亦不能满足生态环境改善的需要。为此，在生态保护红线的范围内，应当允许县级政府拥有适度的事权空间，允许县级政府在保护生态环境的过程中具有自主决策和执行的权力。同时，国家应该通过适度的方式，适度赋予县级政府在生态保护红线工程中的职权，使县级政府能够积极参与和主导生态保护红线的划定、调整和治理工作，以此来激发实际事权主体对生态保护红线的重视和热情。①

三 生态保护红线的撤销

依据法律规定，保持生态保护红线的稳定性是其根本特性，这使生态保护红线在形式上同其他保护类型区分开来。生态保护红线具有其独特性质和职能：在空间布局上与国土空间规划相适应；在时间维度上，是区域生态建设和环境保护的指南；在权属关系上，其所有权归属于国家并受到国家的保护。设置红线区是依法进行的，并在法律层面上预设了红线区的永久安全性或完整性，因此撤销生态保护红线须满足严格的条件：

（1）撤销生态保护红线的权力属于国务院。由于自然生态环境直接关乎国家的长远发展，影响人类的福祉，因此撤销生态红线的权力受到严格的管控。生态保护红线的设立和维护，需要国家层面的统筹规划，撤销生态保护红线的权力归属于国务院。国务院作为国家的最高行政机关，拥有对生态环境进行宏观调控的能力和责任。当需要撤销生态保护红线时，国务院需要对实际情况进行深入研究，并综合考虑各种利弊因素。这需要国务院在充分听取各方面的意见和建议的基础上，经过严谨的论证和科学的分析，最终作出撤销生态保护红线的决定。撤销生态保护红线并不意味着完全解除对生态环境的保护，而是在保证生态环境安全的基础上，为经济社会的持续发展提供更为广阔的空间。这就需要国务院在撤销生态保护红线的同时，制定科学合理的生态修复方案，加强生态环境保护和治理，确保生态保护红线的撤销不会对生态环境造成严重的损害。同时，撤销生

---

① 陈秋兰：《生态保护红线评估调整过程中的现实问题与优化建议》，《西部资源》2022年第2期。

态保护红线也需要国务院与各级政府、企事业单位、民间团体等各方形成合力,共同推进生态环境保护和治理工作。总的来说,撤销生态保护红线的权力归属于国务院,能够增强国家对生态环境的调控能力,确保生态环境的持续发展。然而,这需要在依法撤销生态保护红线的前提下才能实现。

(2) 撤销生态保护红线的审查咨询程序十分严格。撤销生态保护红线决策的正当性论证需基于公共利益或特殊情况,并需有充分的说服力。若决策违反法律规定,需进行相关程序变更并提交批准文件。合理调整和降低生态保护红线需满足以下条件:确定依据合理科学原则对保护地体系或场所的影响进行分析,明确国家生态保护的整体目标,考虑取消对地方社区及全国生态系统服务与功能的长期环境、社会及经济影响,同时确保取消已划定的生态保护红线不会影响或破坏保育价值与目标。如发生重大紧急的国家紧急状态,能论证该项行为的正当性且无切实可行的替代方案时,以书面形式向公众披露并进行最后确定。

(3) 生态保护红线撤销需建立缓解措施。在生态保护红线内部,必须保持与环境和生物多样性保护相关的适当的缓解措施,以确保这些目标的实现。根据环境和生态需求的变化,可以选择在其他适宜的地点实施恢复措施,以确保生态系统的可持续发展。除此之外,还可以寻找和开发具有同等或更高价值的生物多样性和自然保育替代区域,从而确保在生态保护红线撤销后,环境和生物多样性能得到更好的保护和维护。

第三章 生态保护红线信息公开与保密

第一节 生态保护红线信息公开

一 生态保护红线信息公开的理论基础

（一）生态保护红线信息公开的内涵

生态保护红线信息公开就是生态保护红线信息特定所有的主体主动向公众或者是依申请向特定的个人、企业或组织公开生态保护红线相关内容的信息，属于行政信息公开的一种。生态保护红线信息具有环境信息的特点，来源广泛、具有综合性、存在方式多样，我们可以将生态保护红线信息公开视为环境信息公开的下位词。关于环境信息公开概念尚未有统一的界定，原国家环境保护总局《环境信息公开办法（试行）》（2008年）中曾将环境信息分类为政府环境信息和企业环境信息，并对其分别进行概念界定。概念并非一成不变，这种概念界定较为笼统，环境信息不止包括政府信息和企业信息，缺少科学性，已经不符合当前环境信息公开的需要。但我们仍可以推算出，生态保护红线信息公开是可以参考政府信息公开以及环境信息公开的相关定义的。

1. 政府信息公开的概念

政府信息公开，又可以称为政府信息披露，是行政机关的行政责任。具体指行政机关在履行职责过程中制作和获取的除外事项之外的一切信息公开。主要目的在于使任何公民都可以通过微信公众号、公开门户网等特定渠道进行查询和监督，以便了解政府工作内容。包括但不限于政府计划或准备开展各种工作，如城市的建设与规划、一些工作内容和流程。学界对政府信息公开的概念有着不同的讨论，有学者认为，政府信息公开是指政府机关按照法定程序和特定形式公开所有与社会成员利益相关的信息,可以让公众全面了解和使用行政信息的制度。也有人认为,政府信息披露有宏观和微观之分别,宏观的政府信息公开是指行政机关在行政管理中的一项法律制度,即由行政机关向公众或特定公民提供行政信息的范围、主体、程序和法律后果构成的法律制度。微观意义上的政府信息公开是一种提供信息的法律行为。① 我们认为,政府信息公开主要是指行政主体在行使国家行政管理职权的过程中,依据法定形式和法定程序,主动或者依据申请将行政信息向社会公众或者特定的主体公开的一项制度。②

2. 环境信息公开的概念

有学者认为,环境信息公开是指政府、企业和其他社会行为体在尊重公众知情权的基础上,向公众通报和披露其环境行为,以促进公众参与和监督。③ 还有学者认为环境信息公开是根据环境信息需求主体的需要,通过法律程序收集、整理、制作和发布环境信息的过程。④ 我们现在通常认为环境信息由两部分组成:一是环境基质信息,包括自然基质与人类基质;二是环境与人类之间相互的影响信息,基于这种概念,环境信息公开必然是包含这部分内容的。

3. 生态保护红线信息公开的概念

我国《生态保护红线管理办法(暂行)》第8条规定:"国家生态环境主管部门定期发布生态保护红线监测、评价和考核等信息。各省(区、市)生态环境主管部门应及时向社会公开生态保护红线范围、边界、调整、管控要求、保护管理、评价考核等信息,但依法应当保密的除外。"生态保护红线公开的范围,从字面上讲,应该包括两个层次:公开信息的主体范围和内容范围。就公示的主体范围而言,我国的公示主体范围主要是行使环境职能的部门。就公开的内容来看,环境信息公开的对象应当是社会公众,我国目前的公开还停留在制度和结果的公开,《生态保护红线管理办法(暂行)》的规定也仅限于以上几点。笔者认为,生态保护红

---

① 颜海:《政府信息公开理论与实践》,武汉大学出版社2008年版,第5页。
② 张杰、耿玉娟主编:《政府信息公开制度论》,吉林大学出版社2008年版,第1页。
③ 宋旭娜:《环境信息公开是环境应急管理的必要工具》,《中国环境管理》2009年第3期。
④ 胡静、付学良主编:《环境信息公开立法的理论与实践》,中国法制出版社2011年版,第8页。

线信息公开应当包括生态保护红线划定的行政决策过程公开及行政决策结果公开。还要注意辨别信息并非简单的数据,对生态保护红线的概念有狭义和广义说,基于当前发展现状,许多学者支持对生态保护红线的概念进行狭义解释,避免类推解释产生歧义等,笔者认为,生态保护红线信息公开则不同,我们应该为此下一个较为宏观的定义,避免过度保护信息。综上,本书所称的生态保护红线信息公开是指对生态保护红线内环境要素现存状况和影响或可能影响生态保护红线环境行为的公开。

(二) 生态保护红线信息公开的权利来源

1. 知情权的概念及范围

知情权的内涵比较丰富,通常来说,我们理解的知情权就是一项获取信息的权利。任何权利和义务都有边界,信息全面公开不等于全部公开,公开并不限制为了更大的利益采取保密措施。知情权范围的讨论就是世界各国信息公开立法最核心的内容,即豁免事项的探讨。世界各国信息公开法律的发展主要也是针对豁免事项的动态调整和程序的不断完善。世界各国信息豁免立法技术多种多样,包括但并不限于以下几种区分方式:以损害后果为条件、以制作主体为标准、以法律属性为标准。在知情权的范围上有"基本权利论"和"民主配套论"之争,乍看是理论之争,但有两个理论指导的实践天差地别。二者都承认知情权,但是知情权的边界有法律限制之外和法律明文确立之分。第一种理论将知情权认定为宪法性基本权利,那也就是认为知情权是天然人权,知情权在宪法中隐含,是包含在表达自由中的引申权利,而政府信息公开是言论自由的表现形式。这就意味着知情权的范围以法律明文限制为界,即如果没有法律的明确限制,都是可以知情的。第二种理论将知情权看作为民主落实配套的权利,那么意味着知情权范围做最小解释,① 它应通过宪法来确认才可以得到正当的依据,除了法律明文规定以外都不享有知情权。民众作为权利主体自然是期待知情权范围最大化,而政府作为义务主体必然更倾向于信息公开范围最小化。生态保护红线区域广、信息复杂,不仅有环境信息,有的还涉及矢量数据等国家秘密,这些信息可能比环境信息公开的利益更应受到保护。因此,在特定情况下,需要评估知情权的范围,从而解决因要求不公开环

---

① 赵春丽、许文:《政府信息公开背景下的公民知情权保障探究》,《法制与社会》2021年第2期。

境信息而产生的冲突。

2. 环境知情权的构成要件

一般来讲环境知情权主要由主体、客体和内容三方面构成，环境知情权具体来说有以下内容：

（1）法律关系主体。法律关系的主体又可称为法律关系参加者，可分为权利参加者和义务参加者。环境具有特殊性，在环境权语境下包含许多关系，不同于其他法律之间法权关系清晰，因此，在法律文本中确实较难界定。我国对环境知情权的主体认知不一，曾经有学者认为，公民应作为权利主体，以生态保护红线为例，其管理与居民生活分不开，若因居民是外国国籍就被剥夺知情权显然不合理，以是否为公民划分权利主体也不符合环境管理的国际化趋势。也有学者主张利害关系说，但目前学界通说认为，环境信息公开的权利主体不能简单局限于与环境政策有利害关系的人，环境与每个人的生活息息相关，其联动性决定了没有方法明确界定直接利害主体，因此，大部分学者认为，环境知情权的主体应当包括任何自然人、法人和其他组织。值得注意的是，政府和其他环保部门不仅是义务履行主体，也应该享有知情权。例如环境执法主体应当拥有环境监督主体提供的环境信息权，上下级环境保护行政主管部门之间有互相获取环境信息的权利等。但是，有些学者认为，若规定所有主体都是环境知情权的主体，也就失去了规定的意义，容易造成环境知情权泛化。如今的环境知情权具有一定的束缚，且进步缓慢，但法律的核心就是权利和义务，不谈权利和义务就等于这个法律体系缺乏基石，我们仍要谈论环境的知情权。

（2）法律关系客体。知情权的客体就是知什么情，环境知情权之"情"就是指环境信息。公开并不排斥为了更高利益的保密，不能要求全部公开。因此，什么信息是可以让公众获取到的，何种信息必须保密，需要有合理的界定，这个界定范围就是客体范围。知情权客体的范围使权利的行使更具有针对性，环境信息公开内容庞杂，且专业性强，因此，没有办法用统一的法律规定出统一的标准。就生态保护红线信息公开的客体来讲，能够获得公众认可的是，涉及国家秘密不公开，但涉及商业秘密和个人隐私的情况仍有待探讨。举例来说，生态保护红线内可能有矿产企业包含其中，矿产企业除了资质等内容，其他信息是否需要全部公开值得讨论，一味地信息公开将会使矿产企业利益受损。

(3) 法律关系内容。① 权利义务是相对应的状态和范畴，内容就是指权利主体应享有的权利。包括公民可以通过多种渠道和方式知晓环境信息的权利，申请获取信息的权利，取得帮助的权利以及在环境知情权受到侵害的时候获得救济的权利。

(三) 生态保护红线信息公开制度的基本功能

总体来说，生态保护红线的信息公开有利于维护国家生态安全。环境有一定的自我调节能力，环境受到破坏前期不会表现明显，当其显现出并被我们所察觉时损害已经积累到一定程度，此时再去治理就需要大量投入使环境恢复原状，还很有可能永远无法恢复成以前的状态。生态保护红线制度是应对生态危机富有特色和成效的制度，信息公开制度的建立能够有效考虑各方利益，从而推动其在实践中得到真正的贯彻落实。

1. 落实环境知情权

受生态保护红线制度影响最深远的还是人民群众，伴随着环境民主法治意识日益觉醒，环境知情权愈加引起重视。没有知情权遑论参与权和监督权，信息公开制度是保护知情权应有的义理，知情权也催生了信息公开制度。权利由法律创设并受法律保护，但创设知情权并不是最终目的，知情权最重要在于落实。环境知情权是知情权在环境保护领域的具象表征，通过将环境信息公开上升到法律制度形式，将抽象的权利转化为具体的权利，并在制度和法律的不断完善中，使社会对环境知情权从认识到成熟，形成对环境知情权的全面严格保护。

2. 保障公众参与权

信息公开常常与公众参与相结合，《环境保护法》也将信息公开与公众参与放在同一章节。有学者认为，公众参与环境管理的过程等于信息公开的过程，公众参与是另一种形式的信息公开。② 其实不然，即使二者有千丝万缕的联系，但在理论和制度的构建上二者并不相同。信息公开与公众参与具有统一性，信息公开可以便利公众参与，公众充分了解其所处环境才能有更深刻的参与动力。对环境问题最恰当的处理对策就是逐步加强"公众参与"的理念，而信息公开是公众参与的必备条件，信息公开的程度和有效性直接关系着公众参与的深度，广泛而有秩序的公众参与有利于

---

① 后向东：《信息公开法基础理论》，中国法制出版社2017年版，第345—346页。
② 王华：《环境信息公开理念与实践》，中国环境科学出版社2002年版，第100—101页。

提升决策的科学性。

3. 保证公众监督权

当前生态保护红线的保护不能仅仅靠政府管制和企业自身约束，地方考核需要 GDP 加持，政府和企业为追求利益可能会对突破生态保护红线行为视而不见。此外，生态红线保护区涉及矿业权、居民迁出、生态补偿等问题，公众行使监督权，可以有效避免差别管理、差别对待。监督权利的行使必须是在充分了解相关信息的基础上才能实现，信息公开制度的建立能够提高政府工作的透明度，让权力的运行呈现在公众视野下。另外，监督权的行使能反向促进行政部门工作的规范和改进，公开生态保护红线信息，政府机关必然会更加重视依法行政，更审慎地作出决定。

二 生态保护红线信息公开的域外经验

生态保护红线理念在世界范围内是一个新的理念，该理念落实为制度是一项重大的突破，是我国保护生态雄心的体现，因此针对该制度的信息公开国外并无过多经验可提供。但是在政府信息公开和环境信息公开问题上，世界范围内已经有上百个国家颁布了信息公开法，随着国际化的加强，任何国家在信息公开问题上都不可能忽视信息公开的他国经验。更值得注意的是，生态保护红线的信息公开也要符合信息公开法律制度整体理论的运行逻辑，不谈体系只构建细节容易以偏概全，因此更需要在了解先进经验的基础上构建适合我国国情的周密的、自洽的体系。

环境信息公开制度的有效性被世界范围内共同认可，在国际和国家层面都能找到相关依据。1998 年，为了解决环境污染与破坏问题，保护人类的环境健康权，联合国欧洲经济委员会通过了《奥尔胡斯公约》，该公约是当前对有关环境信息公开规定最详细的国际公约，将公众获取信息、参与决策的过程制度化。一方面强调了公众享有获取环境信息的权力，另一方面阐述了环境问题中公众参与是不可或缺的。此外，较为详细全面地规定了环境信息的公开边界、免于公开事项、公开程序与救济方式等内容。美国是《奥尔胡斯公约》的缔约国，日本是非缔约国，无论是否成为其缔约国，其都不可否认环境信息公开的积极意义。值得注意的是，美国属于英美法系，日本是大陆法系，两个国家也都有自己的生态保护地体系，如国家公园制度等，且起源较早。这也让对这两个国家生态保护红线信息公开相关制度进行研究有特殊的意义。

（一）美国环境信息公开制度的建构

美国联邦的信息公开制度经常被认为是信息公开制度的源头，其开创性地位奠定了美国在信息公开制度体系中的地位，而且美国的信息公开实践过程波折，其大量的实践经验有助于我们解决制度上的困惑。

1. 美国信息公开的发展

美国行政公开的体系比较完善，在世界范围内有着极大的引导作用和借鉴意义。《联邦行政程序法》起始于1946年，该法中有诸多公众参与信息公开的程序性要求，1966年编入"美国法典"，其核心是行政信息公开，目标是保护公民、法人或其他组织的权利。随后《阳光下的政府法》（1967）、《隐私权法》（1974）等法案也被补充进来，是行政民主化、行政公开化的重要体现。虽然许多单行法案已经超出了《联邦行政程序法》的内容，但是在美国法律体系中仍被划分在《联邦行政程序法》的框架下，许多与环境有关的规划也需要受到《联邦行政程序法》的规制，例如国家公园的规划等。之后又在1966年通过了《信息自由法》，该法自颁布起至2007年经历了4次大型修订，加上5次小型调整，累计修改9次。该法规定了信息公开的豁免，即依照法律的规定为国家秘密的不予公开。《信息自由法》与其他许多法律有着紧密的联系，在执行过程中也涉及广泛，是美国信息公开体系中最核心、最有影响力的一部法律[①]。2009年1月21日，奥巴马庄重承诺要建立一个具有先驱公开水平的政府，以获取民众的尊重，提升政府办事的实效。他在正式就任美国总统的第二天签署了《透明与行政公开令》，并在之后让管理与预算办公室制定了更细致的《行政公开令》。这样一个规定是为了行政信息的阳光化、为了参与和合作，它的作用是内部自省，只作用于行政系统内部，没有给行政外的民众增加权利和义务。2017年1月美国总统特朗普任职后，这两个总统令在网站上消失了。在奥巴马执政期间曾经公开的信息有许多都不再公开，民众和学者对此感到担心，甚至引起了民愤，大家普遍认为，这是民主的倒退。从美国目前的管理综合来看，特朗普这种行为，对美国行政公开进程造成了极大的损害，美国的殷鉴不远，值得引起我国对政府信息公开的高度关注。美国的国家公园制度与我国生态保护红线联系密切，美国有超过75项独立的联邦法律适用于国家公园，最重要的包括《国家环境

[①] 后向东：《美国联邦信息公开制度研究》，中国法制出版社2014年版，第343页。

政策法》(1969)、《野生和风景河流法》(1968)、《清洁空气法》(1970)和《清洁水法》(1972)等。其中美国议会颁布的绝大多数环境法都有环境信息公开的要求。① 例如《国家环境政策法》规定了建设单位的环境影响评价和政府对环境影响评价意见都需要按照《信息自由法》公开,由此可见,美国虽然没有专门对环境信息公开予以立法,但是有关于信息公开法律体系比较完备,主要利用的是一般和特殊的法律关系。通过一般的信息公开法律进行基本规制,而环境信息公开比较特殊则利用单行法规构建。美国于 2005 年就建立了环境信息交互平台,所有的规划都需要将该平台作为交互的网络依据,不仅如此,该网站也接受公众的纸质版回复,由工作人员扫描录入后传送上网。②

2. 美国环境信息公开的要件

(1) 主体。美国《信息自由法》中对权利主体没有做限制,任何人都可以申请。义务主体不仅是行政部门,一些授权或委托组织也包含在内。美国有专门负责信息公开的政府信息公开办公室(OGIS),隶属于国家档案记录管理局,还可以在申请人与行政机构之间协调争端或发布咨询建议。此外,各个行政机构指定一个高级官员作为"首席信息公开官",工作内容包括:监督信息公开的执行,并就如何更好地实施信息公开提出建议,向机构首脑及司法部长报告信息公开的执行状况等。首席信息官会指定一个以上的公共信息公开联络人(FOIA Public Liaisons),顾名思义该联络人负责信息公开的衔接工作,增加行政机关工作的透明度。③ 环境信息办公室是在美国环境保护署之下专门针对环境信息公开设立的,负责收集和公开信息,并要确保信息的质量,此外其他行政主体如果掌握了环保署未知的的环境信息就要主动公开,公开的对象不仅包括广大群众,总统和环境质量委员会也被涵盖在内。

(2) 客体。美国环境信息公开客体较为丰富,且范围宽泛,其法律规定不仅应公开环境信息,也要对环境信息的持有者和信息获得方式等进行公开,环境影响评价的文件正本以外的副本与项目申请人的申请也需要一并公开。在信息的界定上,若依据《信息自由法》向行政机关申请信息公开,申请权只能针对已经形成的记录,不能对还没有形成记录的内容

---

① 杨光等:《中美环境信息公开标准比较》,《中国科技资源导刊》2014 年第 2 期。
② 张振威等:《美国国家公园管理规划的公众参与制度》,《中国园林》2015 年第 2 期。
③ 王敬波:《五十国信息公开制度概览》,法律出版社 2016 年版,第 385 页。

要求公开。就企业的环境信息来说,美国不仅要求企业披露有毒物质的排放,还要求企业对监测的设备也要公开。

(3) 救济制度。美国信息公开原告的诉讼主体广泛,凡是申请公开遭到拒绝的均可以起诉,向法院提起诉讼需要行政救济手段前置,即穷尽行政救济渠道。一般情形下,被告都是行政机构,但为了责任制度落实和针对性的追责,行政长官也作为问责对象成为被告。2007年美国《信息自由法》规定政府信息服务办公室作为司法救济的替代性纠纷解决机制,拥有处理信息公开争议的法定职权。为了缓解国家秘密的争议,美国规定了定密异议制度:秘密信息的持有者只要其出于善意,可以针对信息是否应当作为国家秘密而保密提出质疑,并且设立了详细的程序,保证该质疑者不会因此而受到惩罚,还会接受公正审查,为该制度还赋予个人申诉的救济权利。申请者根据法律的具体规定可以申请强制解密审查,强制解密审查与定密异议的提出主体不同,其申请者范围较广,不局限于秘密持有者,只有外国政府和外国政府代表不可以提出强制解密审查,其他人均可以提出。①

(二) 日本环境信息公开制度的建构

对于日本国家信息公开法律,不同的学者有不同的看法,一些研究者认为,日本的环境信息公开制度比较齐全。也有学者认为,日本的信息公开制度看似配置齐全,实际上规定得比较简略。日本近年来也因为福岛核事故废水排海处置的信息公开问题,引起本国民众和国际上的质疑,也让日方所谓信息公开遭到批评。日本核电站存在隐瞒、迟报、选择性公开问题。我们认为,日本虽然在福岛事件中面临声讨,但并不意味着其信息公开的法律规定一无是处,日本是有自己的体系的,尤其是日本独创的"信息公开审查会"值得每一个国家重视。

1. 日本环境信息公开制度的发展

日本《环境基本法》(1993)、《环境影响评价法》(1997)、《行政机关保有信息公开法》(1999)作为信息公开方面的法律,都没有明文规定知情权。日本通过最高法院的两个判例,确定了日本《宪法》第21条中的表达自由应作为知情权保障的依据。在信息公开范围上,日本的《信息公开法》以实质方法确立了信息公开的豁免,在法律中明确规定不利于国家秘密和

---

① 董暐等:《试论定密争议之解决》,《行政法学研究》2016年第3期。

安全时可以免于公开的情形，日本的特色在于对豁免事项是否符合要求，主要由行政首长判断，也有学者认为，这种立法模式属于排除式列举模式。① 日本信息公开制度具有框架上的完整性，信息公开法律的要件齐全，但整体偏向于行政机关。行政信息公开范围本就难以精密判断，在存疑情况下，日本法律明确规定将决定权交由行政机关。但这也并非日本的问题，大陆法系一般司法权也无法实质审查行政权，只能做形式审查，在自由裁量范围内偏向于行政权也是大陆法系信息公开实践的统一选择。日本国家公园法律制度可以给予我国启示，1931年日本颁布了《国家公园法》，第二次世界大战后对该法重修，1957年新法《自然公园法》取代旧法，最新修改于2009年，并有相关配套法律与之完善。《自然公园法》对向公众公开事项有着实质上的规定，不仅规定了相关事项公开，也规定了审批规划过程公开。此外，其对信息公开方式也做了要求，法律要求公开渠道为方便公众了解或查阅信息的渠道。日本有私人土地制度，为了保障土地、林木权利人的信息权，法律要求国家公园设立涉及多个权利人土地、林木的，要得到所有权利人签字。国家公园管理组织只有在拿到签署协议以后才能代表权利人参与管理、规划与生态保护等。②

2. 日本环境信息公开的要件

（1）主体。日本规定了广泛的申请环境信息公开的主体。根据《行政机关保有信息公开法》的规定，能够申请日本环保部门公开环境信息的主体不仅包含了日本本国的公民、法人和社会团体，还包括有未成年人和外国人。在义务主体上，其环境信息公开的义务主体主要是环保部门和企业。日本法律规定了除了国会和法院，基本所有行政机关都有信息公开义务。行政机关的环境部门有向公众公开其保有的信息的义务，如果国民申请，它们必须将自己掌握的环境信息公之于众。与美国相同，日本的企业被要求每年向环保部门报告环境信息，因此，企业是向环保部门公开环境信息的义务主体。环保部门有权要求企业向其报告环境信息，并且还可以规定报告信息应包含的内容、方式和时间。其中《污染物排放与转移登记法》（1999）、《环境成本及报告指南》（1999）和《环境报告书指南》（2003）规定了企业在日常运行和项目建设中需要对环境信息进行评

---

① 杨伟东：《国家秘密类政府信息公开案件审查模式的转型》，《法学》2021年第3期。
② 谢一鸣：《日本国家公园法律制度及其借鉴》，《世界林业研究》2022年第2期。

估和报告,同时也规定了报告的范围、时间以及方式。①

(2) 客体。环境机关必须将除"非公开信息"之外的相关信息全部公开,这就意味着公民可以获得环保部门掌握的绝大多数的企业环境信息资料,而条例规定的例外情况也只是指其本身并不拥有,或者不完整的信息资料。日本法律条例规定以下情况可以拒绝公开:环保部门不掌握被要求公开的行政公文、被要求公开的不属于行政公文、公开与其他法律相冲突、公开请求书有遗漏残缺、行政公文正在被移送至其他行政机关等,但是不公开需要说明理由。即便信息属于以上豁免公开条件,环境机关可以裁量,若认为公开有利于公众利益,也可以公开。② 日本认为,应当让企业的最高级领导者感受到,通过自愿的信息公开,来提升企业的社会责任从而提高公司的价值,这是一种良性循环,因此环境信息的透明是值得的。环境信息披露为企业带来了前瞻性的利益。

(3) 救济制度。日本的救济制度也分为行政和司法救济,其中行政救济向信息公开审委会提出,与美国不同的是其不需要行政复议前置程序,在行政与司法两种救济途径中当事人可以自由选择。与大多数国家相同的是,日本也将司法救济确定为最终救济。③ 值得注意的是,日本的信息公开审委会没有裁定权,其定位是咨询机构,不具备法律约束力。有学者指出,日本的信息公开委员会定位是咨询机关,并不能作出裁决,而且也没有建议功能,其救济效果未必理想。但是,据统计,其提到的咨询意见一般都会被采纳,这是由于该机构的高级行政地位,造成了其实践中的权威性。

三 我国生态保护红线信息公开的实践与探索

我国生态保护红线的信息公开也经历了政府全权代理,到逐步公开的一个过程,在这样一个动态过程中,我们看到了政府管理体制转变、市民参与环境管理的兴起,当然,更为重要的是社会主义法治国家建设目标的提出,公民权利意识的提高,生态保护红线信息公开才会越来越受到重视,整体趋势体现为公开手段多样化、公开种类多元化、公开内容扩大化。在此,笔者整理了与生态保护红线信息公开有关的法律、法规、政策

---

① 谈萧:《日本邻避运动中公众参与制度建设及对我国的启示》,《浙江海洋大学学报》(人文科学版) 2021 年第 5 期。

② 郭山庄:《日本的环境信息公开制度》,《世界环境》2008 年第 5 期。

③ 阎桂芳:《政府信息公开救济制度研究》,《中国行政管理》2011 年第 5 期。

等，详见表 3-1。

表 3-1　生态保护红线信息公开有关的法律、法规、政策规定

名称	发布年份	具体条款
《环境保护法》	2014	第五章专章专节规定了信息公开和公众参与 第 53 条规定："公民、法人和其他组织依法享有获取环境信息、参与和监督环境保护的权利。各级人民政府环境保护主管部门和其他负有环境保护监督管理职责的部门，应当依法公开环境信息、完善公众参与程序，为公民、法人和其他组织参与和监督环境保护提供便利。"
《关于加强资源环境生态红线管控的指导意见》	2016	第四部分组织实施中第三项："鼓励公众参与，各部门、各地区要及时准确发布资源环境生态红线有关信息，有效保障公众知情权和参与权。健全公众举报、听证和监督等制度，发挥好民间组织和志愿者的积极作用，形成政府、企业、社会齐抓共管的良好工作局面。"
《关于划定并严守生态保护红线的若干意见》	2017	促进共同保护。环境保护部、国家发展改革委同有关部门定期发布生态保护红线监控、评价、处罚和考核信息，各地及时准确发布生态保护红线分布、调整、保护状况等信息，保障公众知情权、参与权和监督权。加大政策宣传力度，发挥媒体、公益组织和志愿者作用，畅通监督举报渠道
《政府信息公开条例》	2019	第 5 条规定："行政机关公开政府信息，应当坚持以公开为常态、不公开为例外，遵循公正、公平、合法、便民的原则。" 第 6 条第 1 款规定："行政机关应当及时、准确地公开政府信息。"第 7 条规定："各级人民政府应当积极推进政府信息公开工作，逐步增加政府信息公开的内容。"
《生态保护红线监督办法（试行）（征求意见稿）》	2021	第十九条："各地自然资源主管部门会同相关部门，建立健全公众参与机制，及时向社会公开生态保护红线范围、边界、检测评估等信息，鼓励公众和社会组织参与和监督生态保护红线管理。"

四　我国生态保护红线信息公开存在的问题

我国生态保护红线制度自 2012 年经历总体部署到试点至今，在信息公开方面有一定的进步，但距离实现生态保护红线划定的目标仍有一定差距。法律制度与政府配置是政府应对信息公开的理论基础和现实依据。我国在生态保护红线公开方面尚未形成一个科学完备、层次分明的有机系统。笔者认为，我国生态保护红线公开存在以下问题亟待解决：

（一）生态保护红线信息公开相关配置失衡

1. 信息公开法律博弈处于劣势

虽然我国政府信息公开框架基本形成，对政府信息确立了公开为常

态,不公开为例外原则,但是,"重保密、轻公开"在我国法律和制度的设定中仍有较为明显的体现。在生态保护红线管理过程中,既要遵守《保密法》和《档案法》有关规定,又要按照《政府信息公开条例》的要求进行政务公开,但是,三者在立法精神上就存在很大的出入,这导致在工作中,思路上不统一,对生态保护红线公开和保密工作的概念界限不清晰,产生混淆,使得工作难以开展。《宪法》中强调了保护国家秘密是公民的义务,但没有集中明确地规定公民的知情权,知情权是由《宪法》中其他条款推定而来的。《保密法》和《档案法》均是强调维护国家信息安全的法律,有关于信息公开的规定层次不高,整体效力不够。我国经常运用行政法规、指导意见等形式来规定政府信息公开,而非人大及其常委会制定的法律,《政府信息公开条例》是国务院发布的条例,属于行政法规。从法理学的角度来说,《政府信息公开条例》是下位法,《保密法》和《档案法》是上位法,如果当二者产生矛盾时,下位法要服从上位法。这使得立法层次低且缺乏稳定性、严肃性。这种立法的缺位,正是政府部门在信息强势中的体现。当今的环境标准和管理对环境信息公开提出了新的要求,我国从生态红线制度制定至今,对生态保护红线信息公开并没有专门一部法律给出详细的规定,有关生态保护红线相关的工作大多还停留在"指导意见""试行""征求意见"等阶段,而信息公开的内容更是散落在各个法律中,不能满足当前生态红线管理需求。

生态保护红线区划过程中需要采集经纬度坐标或制作矢量数据,该矢量坐标主要源自国土资源数据库及各个行政管理部门的数据库,因其带有坐标可无级放大,又因为我国国土资源数据库和军用数据库是共享的,民用与军用不作区分,因此国土资源库的数据密级比较高,都要做保密处理。又因为《测绘法》第47条第2款规定了属于国家秘密的地理信息应当保密,《测绘法》对数据保密的要求与生态保护红线管理制度中的公开要求是冲突的。因为法律与制度之间缺乏配套的规定,再加上对泄密的处罚更为严格,使得生态保护红线的公开处于"搞不清楚就保密"的状态。

2. 双向交流机制尚待完善

早在2013年环境保护部就在《关于加强污染源环境监管信息公开工作的通知》中强调,加强环境信息发布网站平台建设,要求以信息全面、界面清晰、便捷搜索为目标，设置污染源信息公开专栏，对信息主动公开。

当前政府有关部门会利用报纸杂志、公告栏目等渠道进行信息公开，但是这种模式具有信息流动效率低下的弊端。随着网络的普及，公众取得信息的途径主要是通过网络，政府门户网站是网上查询生态保护红线相关信息的主要通道。各省级生态环境厅、市生态环境局、自然资源和规划局均有自己的门户网站，并且设有信息公开专栏，但政府门户网站更新较慢，基本都是每月更新一至三次，信息陈旧，信息公开工作仍被忽视。此外，公开的内容多以会议、法律法规和政府发文为主，在自然资源规划上许多城市仅公开整体规划，但是整体规划涉及公众切身的信息不多，公众对详细规划更关注，但有些城市不公开详细规划甚至没有编写详细规划，有关生态红线的相关内容更是寥寥无几。

我们认为，信息公开模式分为传统模式与现代化模式，区分传统模式与现代化模式的关键在于是否形成政府与公众双向互动的动态机制。按照此类划分，政府职能部门依旧偏爱传统手段，仅有少数政府能够在信息公开管理中使用一些现代化的方式，大多数政府未对新兴媒体的力量给予足够重视，达不到传统与现代模式协调的传播效果。生态保护红线信息公开缺少信息反馈渠道，对公众意见是否采纳、如何采纳、为什么不予采纳均没有全面地作出说明，也没有完善相应的机制和程序。诚然，国家对生态环境管制具有必要性，但法律规范有时候疏忽了调整对象的二重性，侧重于规定自然资源和生态环境如何管理，忽视了在管理过程中会有很多私权问题。生态红线划定过程中涉及房屋、耕地等问题，行政调控的过多介入，会使得传统的一些私权受到干扰，使得公权和私权过度杂糅，最终侵害公众利益。再者，有些规定表面上是限制政府的行为，但最终还是对公众行为的规制，生态保护红线的划定和实施需要公众积极参与，信息公开是保证公众顺利参与的必要环节。

（二）生态保护红线信息公开要件不详

我国有关信息公开的内容具有宣誓性，规定得比较空泛，可操作性不强。实践中只能依靠信息公开责任主体对政策性宣言的理解与响应积极性，缺少细节的构建。原则性的规定对生态保护红线信息公开管理的执行空间较大，但是在细化执行上过度依赖配套规定，缺乏指令性规定，缺乏具体适用性，容易给执行带来混乱，产生争议。

1. 权利义务主体模糊

我国法律常将信息公开自然人权利主体表述为公民，但这种表述不符合生态保护红线管治需求。公民带有很强的政治内涵，我国公民身份资格的取得，要求的唯一要件是取得中国国籍，也就是说，公民范围内不包括外国和无国籍人士。虽然我国的立法习惯于这样表述，但是环境问题已经不局限在一国之内。生态保护和环境管理国际化加强是大势所趋，在生态环境保护方面，我国政府积极履行国际环境公约，学习国外先进管理环境的方法和技术，取之所长。我国一直积极与国际接轨，并与国际环境保护内涵保持一致，齐头并进。生态保护红线制度是我国在国际化的基础上，因地制宜进行的制度创新。生态保护红线内也会有外国居民，每个人都不能脱离环境而活，这些外国人也生活在环境中，红线的划定和管理也会对其利益有影响，不能因为国籍，剥夺其知情权，我国环境信息公开在立法层面对以上因素欠缺考虑。

我国《环境保护法》规定的环境信息公开责任主体主要是一些负有环保监管职责的部门，《企业事业单位环境信息公开办法》（2015）规定了信息公开采取强制和自愿相结合原则，其中针对重点排污企业是强制公开。相较于之前，责任主体扩大，但是，这种表述比较宽泛，削弱了责任的确定性。生态保护红线信息涉及内容宽泛，光是在空间规划上就有国土、海洋等领域的多元基础地理数据，而且有的生态保护红线没有明显的行政边界，跨越多省，如果没有具体落实责任，人们只能期待相关生态保护红线监督管理机关主动公开，否则，人们无法判断其是否持有所期待获取的信息。再者，法律的信息公开责任层级确定为县级以上，但是，乡镇政府所掌握的信息有可能更能反映生态保护红线的运行状况和管理需要，将其排除在外，略有不妥。重点排污单位按照环境标准要求制定，而该环境安全标准达不到生态保护红线管理的要求，一刀切的规定也不能够保证公众知情权的实现。2022年8月多部门联发了生态保护红线内人为活动的具体界限，可以日常活动、考古等，其中排污企业要全部迁出。红线是生态保护的底线，是最需要紧急保护的绿色地带，红线范围内生态更为脆弱，所以一般的活动也有可能影响到其管理和保护。其他企事业若不在重点排污单位名录上，发生重大环境影响如何公布环境信息仍是立法空白，即使是鼓励非重点排污单位公开环境信息，由于信息公开需要成本和精力的投入，许多企业权衡利弊后不予公开或者公开小部分。从生态保护红线信息获取全面化角度分析，负有信息公开义务的企业范围略显狭窄。①

2. 信息公开客体泛化

环境政务公开的推行很大程度上调整了环保部门的工作作风，增加了为公众提供的信息数量，但是，对红线划定具体过程、拟采取的补救办法等信息并不能做到准确、全面、及时地公开。我国对生态保护红线公开的内容没有详细的规定，我国法律中规定的国家秘密范围兜底性过强，《政府信息公开条例》第 15 条提到公开对商业秘密和个人隐私造成损害不予公开，这种表述比较抽象，在实践中存在极大的模糊性。另外，我国本就没有关于商业秘密的系统的定义，关于个人隐私的定义也比较原则化。通常来说，信息制作主体也是审查信息是否能予以公开的主体，为了避免暴露自己的工作问题或减轻工作压力，很有可能出现为维护自身利益，以涉密为由拒绝公开现象。笔者调研发现，许多城市的自然资源规划局表示由于生态保护红线尚未划定，因此在信息公开方面做得并不到位。这也说明，没有关于生态保护红线信息公开内容的详细规定，一些相关部门就默认生态保护红线信息公开限为执行中公开，而不是在划定中公开。生态保护红线信息更新不及时，会使信息公开建设难以发挥其作用，无法满足公众对生态保护红线信息高质量的需求。生态保护红线与公众生活密切相连，信息公开建设的原因就在于使社会公众通过这些内容获得有意义的指导信息，限制政府公权力膨胀，生态保护红线不仅应局限于划定结果公开。

我国在政务公开中仅就结果公开导致的问题层出不穷，在政府进行决策的过程中没有及时公开，仅在划定结束后通知，公众不能及时查询到有关信息，没有反馈意见的平台，最终影响公众权益。举例来说，我国曾经在基本农田底线划定过程中缺乏公开，国家只要求产量高、土质好的农村耕地划定为基本农田，基本农田的相关概念并不明晰。由于国家规定了硬性数量指标，因此有些地区违背了自下而上逐级划定的要求，改为从上至下签字，数字的硬性指标和违规操作造成实践中许多并不符合条件的农村耕地被划为基本农田。《基本农田保护条例》要求不得改变和占用这些依法划定的基本农田，而国家没有对这些不符合规格的土地进行投入改良，就村集体而言，有了该条款的限制，就没办法利用这些实际并不符合基本农田规格的土地盖厂房、招商引资等。许多农民甚至并不知道自己家的土

---

① 方印：《环境法律前沿问题研究》，知识产权出版社 2018 年版，第 320 页。

地被划入永久基本农田范围内，当其想盖自用房时，被管理者告知不能动用，引起了很多纠纷。

(三) 生态保护红线信息公开实效性不理想

1. 监督救济制度尚不完备

一项科学完备的法律制度，还需要监督，监督者监督不力也要承担法律责任，这才能形成一个完整的信息公开监督体系。生态保护红线内存在矿业权退出问题，难以避免存在企业拖延退出或已知退出时间加大开发力度等破坏生态保护红线管理的现象。为避免这种行为，就应该要求其信息公开，但是企业具有趋利性，我们不能将信息公开寄希望于企业自身良知和理性。再者，在公众对生态保护红线信息公开监督问题上，公众意识存在两极分化。其中专家和学者比较关注，这部分人群综合素质较高，监督能力和监督意识都比较强。部分公民权利意识淡薄，对监督没有兴趣且对监督渠道方式不了解。还有部分公民以监督为名，实际利用舆论裹挟行政机关，使其满足自己所求利益。但是，我们所要探讨的需要用法律加以规制的，主要是行政监督，是行政系统内部监督的追责。即探讨一个行政机关审查另一个行政机关的信息公开是否合法合理，若都认为合理，在最后确定为不合理时，信息公开机关和信息公开监督机关都要面临法律责任的问题。行政机关内部之间信息公开，并非我们所想象的那么通畅，行政机关内部也存在拖延、互不配合等问题。我国的环境信息公开在各个部门之间做得不到位，数据共享不及时，导致生态保护红线的科学可信度遭受质疑。省一级是中国行政系统的重要权力级别，省与省之间很少在跨区域问题上合作，而我国生态保护红线许多涉及跨省问题，在信息公开监督上应当要探索新的机制。对监督失职的问责也缺乏细致规定，监督也需要成本，无论是人员还是财力成本，无疑会增大很多投入，相关政府部门难免消极懈怠，因此也需要探索多种信息公开监督保障。

生态保护红线信息公开相关法律具有滞后性特征，这是难以避免的，公众需求是随着社会发展不断变化的，立法者无法预见公众的全部需求。此外由于信息公开类法律较为原则化，行政机关的主观裁量容易干涉信息公开程度，"信息不存在"和"非本机关掌握"成为频繁使用的理由。当公众利益受损时就应当予以救济。救济可以分为私力救济与公力救济，我国公权力救济在《政府信息公开条例》中规定了信息公开的救济渠道分为行政途径和司法途径，使我国信息公开的救济实现了从无到有，但是，距离从有到优、从优到精还有很长的路要走。行政途径属于内部救济，是行政机关自我约束、自我纠错、自上而下的整顿。司法途径属于外部救济，是目前信息公开权利维护途径中最强有力的，司法救济也是我国的终局救济。从公众信息公开权利的保护视角分析，目前救济手段实效性不足。表现其一在于，我国现有法律法规没有专门系统规定环境知情权的救济，而是散落在《行政诉讼法》《行政复议法》与《国家赔偿法》等多项法规中，法律资源配置较为零散。表现其二在于，环境司法理念不足，生态保护红线信息具有专业性，司法人员很难进行审查，一般只是形式上的审查，在司法和行政关系的衔接等细节问题上需要合理的解决，此外，2019年修订后的《政府信息公开条例》对申请人"三需要"资格限制的删除，对司法实践有着重大影响，也引起学界对信息公开申请诉权滥用的担忧。

2. 公众参与意识和技能不足

对生态保护红线关注度呈现较大的差异性，其中学者和政府官员对其关注较多，而群众大多能认识到环境的重要性，但是参与意识尚未觉醒。生态保护红线公开的主要目的是公众参与，而公众参与意识低的主要原因在于公众关心的大多是与自身切实相关的利益，且目光停留在短期利益，生态保护红线是为了缓解中国日益严峻的资源环境形势和增强经济社会可持续发展能力，是一种长期利益，很难吸引到一般居民的关注。[1] 我国许多地区生态保护红线处于调整状态，相关信息和管理都是政府把控，当公众在红线内从事了违反管理的行为，政府才会告知该地属于生态保护红线区域。政府机关人员可能基于减轻工作内容、缓解工作压力的目的，常有不主动公开生态保护红线信息情况。实践中政府部门总是强调自己负有的保密义务，依旧寻找各种借口不公开生态保护红线信息。公民经常吃"闭门羹"，得不到自己想了解的材料，信息不对称，知情权得不到保障，监管无效，打击了公众监管积极性的同时，也逐渐丧失了公众对政府的信任感。[2]

生态保护红线规划具有较强的技术性，真正领会到生态保护红线规划的意义和内涵需要一定的技能和知识基础，我国对环境治理的宣传和对公众的培训远达不到要求，公众受教育程度和环保知识水平限制，参与质量低下，达不到预期效果。

---

[1] 李干杰：《"生态保护红线"——确保国家生态安全的生命线》，《求是》2014年第2期。
[2] 袁璐：《环境污染监测与处罚信息公开问题研究——以辽宁省为例》，《中国市场》2016年第4期。

五　我国生态保护红线信息公开建议

随着我国环境事业的发展，为了促进生态与经济协调发展，生态保护红线制度作为一项重要的创新内容应运而生。生态保护红线制度需要政府和公众参与，而信息公开则是公众参与的前提，因此，对生态红线保护的公开提出了新的要求。

（一）完善生态保护红线公开的相关配置

1. 提升生态保护红线及信息公开的法律位阶

（1）宪法明确知情权。因为信息公开是一个囊括多主体的复杂问题，在其中存在各种博弈，一个信息的公开，会使各种因素相互联系起来。诚然，对于政府机关或者官员来说，或许不愿意处于公众的监督之下，此时就要发掘生态保护红线信息公开的动力因素，纠正信息公开观念偏差，催动义务主体进行公开。其中最重要的催动因素就是法律，其权威性能够避免行政机关以没有法律依据为借口拒绝公开，权利和义务的健康运行都需要以法律的形式强制化和普遍化。《世界人权宣言》中明确规定了知情权，我国作为缔约国，从这个视角进行考量，意味着我国应将知情权赋予宪法层面的保护，不应仅将其作为派生性权利。[①]

（2）协调信息公开与保密法律。《宪法》对知情权的统领性规定，其他信息公开法律作为原则和细节的支撑，这样可以形成我国信息公开法律的总体框架，再对生态保护红线信息公开施加其他填充内容，这其中的法律定位就比较明确，这其中的逻辑也是统一的。但要考虑当前状况下的可行性，修改《宪法》程序比较复杂，且我国于2018年已经修改过一次《宪法》，为维护法律的稳定性，近期再更新不太现实。立法并非一蹴而就，立法需要经验，我国《政府信息公开条例》颁布至今已经积累了大量的经验，使得我国出台一部信息公开法（试行）是现实的，试行中"试"的探索性实践特征表明，立法自身不会被禁锢在某一特殊阶段，而是在期限之内试行，在这期间也考验试点主体积累试验经验和纠错的能力，使抽象的法律最终落地。针对环境信息公开可以由生态环境部会同有关部门，以部门规章形式落实并细化信息公开法，在《生态保护红线管理条例》中将信息公

---

① 杨大越：《我国政府信息公开申请法律保障之探究——以〈中华人民共和国政府信息公开条例〉第十三条修改为视角》，《行政与法》2020年第2期。

开与公众参与再单独规定。由于我国生态保护红线范围广，各地经济和理念差异较大，可以赋予地方规章一些立法裁量权，如企业违反信息公开的罚款数额等。生态保护红线信息公开体系将由《环境保护法》和信息公开法两部法律进行原则上的指引，并由部门规章进行特殊规制，其他法律规范进行配套规定，这种立法模式有利于逻辑上的梳理，并形成体系。

（3）兼顾法律衔接。我们也不能过于神话《信息公开法》的独法力量，生态保护红线信息公开内容复杂，其以综合治理为内容，需要综合化建设，最终达到"生态—经济—社会"三者统一平衡，短时间内难以事无巨细地总结，需要其他法律相互协调配合才能够顺利实施。要梳理好与其他法律的衔接问题，例如在信息公开与保密问题上与《档案法》《保密法》的衔接，在信息追责问题上与《行政诉讼法》《国家赔偿法》甚至《刑法》的衔接等。

2. 对信息公开形式予以回应

信息不仅包含实质的内容，也具有形式上的内容，因此采用何种形式也属于信息公开的一个重要部分，信息公开在技术飞速进步的状况下多种多样，信息的载体关系着信息本身的产生、流转、灭失等。我们无法预测未来信息将会以什么传播方式出现，信息内容本来就难以界定，而信息载体的确定也是信息公开有序化的一种手段，具有必要性和可行性。生态保护红线所涉及的范围广，东部地区经济发达，网络普及率高，西部地区发展较为落后，民众参与能力不足，这种偏差也需要考量。如今行政机关能利用门户网站、微信公众号等线上形式以及张贴公告等线下形式公布信息，其中也有一些新兴方式。昆明市曾经以"滇池保护治理宣传月"为契机进行信息公开，回答了市民的意见和提问。正是因为昆明对信息公开十分重视，其公众参与也基本常态化。滇池保护红线拟重新划定，其利用多种渠道进行信息公开，并对反馈渠道做了细致规定。洛阳市建立了综合性的规划展示馆，用于公众参与、科普宣传、展示规划。昆明滇池和洛阳的做法令人耳目一新，也为其他省市信息公开开拓了思维。在生态保护红线公开形式上可以规定：生态保护红线信息公开采用便利公众了解或查阅方式，赋予公众反馈渠道，形成双向交互机制。

（二）细化生态保护红线信息公开法律要件

1. 明确权利义务主体范围

（1）权利主体范围。通常情况下，我们所谈到公开的权利主体主要是指依申请公开的主体,因为主动公开是面向社会所有公众公开,不涉及范围问题。生态保护红线公众参与的范围不能仅限于科研机构、管护机构。在生态红线的调查、监测等一系列规范中,均涉及众多利益相关方,还应该向所有利益相关方征求意见,增加公众和社会组织等的参与性,扩大一系列标准规范征求意见或建议的范围。生态保护红线作为国家生态安全的底线,其生态环境更加脆弱,一旦被破坏,想要恢复到以前的状态十分困难,也面临永远无法恢复的危险,许多新的环境风险也要求我们要推动多元主体参与管理。在生态保护红线信息公开运行状态下,探究特殊主体的申请资格并予以完善是完全必要的。生态保护红线信息公开中外国人的申请资格就具有特殊性,国内一般法律对外国人权利义务适用的原则为"对等原则",这种原则是外交中给予双方的便利或限制,但是,在生态保护红线信息公开实践中采取这样的方法不切实际,采取该原则,将形同虚设。首先,信息公开义务机关没有精力去核实各个国家对本国公民申请资格限制。其次,有许多国家法律没有涉及对我国公民申请资格的相关规定,"对等原则"无迹可寻。我国可以尝试先在立法中将享有生态保护红线信息公开权利的主体增加上"居民",即"除公民外,居住在生态保护红线范围内的任何人都享有信息公开申请权",限制为语言限制,仅能通过官方确定的语言提交申请,官方也没有翻译义务。①

（2）义务主体范围。生态保护红线的政府信息应该遵循"谁制作谁公开、谁保存谁公开"原则。我国许多乡镇面积较大,矿产资源富足,乡镇企业众多且具有一定的规模。因此,不应该将乡镇排除在外,而且乡镇政府与人民联系十分密切,生态保护红线的信息公开义务主体应规定为"各级政府及其环境保护主管部门"。生态保护红线在试点前期主要采用按资源门类分散保护模式,2018年中共中央印发了《深化党和国家机构改革方案》,提出组建自然资源部和生态环境部,在生态保护红线划定前期主要是由生态环境部、国家发展改革委牵头,本轮国务院机构改革后,生态保护红线的管理职能从生态环境部划转到自然资源部。② 管理职

---

① 王朝正:《我国政府环境信息公开的立法完善研究》,硕士学位论文,西北民族大学,2016年,第15页。

② 农工党中央:《关于做好生态保护红线管理职能从生态环境部划转到自然资源部的过渡衔接工作的提案》,2019年2月27日,http://www.ngd.org.cn/cszt/jj2019qglk/2019taya/62014.htm,2022年1月28日。

责移交并不影响信息公开义务,信息之间的联动性也要求生态保护红线信息公开主体范围扩大,因此义务主体不仅限于以上主体,其他与生态保护红线管理相关的机构如林业、水利、渔业、农业等行政管理部门也应该加强协作,在法律上明确其信息公开责任及办事流程等,形成部门之间信息交流的联动机制。生态保护红线信息不仅掌握在政府部门手中,其他主体也有信息公开义务,例如生态红线内企业等,但是法律只对重点排污企业规定了强制公开义务。由于重点排污企业名单的确立以污染量为标准划分,而且具有滞后性,名单的确立也不能保证总是完全准确,不排除有无法监测的污染物所带来的潜在影响。我国环境保护法规定的"预防为主"原则要求我们应该强化对企业环境信息的监管,可以对尚未被列入重点排污名录,但符合列入情况时,同样适用强制公开,以解决确立名录的时间差问题。要求生态保护红线内所有的企业都强制信息公开并不现实,可以对企业信息公开实行分级管理,除强制信息公开主体外,针对潜在环境影响类企业要求其向政府报告。对其他自愿信息公开的企业应该完善激励机制,探索政府主导的市场化运作模式,让企业从信息公开中获取对等利益,公众收获有效信息。此外,强化对企业负责人的个人激励,能让其有更直观的利益感受,补贴标准的确定过程广泛倾听群众意见,并对结果进行公开。①

2. 明确信息公开客体

不同的客体要由不同的法律部门进行调整,信息客体的特殊性决定其需要特别调整,生态保护红线信息公开主要是基于知情权的信息公开,学者大多主张,其客体为以物理形式记录的信息,因此,我们不仅要探讨信息,也要对其物理载体加以规制。②

一般来说,信息公开义务机关不具有制作信息义务,我们所提到的信息仅仅指代现存信息,更多讨论点还是落在现存信息公开时段上。有些地区管理者可能考虑到生态保护红线处在试点阶段时,建设和管理涉及面众多,公众不应过早过多介入其中,政府主导的模式更有利于效率的提升。有些地区的管理者则认为,生态保护红线制度牵涉多方利益,要想将抽象的法律落地为现实,人是关键因素,公众参与有利于实现多元共治的良好

---

① 陈积敏:《企业环境信息公开法治路径建构》,《社会科学家》2020 年第 10 期。
② 后向东:《论"信息公开"的五种基本类型》,《中国行政管理》2015 年第 1 期。

局面。公众参与的成功与否，不仅受公民参与能力影响，还取决于行政机关的应对能力。因此要在法律上明确信息公开的客体内容，例如规定："生态保护红线信息公开应当包括划定生态保护红线的行政决策过程公开及行政决策结果公开，依法应当保密的除外。"

（三）提升信息公开实效

1. 健全生态保护红线信息公开的监督与救济

（1）健全信息公开的监督。政府如何提升社会监督意识，利用何种奖励提升社会监督积极性，如何继续完善社会评议制度，并不是我们在法律途径完善中需要着重探讨的问题，我们需要予以法律规制的，主要是行政监督。需要细化行政监督主体、程序和责任等，使其成为一个较完备的监督体系。有些国家将公开义务机关的行政首长或者上级机关当做监督主体，有些国家根据申诉确定不同的公开监督机关，有些国家专门设置了信息专员或者信息委员会。就监督主体与信息公开主管部门是否可以是一个主体，学界存在不同看法。笔者认为，虽然两个主体之间的职责功能并不完全一致，但是当前运行状态下也不必再单独另设立一个监管部门。第一个考虑就是机构的分设需要成本，而且机构过多也会冗杂，使问题处理更复杂化。第二个考虑是监督机构如果在行政部门设立，那么无论其怎么设立也不会跳脱出行政机构的本质，监督机构设置在司法部门又需要法律新的授权，也涉及行政权与司法权边界的问题。在当前运行状态暂不明晰的情形下，强行拆分两个主体，可能会造成实践中更大的迷惑。我们可以选择国务院下设信息主管部门，地方各级政府设置信息公开主管部门，处理所有信息公开的监督与考核工作，并纳入不同领域专家。就生态保护红线信息公开领域来讲，要纳入环境和法学专家，解决专业事项上的困惑。我国许多省连续多年按季度对全省政府信息公开工作进行了监管和考核，并对结果予以通报，监督内容包括网站运行状态、政务系统新媒体运行情况等。由于生态保护红线在生态安全领域的特殊地位，就生态保护红线信息监督来说，不仅应在形式上进行监督，还需要具有针对性。要求信息公开是有效公开，明确监督内容包括信息公开的准确性、及时性等。既然不进行主管与监督的主体区分，想要制度严格落实，就要在责任上入手，明晰监督主体的责任。有鉴于世界与我国的实践，责任并非越严厉越有效果。过度追责，会让责任人首先权衡利弊，从保护自己的角度考虑问题，那与我们制度设立初衷将背道而驰。责任作用对象是有效标尺之一，具体惩戒到个人时，能够更引起重视。可以规定监督也纳入信息公开考核，不仅对监督失职行政机关督促整改或者通报批评，也要对领导和直接负责人进行处罚。我国政府信息公开法律责任在法律条文的表述中，为扩大责任覆盖面，采用了集束式，违法行为为"未按照要求开展政府信息公开工作"，后置法律责任，这种模式兜底性较强，但容易导致纠纷的产生。因此，在监督责任的表述方式上，应采用一些列举式表述，辅之以概括式，以弥补列举的不周延。在生态保护红线信息公开监督的法律责任上，应详细规定未按照要求进行信息公开的类型，如：不及时、未按照规定方式规定程序的、违反要求收费的、信息公开内容弄虚作假等。在责任后果的设置上，要看侵犯的法益属于公法还是私法。若因为信息公开失职行为导致私法责任后果，按照信息公开相关法律规定处罚；若侵犯公法，那则进入刑法领域，我们无须在信息公开相关法律中赘述刑事责任，信息公开法也无权规定刑事处罚，所有的刑事处罚需要以刑法为依据。在行政责任上，有学者指出，各地的责任追责制度缺乏统一的标准，已有的统领性的条例规定得比较简单。

（2）健全信息权的救济。在没有信息权救济之前，信息公开只是当权者为了表达其特定的态度或者价值观，与我们所探讨的法律制度中的信息公开有着本质区别。鉴于生态保护红线制度的管理与监督具有紧迫性，其信息公开应该予以优先处理，时效应该缩短，救济时限也应该缩短。当前我国还是要重视司法救济途径。救济并非生态保护红线信息制度独享的，其必须也要按照其他信息权救济的途径和方式，救济方式和手段应以此为基础，以环境信息基本法为基础，初步建立公共环境信息救济权的法律制度框架，并结合大数据信息化时代的特点，细化和明确救济主体、救济渠道和救济程序的核心内容。[1] 司法救济的完善离不开司法审查标准的明确，审查标准主要是三步走：第一，在司法救济上是否属于受案范围；第二，申请人是否拥有原告资格；第三，当事人想要公开的是否属于生态保护红线信息。[2] 公众环境信息救济权的规范构造也是渐进性的，信息权的申请应偏重于实务，例如面对"信息不存在"为借口引发诉讼时，要证明履行了告知、合理搜寻义务。[3] 有学者指出，我国规定了日常运转需

---

[1] 方印：《大数据视野下公众环境信息救济权初探》，《学术探索》2021年第1期。
[2] 施芸：《政府信息公开行政案件司法审查现状》，《区域治理》2019年第50期。
[3] 王嘉贤：《"政府信息不存在"的认定与审查》，《行政法学研究》2021年第3期。

要妥善保存信息，对重要信息的灭失我国已经有《刑法》《档案法》等法律加以规制，但对未达到以上严重程度的追责一直被忽视。由于行政机关所掌握的信息来源比较广泛，不仅从其自身制作信息，也会从外部获取信息，无法保证所有的信息都是有用信息，信息的储存也需要消耗资源，一般来说行政机关拥有信息取舍的自由裁量权。笔者认为，在实践中这种行政机关灭失信息情况具有十分的偶然性，与其界定灭失的信息属于什么信息，按照不同类型进行追责，不如找寻一种替代性思维，从举证责任及举证不能的后果着手，即若因信息毁损灭失发生纠纷时，义务机关若无法证明自己无过错，就要承担责任。

2. 加强宣传，鼓励公众参与

第一，需要政府调整观念，解决生态保护红线政府主导过多的问题。严格遵守以公开为常态不公开为例外原则，注重公众在生态保护红线中的重要性。如今，生态环境保护工作和政务公开工作都到了一个关键节点，生态保护红线的大量细则落实要求生态环境管理手段创新，在过去行政手段为主的基础上要形成政府、市场与社会调节机制相结合的新管理模式，需要多种能动者之间公开对话。在生态保护红线公开的立法中，要时时处处突出群众的重要性，避免在信息公开过程中"走形式，轻效果"。公开的内容不能含糊其辞、避重就轻。而且要避免玩"文字游戏"，规定公开的内容不能是长篇大论的空话套话，不能是难以理解的政策理论，应让广大人民群众能够理解，精简提炼语言。目前，政务公开工作大多由政府机关人员兼职完成，工作人员并没有把政务公开工作作为自己的本职工作，因此存在懈怠心理，不能满足信息公开的全面性。因此需要人力投入，可以专门设置处理信息公开工作的岗位，对其进行相关工作的培训，通过编制工作手册等模式，将生态保护红线信息公开工作标准化、流程化。而要打造这样一支队伍，势必要资金的支持，这就需要政府及各级单位将其划入财政预算，为生态保护红线公开工作提供坚实的保障。

第二，必须增强公众的参与意识与能力。生态保护红线信息公开不仅是环境问题，也涉及利益和发展问题，红线技术上的准确划定未必能保障实际中的高度执行，公众是红线"守得住"的关键。加强生态保护红线的宣传，让公众切实了解到生态保护红线实施的意义，公众对生态保护红线公开的重视程度能体现出对生态保护红线的认可程度。公众对生态保护红线的关注程度存在两极分化现象，生态保护红线区域内及区域附近的居民关注度比较高，非此区域的关注度则比较低，而这也反映出公众参与更多是情感性参与，更关注的是自己的相关利益，缺少一些长远目光，公众参与意识也应向理智型转变。此外，政府在打通信息公开的渠道的同时也应注意公众参与的组织性，建立法律规范，促进公众有序并且有效参与。

第二节 生态保护红线信息保密

一 生态保护红线信息保密的原因

民主政治是在政府信息制度探索过程中逐步发展完善的，而信息保密则是一国维护管理秩序、维护特殊法律关系的必要条件。[①] 政务信息公开是对公众知情权的保障，但是，并不能一味公开，不对公开内容加以限制会泄露国家秘密和个人隐私。尤其是对于行政机关来说，一些信息不仅涉及人民群众的信息安全，更关系到国家的信息安全，政府信息的保密也有助于维护国家的相关利益。

随着大数据时代的到来，信息公开渠道多元呈现，尤其是新媒体渠道使得信息传播更为快速和高效，泄密的可能性也逐渐扩大，在信息公开的同时也不能忽视信息的保密，要平衡二者之间的关系。

二 生态保护红线信息保密的法律规定

我国保密法律体系主要由《宪法》《国家安全法》《保守国家秘密法》《档案法》等法律法规构成，现有的法律法规中对生态保护红线应当保密的信息没有其他明确解释。由于对详细内容并没有做相关规定，我们需要在其他的法律中探寻相关的规定，笔者整理出既有或曾有规定，详见表3-2。

表3-2　　　　　　　生态保护红线信息保密的相关规定

名称	年份	具体条款
《宪法》	2018年修改	第53条："中华人民共和国公民必须遵守宪法和法律，保守国家秘密，爱护公共财产，遵守劳动纪律，遵守公共秩序，尊重社会公德。"

[①] 周晓红：《政府信息公开与保密》，《江南社会学院学报》2005年第3期。

续表

名称	年份	具体条款
《保守国家秘密法》	2010年修订	修订的第9条详细规定了国家秘密的范围："下列涉及国家安全和利益的事项，泄露后可能损害国家在政治、经济、国防、外交等领域的安全和利益的，应当确定为国家秘密：（一）国家事务重大决策中的秘密事项；（二）国防建设和武装力量活动中的秘密事项；（三）外交和外事活动中的秘密事项以及对外承担保密义务的秘密事项；（四）国民经济和社会发展中的秘密事项；（五）科学技术中的秘密事项；（六）维护国家安全活动和追查刑事犯罪中的秘密事项；（七）经国家保密行政管理部门确定的其他秘密事项。政党的秘密事项中符合前款规定的，属于国家秘密。"
《国家秘密定密管理暂行规定》	2014年	第19条不得定密的事项："（一）需要社会公众广泛知晓或者参与的；（二）属于工作秘密、商业秘密、个人隐私的；（三）已经依法公开或者无法控制知悉范围的；（四）法律、法规或者国家有关规定要求公开的。"
《政府信息公开条例》	2019年修改	第14条规定："依法确定为国家秘密的政府信息，法律、行政法规禁止公开的政府信息，以及公开后可能危及国家安全、公共安全、经济安全、社会稳定的政府信息，不予公开。" 第15条规定："涉及商业秘密、个人隐私等公开会对第三方合法权益造成损害的政府信息，行政机关不得公开。但是，第三方同意公开或者行政机关认为不公开会对公共利益造成重大影响的，予以公开。" 第17条："行政机关应当建立健全政府信息公开审查机制，明确审查的程序和责任。行政机关应当依照《中华人民共和国保守国家秘密法》以及其他法律、法规和国家有关规定对拟公开的政府信息进行审查。行政机关不能确定政府信息是否可以公开的，应当依照法律、法规和国家有关规定报有关主管部门或者保密行政管理部门确定。"

三 我国生态保护红线信息保密制度缺陷

（一）生态保护红线应当保密的内容界定模糊

自然资源部《生态保护红线管理办法（试行）（征求意见稿）》第8条对保密内容仅提到"依法应当保密的除外"，对生态保护红线应当保密的内容缺乏统一的标准。只能参照其他法律规定，但是其他法律规定也并不详细。《政府信息公开条例》第14条表明，政府信息公开受宽泛的国家秘密的影响。但是，我国国家秘密范围较广，政府部门拥有过多的裁量权，尤其是其中一项"国民经济和社会发展中的秘密事项"，政府的主要工作就是围绕此项展开，而该条法律规定导致实践中可以理所当然地利用此条法律作为回避公开的借口。再者在生态保护红线划定过程中，对涉及商业秘密或者个人隐私是否应当公开存在争议。《政府信息公开条例》第15条提到公开对商业秘密和个人隐私造成损害不予公开，但是，这种规定会造成公众环境信息知情权难以实现。

《反不正当竞争法》规定了商业秘密的概念，要求商业秘密具有商业价值应属于一种技术信息或者是经营信息，但是，在实践操作中这种概念界定并不明晰。例如，在生态保护红线区域内可能有部分矿山或者矿产资源包含在内，将该区域地理坐标公开，涉及矿山坐标被公开问题，而煤矿企业表示其坐标、地形地貌图、地测资料等都是要保密的，这涉及煤矿企业商业秘密，只有制度、煤矿安全生产许可证这种信息是可以公开的。由此可见，对是否属于商业秘密没有一个统一的认定程序，一般都是由企业自己决定。随着企业商业秘密的范围日益扩大，可公开的范围就会逐渐缩小，在商业秘密与环境知情权产生冲突时该如何处理并没有法律依据。[①]

（二）定密和解密缺乏相应细则

从定密程序来看，法律规定国家秘密依据法律程序确定，但是，随后的条文并未规定出具体的"法定程序"。所以在实践中，往往存在定密程序不明确、未经定密程序就乱标密、对于未定密内容的以涉密为借口规避了公开披露责任以及对于不披露内容的在事后定密的情况。环境信息公开和保密程序性内容并不明确，生态保护红线信息中的秘密如何确定，更是无迹可寻。对照式定密体系虽然赋予了定密责任人决定、改变或者取消密级的权力，但对定密不当所造成的责任却缺少了相应的限制。

从解密的情况来看，档案信息的保密是有成本的，当相关档案信息已经失去时效的时候，就可以对档案信息解密。《保密法》规定了国家秘密应当按照法律规定确定一定的期限或者赋予国家秘密解密的条件。国家秘密的保密期限，绝密级不超过三十年，机密级不超过二十年，秘密级不超过十年，另有规定除外。当前，在实践中我国的解密制度仍然存在许多漏洞，存在国家秘密永久保密的现象，解密制度冻结。《政府信息公开条例》规定行政机关应对政府信息动态管理，对不公开的信息需要定期审查，当有公开事由出现时就应该予以公开，一旦公开了将自动解密。此规定虽然与《保密法》第15条契合，但是在实践中完成度并不高，主要原

[①] 李岩：《环境信息公开中知情权与保密权的冲突与协调》，《能源与环境》2010年第3期。

因是长期以来我国政府部门"重保轻用"思想盛行，使得档案的保密与公开工作不协调，存在偏差。

(三) 大数据发展，网络信息安全风险升级

经济全球化和信息化正在加速社会的进步，信息公开的方式也面临巨大的变革，随着电子政务的普及，信息安全和保密管理也成了重要问题，网络安全解决不好就会限制到电子政务职能的发挥，甚至泄露机密，影响政府的公信力，最终还是会侵害公众的利益。随着信息技术的广泛应用，党政机关涉密单位日常工作愈来愈依赖信息系统。如今的网上办公普及，政务机关大多是通过内网和外网办公，内网是局域网，是政府内部的网站，用于内部办公；外网是连接互联网，向公众开放的信息查阅平台。一部分工作人员不会操作电子系统，导致信息上传失误，造成过失性的信息泄露。有些涉密人员保密意识淡薄，他们对政府网站上发布的信息不进行严格的保密审查，自行披露的信息泄露了国家秘密。

四 我国生态保护红线信息保密制度的完善

(一) 完善定密细则和保密标准

1. 缩小定密主体范围

定密权源自法律的明文规定，是国家层面的任务和责任，是一项法律赋予权力。定密主体分为法定、授权和其他主体，应防止定密主体过于宽泛。定密权只能由法定的定密人行使，一方面避免随意定密，另一方面也防止秘密的泄露，为科学定密奠定基础。

2. 确定生态保护红线不公开情况的内涵和外延

禁止将不属于保密内容的生态保护红线信息保密，以增大保密成本，损害公众知情权。有必要根据"相称性原则"的概念来决定披露和不披露。在生态保护红线划定和执行过程中，是将涉及的所有内容都展示给公众，保证完全"信息透明化"，还是将其中部分信息公开，这均需要一系列的利益判断。制定生态保护红线的保密审查制度，在生态保护红线信息披露与国家安全利益的考量上应该考虑以下内容：第一，公开该生态保护红线相关环境信息如果明确对国家造成损害绝对保密，对可能涉及国家秘密或法律、法规禁止公开的环境信息，可会同保密委员会确定是否公开；第二，政府工作中面对的问题多种多样，对第三方利益侵害情况并不能详尽列举，因此也无法统一规定生态保护红线公开中侵犯第三人利益不予公

开的情形。当生态保护红线信息披露涉及商业秘密和个人隐私时,首先由责任主体部门向第三方询问,第三方同意公开的予以公开,第三方明示不同意公开的,公开义务机关进行保密审查,保密审查采用逐级审查程序。不能确定是否公开的,由该义务机关上报上级保密行政主管部门决定。对不予公开的,说明理由。在保密审查制度实施过程中要以"既确保国家秘密安全,又方便信息公开"为原则,逐步修订完善,增强其可操作性。[1] 由于生态保护红线制度具有强烈的技术性和专业性,所以应纳入第三方合作。对生态保护红线的环境信息,可以委托科研机构、环保社会组织去检测、收集、整理,同时举行法学专家、环保专家等专家听证制度,综合测评是否应当进行保密。[2] 这既可以减轻政府的工作压力,又可以在决定不予公开时能够强化不公开的说理性,更容易被大众所接受。

(二) 完善定密标准审查和解密制度

1. 健全定密异议制度

定密的监督需要强化,强化措施需要定密异议程序的详细化。定密是定密责任人带有主观性判断的工作,不同的定密责任人可能对同一事项有不同的裁量,判断成不同的密级。《保守国家秘密法》第 20 条规定了异议主体是机关、单位,对密级属性和层级有疑问的,由国家或者省、自治区、直辖市保密行政管理部门确定。定密异议制度的建立,是新《保守国家秘密法》的亮点之一,但是缺乏具体细则。

在生态保护红线管理过程中,针对是否将社会公众纳入定密异议解决程序的问题,仍存在较大争议。第一种观点认为,密级的认定具有行政管理属性,应该是政府单方面行为,在政府机构内部解决,需要具备一定的封闭性,否则会给政府部门的工作带来诸多不便,使工作无法顺利进展。例如:生态保护红线内涉及居民迁出和生态补偿的问题,在不确定是否保密时,贸然将公众纳入异议程序中容易造成信息泄露,造成拆迁成本过高等问题,在实务操作中面临政府和法律的博弈。第二种观点认为,政府该如何与法律进行博弈是政府在工作方法中应考虑的问题,博弈不能以剥夺和限制信息权利为代价,定密异议程序的裁定者仍然是保密行政管理部

---

[1] 罗庆俊:《浅谈环境信息公开与保密的关系》,《科学咨询(科技·管理)》2011 年第 12 期。
[2] 王灿发:《从一项环境信息可信赖度调查结果谈环境信息公开管理制度的完善》,《世界环境》2017 年第 3 期。

门,这种自我裁判的行为会让定密异议制度成为"空转制度"。为了使该制度能够有效利用,社会公众应该在异议程序中扮演一定的角色,密级鉴定制度最有可能引入公众参与。应该引入个人异议启动机制,对个人异议由政府内部审查。第三种观点认为,纳入外部审查机制,利用司法审查模式或者专门机构进行审查。司法审查是指由法院进行外部监督,使定密权具有可诉性。[①] 建立保密信息异议司法审查机制,允许个人对保密信息提出异议,并使用系统外的力量监督和维护国家机密。以保密信息异议及其司法审查机制为核心,可以从根本上改变保密与信息披露的关系,促进"公开为原则,保密为例外"理念的形成和实施。[②] 但是,就法院审查的范围,是否就实质性内容进行审查目前也存在争议。一种意见认为,只能进行程序性审查,另一种意见认为,可以在保密的前提下进行实质性审查。除了司法审查,也可以由专门机构进行审查,这些经过授权的秘密持有专员基于其独立的身份,拥有专业的安全知识。当然在信息最终确定之前,他们也要签订保密协议,从而确保信息不会因为定密异议被不当地扩散。无论是由法院审查还是专门机构进行审查,都是为了提高定密的准确性和适当性,推动信息的合理利用。定密异议程序的完善与发展,是建设法治政府和阳光政府的必经途径。

2. 完善解密制度

解密程序较少启动,需要建立严密可行的规则激发其活力,避免僵尸化。过去保密期往往被当作拒绝公开利用的有力借口,也是可供查阅资料数量少、时效性差的主要原因。保密工作的管理过程是从相关信息被归类为保密事项到信息被解除密级的一个动态性过程。生态保护红线的保密,不仅包括对涉密信息保密,还要做到对非涉密信息的及时公开,同时兼顾保密性和实用性,服务于人民,在不泄密的前提下为生态保护红线的相关工作提供信息支持。[③]

第一,明确解密工作的责任主体。确定专职人员负责解密工作,避免相互推诿责任。细化解密工作的规章制度、执行标准和操作程序,指导开

---

① 程洁:《完善定密异议解决制度的法学思考》,《保密工作》2011年第3期。
② 成协中:《信息公开理念下的定密异议与司法审查》,《哈尔滨工业大学学报》(社会科学版)2013年第4期。
③ 王锡锌:《政府信息公开法律问题研究——政府信息公开语境中的"国家秘密"探讨》,《政治与法律》2009年第3期。

展具体的解密工作。按照细则对专职人员定期培训，将解密工作从"形同虚设"转向"名副其实"。并健全对解密责任主体的追责制度，建立"不解密"与"泄密"共存的惩罚机制。同时对积极开展解密工作的部门及责任人给予奖励，建立相应的奖励机制。

第二，涉密信息的解密制度不再采用传统的一刀切模式，而是分层分类管理。详细来说就是在归档和移交档案的过程中，新增和移交的档案应标明一个封存期，以明确每个档案材料的现存状态，并在档案说明项目中反映出来，作为档案归档整理的基本要素，限制使用的文件应清楚标记。

第三，落实自动解密机制。按照相应密级达到保密的最高年限自动解密，这样，既减轻了保密人员的压力，也有利于政府信息资源面向公众。自动解密机制，是一种逆向转变"重保密、轻公开"工作氛围的方式。有时，解密的工作重心转向因特殊情况需要提前或延长保密期的国家秘密的审核，此外，任何机关不得对到期的档案以保密为由拒绝公开。[①]

(三) 加强技术防范，提升信息公开部门工作人员综合素质

当前，大数据、互联网、人工智能等新技术不断进步，运用媒体开展工作已成为新形势下提高执政能力的重要手段，新事物的涌现，不断刷新着我们过往的传统认知。

生态保护红线公开责任主体部门应当确定专职工作人员，负责网络信息公开与保密工作，并对其进行培训和教育。让其正确认识到保密信息和确定的密级，在信息输入来源上加以防范。让工作人员认真学习电子网络信息的管理和上传方法，熟练地掌握现代化的手段和技术，避免由于操作失误导致泄密行为的发生。生态保护红线公开责任主体部门应当大力引进网络人才，确定专职人员负责网络系统的安全保密工作，同时改善其工作人员的设备和技术，提升工作环境和工作水平。从技术层面入手，积极做好生态保护红线信息的技术性保密工作，实现对相关信息的利用和保密。无论是信息公开还是信息保密，最终目的还是要保障生态保护红线制度永续发展。

[①] 易涛：《"最多跑一次"改革背景下"档案保密"探讨》，《档案与建设》2020年第4期。

第四章 生态保护红线内禁止事项的确认与排除

第一节 生态保护红线内禁止事项的相关政策

中共中央办公厅、国务院办公厅印发的《关于划定并严守生态保护红线的若干意见》中指出，生态保护红线一经划定，区域内原则上禁止任何形式的开发活动。① 作为国土空间体系中生态空间管制的底线，其在划定之初就已与国家发改委、自然资源部等多个部委进行商议和讨论，对于有经济发展需求的土地资源在符合生态环境保护大局的前提下均已从生态保护红线的划定范围中排除。已划定区域均为生态环境保护的主体功能区，是保护生态安全和环境安全的主力军，禁止经济开发、禁止人为活动不仅是生态环境保护上升至国家战略层面的具体体现、更是从制度层面压缩任何形式的弹性空间。

禁止开发区是指禁止一切工业化、城镇化开发的区域，同时对在任何已有建筑上进行规模扩大和用地强度增加的行为也是禁止的。除全国主体功能区中所列的自然保护区、风景名胜区、国家公园、重要水源保护地外，还包括基本农田保护区。改革开放以来，我国经济社会高速发展，创造了举世瞩目的经济发展奇迹。在快速的经济发展背后，生态安全、环境安全、能源安全均出现严重危机。面对由生态环境问题造成的严峻形势，主体功能区建设制度在 2006 年应运而生，其中限制开发和禁止开发主体功能区的规定即是针对生态环境保护问题而设计的。同时，也标志着生态环境保护问题上升至国家战略层面，成为今后一个阶段国家经济发展需要

---

① 新华社：中共中央办公厅 国务院办公厅印发《关于划定并严守生态保护红线的若干意见》，https://www.gov.cn/zhengce/2017-02/07/content_5166291.htm，2017 年 2 月 7 日。

着重考虑的关键性因素。

为统筹划定落实生态保护红线、永久基本农田、城镇开发边界三条控制线（以下简称三条控制线），中共中央办公厅、国务院办公厅印发了《关于在国土空间规划中统筹划定落实三条控制线的指导意见》（以下简称《意见》），要求各省级行政区因地制宜，坚决贯彻中央以及国务院关于生态环境保护和国土空间结构优化的决策部署，坚决执行最严耕地保护制度、最严生态环境保护制度、最严集约用地制度，坚决落实各级、各部门主体责任，为可持续、高质量发展奠定民生、环境、资源基础。

根据《意见》要求，生态保护红线划定对象主要有三种类型，一是生态功能区，二是生态环境脆弱区和敏感区，三是其他具有重要生态价值的区域，包括潜在的自然与人文价值。"第一类生态功能区是生态保护红线划定的主体部分，根据功能供给分类和生态产品供给能力主要将其划分为水源保护功能、生物多样性保护功能、水土保持功能、防风固沙功能以及海洋体系（海岸、水体、海底、海洋生物等）的生态保护功能。"[①] 可见，功能区的设置坚持以人为本、人与自然和谐共处的原则。第二类生态环境脆弱区和敏感区主要是针对自然恶化和人类过度开发而导致的环境破坏问题而设置的保护功能区，包括本身自然环境较恶劣地区广泛出现的水土流失、沙或石漠化情况和部分由于开发强度过大而难以自然恢复生态功能的区域。

《意见》将生态保护红线划定的区域分为自然保护地核心保护区和其他区域。"自然保护地核心保护区"顾名思义其承载着极其重要的生态涵养功能，是自然保护体系中最为核心的部分，每一个自然保护地核心区域都包含多个生态主体功能区，对生态环境保护的整体性维系起着至关重要的作用。针对此区域的保护，《意见》明确指出禁止任何形式的人为活动，通过完善区域内监测监管系统将其全部纳入信息数据库，实现对该区域的全天候监测，严厉打击所有破坏行为。"其他区域"则是指除自然保护地核心区域的区域，尽管该区域的生态保护重要性有所降低，内部主体生态功能区比较单一，但存在着广泛的生态脆弱和敏感区，作为生态保护红线划定区域其不仅承载着重要的生态保护责任，也肩负着保卫核心保护区的职责。《意见》关于此部分的保护要求是，严格禁止生产和经营性的

---

① 高吉喜：《生态保护红线的划定与监管》，《中国建设信息》2015年第5期。

开发和建设活动，允许有限的、不对环境造成破坏的人为活动。具体来看，这些有限活动主要是指国家重大战略实现需要的基础设施建设、能源勘探与开采、边境保护需要的建设以及少量的基本农田所需的耕种活动。在此需要特别提出的是，生态保护红线区域和生态环境系统是一个整体，而农地耕种作为一项持续开展的生产活动，长期的、有范围的、追求经济效益的人为活动很难不对区域内生态环境造成破坏。所以《意见》指出在进行耕种时应严格控制化肥使用量，严控土壤污染，在维系目前生态环境水平的前提下进行生产经营，针对部分特殊区域，地方政府可对生产主体予以生态补偿以减少耕种强度。

第二节　生态保护红线禁止事项涵盖的范围及要求

科学划定生态保护红线并清晰设置红线区域内的禁止事项和相关要求不仅是完善生态保护红线制度体系、实现生态环境领域内治理体系现代化的具体表现，也是保障国家生态安全，建设美丽中国的必然要求。

2018年，生态环境部办公厅印发《生态保护红线管理办法》，同时废止2015年由环境保护部颁布出台的《生态保护红线管理办法（试行）》。新文件根据近年试点试行的经验，对生态保护红线内禁止开展的人为活动做了详细说明：一是禁止在区域内进行经营性质的矿产勘探和开采活动，严令禁止自然资源部门、发展和改革委员会向任何主体颁发勘探和开采许可；二是针对湖海岸线禁止任何形式的资源掠夺和区域改建；三是禁止扩大经营性农业生产的规模，尤其不可通过调整基本农田划定方案的形式扩大农业生产；四是区域内禁止任何重工业、轻工业活动；五是禁止新增住宅类建设用地，严禁房地产开发主体借生态旅游开发的名义开发房地产；六是禁止建设海陆空交通枢纽，严禁区域内存在大规模的人类流动活动；七是禁止一切高污染和高风险的生产活动；八是法律法规针对生态保护红线制度设计需求而禁止的其他活动。针对在生态保护红线区域内允许开展的活动，《生态保护红线管理办法》也做了详细说明，对一直存在争议的"有限活动"给予了详细解释和规定，本章节重点阐述"禁止行为"，"允许行为"可见第六章相应内容。

除生态保护红线制度和法律法规严令禁止的活动外，针对生态保护红线区域的禁止内容还应与其他政策、规定、执行标准相适应，充分考虑不同主体功能区和主体规划体系在生态环境保护方面的需求。需要遵行的包括以下法律法规：《自然保护区条例》《风景名胜区条例》《环境保护法》《森林法》等。以自然保护区和风景名胜区为例，我国地大物博，不同区域所设立自然保护区和风景名胜区都具有不同特点，对其进行有效的管制和环境保护不是一项制度或法规就可以应对的，应以有效保护为原则，采取分区、分等、分级的方式进行区别管理。以下则针对自然保护区、风景名胜区、森林公园、地质公园、国家重要湿地及湿地公园、千人以上集中饮用水源保护区、水产种质资源保护区、基本农田保护区共八类保护对象进行分别阐述。

一 自然保护区

自然保护区作为人为划定的自然生态系统，是最具有典型性的多元生态功能区，区域内主要涉及的保护对象包括动物资源、植物资源、自然景观以及水土气环境要素。涉及上述保护对象存在的区域或所承载的空间即为禁止开发区域，最直接的则为禁止砍伐、开采和农业生产相关的活动。根据《自然保护区条例》的规定，将自然保护区划分为核心区、缓冲区和实验区，就固定区域而言三类区域代表着不同等级的保护措施。一是核心区域内禁止任何形式、任何种类的开发；二是缓冲区内除必要的科学研究外禁止其他经营性行为，在该区域进行的科研活动一定是具有重要意义、符合国家战略部署的且无法在实验区内完成的活动；三是实验区内除能够更广泛的进行科研活动，还能在规划部门的指导下，因地制宜地进行有限的旅游和农业活动，但仍然禁止任何形式的工业建设、房地产开发等经营活动。

二 风景名胜区

根据《风景名胜区规划规范》规定，禁止行为主要分为五类：第一类是针对风景名胜本身和其附属的、周边的自然环境，严禁对其进行任何形式的改造和破坏行为。第二类是禁止在区域内进行与生态环境保护无关的生产活动，部分区域基于风景和环境保护的需求，结合当地景区资源开发出旅游项目，在报生态环境部门和文旅部门审批后是允许进行的。第三类是针对风景名胜区规划方案的执行，基于"一区一制"原则，风景名胜区均会根据景区实际情况制定规划方案，方案包括景区发展生态和经济发展要求、景区保护要求、景区允建范围、景区允建类型等。据此，应严格执行景区规划方案，对于与规划方案相违背的建设活动也是被禁止的。第四类是应将生态环境保护原则置于首位，禁止因景区建设需要，包括吸引游客、突出景区"特色"等违背生态环境保护原则的活动，即禁止对风景名胜区的景物、水体和动植物造成损害。第五类是景区内若存在自然保护地核心保护区应禁止游客进入、禁止任何建筑设施、禁止任何交通工具通行。同时，景区内应对不同功能区进行分级管理，通常按照一至三级进行划分，不同级别的设置以及对应的管理制度景区内可自行协商后设立。

三 森林公园

森林公园是以大面积人工林和天然林为主体而建设的公园，[①] 森林景观是森林公园的主体性景观，对森林景观所涵养的生态功能进行保护是森林公园进行生态环境保护的主体工作。具体的制度规范体系包含《森林公园总体设计规范》《森林法》《森林法实施条例》《野生植物保护条例》《森林公园管理办法》共五部法律法规和执行标准。首先应在森林公园内部进行详细分区，包括游览（乐）区：可开展步行形式的参观和游览活动，包括部分以森林资源为基础而开发的游乐项目；狩猎区：允许狩猎活动区域，在允许的时间段进行强度适应的狩猎活动不仅能够丰富森林公园的游乐活动，且能够促进森林公园内部生物多样性的维系；野营区：允许游客进行露营活动的区域，该区域的划定主要考虑生态环境保护、生活便捷程度、露营安全等要素；同时还包括游客集散区、办公区、维系森林公园内部需要的生产经营区以及最为关键的生态保护区等功能区。除生态保护区外的其他功能区的禁止活动均由森林公园根据功能区决定，针对生态保护区内的禁止事项主要包括五点：一是禁止从事与森林保护无关的任何生产建设活动；二是禁止在森林公园内进行资源开采行为；三是任何游乐设施项目的建设不得与环境保护原则相违背；四是控制森林公园内的人类活动强度，禁止因人类进入数量过多对森林公园造成规模性损害；五是森

[①] 胡达维、欧阳菁：《森林公园的植物配置——以江西陡水湖国家森林公园为例》，《安徽农业科学》2017年第27期。

林公园主体及其附属物均为国有或集体所有，不得以任何形式进行私人或有组织的占用、征用和转租。

四 地质公园

地质公园与风景名胜区和森林公园的分区方法类似，在地质遗迹景观保护规划中，将其分为生态保护区、自然景观保护区、史迹保护区、景观游览区和发展控制区等。生态保护区主要涉及各类有自然价值的地质地貌和生态景观，区域内禁止所有游客进入、近距离观赏，但允许游客以其他形式远距离观赏，同时与风景名胜区和森林公园类似，禁止任何交通工具进入。不同的是，地质公园在生态保护区内还内设了地质遗迹及生态环境功能区、涵养水源功能区、保持水土功能区等主体功能区，与生态保护红线的主体功能区设置相对应。目前，我国并没有颁布针对地质公园生态环境保护的具体条例，依据《世界地质公园网络工作指南》可将具体禁止的事项分为两类，一类是除必要的保护设施和附属设施外，禁止其他生产建设活动；二是严禁任何形式的地质资源开采行为，包括采石、取土、开矿等具有破坏环境和营利性质的活动。

五 国家重要湿地及湿地公园

湿地是地球上重要的生命支持系统之一，对于我国国家生态安全和经济社会可持续发展具有不可替代的重要作用。国家湿地公园是湿地保护体系的重要组成部分，是全面建成小康社会、建设生态文明和美丽中国的重要内容。《国家湿地公园管理办法》指出明令禁止以下四类活动：一是禁止任何形式的湿地开垦和农业生产活动；二是禁止任何经营性建设活动；三是禁止采伐湿地范围内的任何植物和树木；四是禁止猎捕或盗取湿地范围内的动物资源。

六 千人以上集中饮用水源保护区

饮用水水源地保护涉及人民的健康安全，党中央、国务院和社会各界高度重视饮用水安全问题。依据《水污染防治法》对饮用水源保护区的禁止事项进行了以下规定：一是饮用水源保护区应最大限度保存原貌，禁止任何与保护无关的建设活动；二是饮用水源保护区内禁止一切人为的养殖、垂钓等经营活动，避免水体污染影响水源区水质。

七　水产种质资源保护区

"受全球气候变化和人类活动的影响，近几十年来中国各类水体生态环境受到严重破坏，水生生物资源严重衰退。水产种质资源保护区是水产种质资源就地保护的一种有效形式，建立适当数量的水产种质资源保护区，将对水产种质资源保护发挥重要作用。"[①] 根据《水产种质资源保护区管理暂行办法》，具体禁止事项如下：一是任何调查和科研活动应切实遵循水源保护原则，不得作出任何降低水源质量和损害周边环境的行为；二是禁止在水源保护区内和水源保护区外围从事生产活动；三是禁止在水源保护区内和水源保护区外围新建排污口；四是对于水源保护区内周围的居民禁止以地理形式的权属为由进行有损水体质量的行为。

八　基本农田保护区

2023年中央一号文件从以下四个方面规定了农地非农化的具体形式和针对永久基本农田保护而绝对禁止的事项：一是绝对禁止对永久基本农田施行破坏行为，对农田本身的破坏包括数量、质量以及土壤生态等多方面的破坏，例如2023年中央一号文件特别指出的在耕地上进行建设活动以及土壤开采等活动均是被禁止的行为。二是绝对禁止在永久基本农田区域从事非农生产，具体包括植树造林、从事养殖业等经济活动。永久基本农田是农田系统中的生力军，是最具肥力和生产效率的农地，若利用其从事其他经济活动，将会严重影响国家粮食安全的稳定性，"永久"和"基本"的属性也就失去意义。三是禁止永久基本农田区域内的任何撂荒和闲置，对此部分高质量农田撂荒和闲置是极大的资源浪费，据法律规定，若永久基本农田承包方撂荒或闲置农田超过两年则由国家或集体无偿收回，并根据实际情况重新发包分配。四是绝对禁止以设施农用地为名乱占永久基本农田。尽管农业生产活动离不开基本设施的建设，但不允许在永久基本农田内进行建设活动，规模性的建设活动会影响农田的数量和质量造成生产规模得不到保障，威胁国家粮食安全和土壤生态安全。

[①] 盛强、茹辉军、李云峰、倪朝辉：《中国国家级水产种质资源保护区分布格局现状与分析》，《水产学报》2019年第1期。

第三节 生态保护红线内禁止事项的例外

生态保护红线的划定必然会对该区域内的经济、生产建设活动造成极大影响，但是，是否要在生态保护红线内全面禁止所有的经济活动或者开展生产建设活动以促进生态环境保护则需要进一步讨论。

《意见》指出，在生态保护红线区域内，仅允许在生态保护地核心区以外进行对生态环境不造成破坏的有限活动，主要包括八个方面：一是对于红线区域原住居民生存和发展权利的保护，允许在不扩大用地规模、不提升用地强度的前提下对原有设施进行修缮和更新，对于自然保护地核心区的居民来说，应在条件允许的情况下，由政府出资对此部分居民进行整体移民；二是允许因国家战略实现需要的地质调查和资源勘探；三是对于部分自然环境本身较恶劣的地区，一旦发生自然灾害允许人为救灾抢险活动，防止更大范围的灾害；四是允许进行通过相关部门批准的科研活动和样本采集工作；五是允许在生态保护红线区域内、自然保护地核心区以外进行考古调查和文物保护活动；六是允许在规划部门的指导下进行适当的旅游景区开发工作，并建设满足游览观光所需的基础设施；七是允许在区域进行符合县级以上国土空间规划的线性基础设施建设，但建设前应通过上级规划部门和生态环境部门许可，应组织专家委员会进行论证和商讨，若存在避免在区域内施工建设的方案应及时调整建设方案以避免对生态保护红线区域内的干涉；八是允许进行重要生态修复工程。

以上规定体现了生态保护红线虽然是严格的，但也并非绝对，生态保护红线在充分保护环境的同时也兼顾了原住居民的基本生活需求以及国家建设的需求，整体而言生态保护红线禁止事项的例外包括以下几类：原住居民基本生存活动、资源勘查、生态监测、不影响环境保护的基础设施建设等。

综上所述，在目前的生态保护红线的划定以及管理中，存在着禁止事项的例外，留下了一定类型的经济活动与生产经营活动，"是保护优先、兼顾发展原则的体现，只要不影响环境的功能，正常的经济活动可以进行，有利于生态环境保护的经济活动更是应该受到鼓励和推广"[①]。应当

---

① 王灿发、江钦辉：《论生态红线的法律制度保障》，《环境保护》2014年第42期。

科学规划，合理布局，生态保护红线要进行差异化的分区布局，差异化的管理，在不同管控级别的区域内，例外的事项应当作出适当的区别，用科学的规划与管理手段使得必要的经济活动得以进行。

第四节　生态保护红线内设立禁止事项的建议

一　制定严格的土地管理政策

完善土地权属管理政策。首先应根据国土空间规划体系，将生态保护红线区域的土地利用划入县级以上的土地利用总体规划中去，避免出现生态保护红线制度体系与其他主体规划产生制度层面的冲突，同时也能够使红线区域内的土地使用更加规范。其次应当明确生态保护区域内的土地权属性质为国家所有，且其所有权由生态环境部代理，使用权可由生态环境部根据区域转移给地方政府。针对红线区域内的部分集体土地和个人或组织拥有使用权的土地，应由地方政府出资，以购买或征用的形式将权属性质变更为国有。

实行严格的土地用途管制。不得以任何形式破坏、侵占、非法转让生态保护红线内的土地。在生态保护红线内依法使用土地的单位和个人，不得擅自改变土地用途和扩大土地使用面积。

明确禁止事项的名称、范围、界限、主要保护对象和惩罚举措，经人民政府批准后，应由其行政主管部门予以公告。

为建立更加完善的生态保护红线空间网络，在主体功能区规划中应预留足够的空间作为生态环境保护使用的土地储备资源。对于该部分储备地，原则上应保持与生态保护红线区域内的相同的保护制度，不得对其进行肆意开发，可随时用作自然湖区和生态廊道的建设。

二　制定全面的建设管护政策

首先，应设立生态保护红线专办机构，用于规划制定、红线划定、保护与管理工作。为确保行政效率和效力，应确保专办机构的行政管理单位性质，而非事业单位和开发主体性质。同时应配备专职人员。

其次，在专办机构内部应下设禁止事项的规划与管理部门，用于制定不同生态功能区的禁止事项和发展规划，并对其进行解释，防止条例模糊不清，出现弹性执行情况。

最后，应根据专办机构组织结构特征和工作要求，制定监督检查和绩效评估制度。

三 制定完善的资源保护政策

第一，禁止在生态保护红线内从事任何生产经营活动，应切实保护红线区域内的自然资源，禁止开垦、开采和盗取任何种类的自然资源。对于原住居民而言，应严格限制化学制剂的使用，对于因生态环境保护而面临的生产受损失应由地方政府对其进行生态补偿。

第二，禁止在生态保护红线区域内进行任何建设活动。自然资源部门和发改部门应严格限制生态保护红线内的建设用地审批，禁止开展任何经营性建设活动。对于确有合理开发需求的，应报上级部门对生态保护红线进行调整后再行开发建设。

第三，生态保护红线一经划定，任何个人和组织不得以任何利用和借口变更其性质、范围和规模，确需改变的，应报县级以上人民政府行政主管部门审批后再根据变更方案进行变更。

第四，生态保护红线区域内禁止引进一切外来物种，包括植物、动物等，应尽可能维系原有生态景观，采取自然恢复的方式对区域内生态功能进行恢复。

第五章　生态保护红线与相似制度的衔接

"三区三线"是我国国土空间用途管制的主要制度。简而言之就是中国广袤国土分为农业空间、生态空间、城镇空间三个区域，分别对应耕地和永久基本农田保护红线、生态保护红线、城镇开发边界三条控制线。农业空间是以农业生产、农村生活为主体的区域。生态空间是指具有自然属性、以提供生态服务或生态产品为主的区域。城镇区间是以承载城镇经济、社会、政治、文化、生态等要素为主的功能空间。统一国土空间用途管制是2018年我国中央层面机构改革成立自然资源部的一个重要原因，也是自然资源部的一项重大历史任务。自然资源部成立以来，深入开展了第三次国土调查。在查清各种现状地类的基础上，2023年已经全面开展了"三区三线"划定工作。

在"三区三线"中，"线"是"区"的发展线和底线，是保护自然生态、捍卫耕地和永久基本农田，防止城镇无序扩张的重要抓手。科学的红线是中国优化国土空间格局、推进生态文明建设、促进国民经济社会协调可持续发展的必然选择。① 生态空间指具有自然属性的以提供生态服务或生态产品为主体功能的国土空间，包括森林、草原、湿地、河流、湖泊、滩涂、荒地、荒漠等。当今，中国生态空间中的生态保护红线划定已初步完成。② 生态保护红线涵盖了森林、草原、湖泊、湿地、海洋等非常重要的生态环境保护区域；其中包括了青藏高原、秦岭、黄河流域、长江流域等重要的物种栖息地和生态环境安全屏障区域。在保护生物多样性和生态功能的目标之下，生态保护红线制度与基本生态控制线、主体功能区、自然保护用地等制度存在内容的重合和制度的重复，与永久基本农田、城市开发边界管控线等规划空间指导线存在区域的重叠。类似的制度及其配套的管理机制和实

---

① 王维：《走创新驱动的可持续发展之路》，《中国发展观察》2021年第24期。
② 袁鹏奇：《基于生态安全格局的汝阳县域生态红线划定研究》，硕士学位论文，华中科技大学，2019年。

施政策需要在行政过程中全面协同和综合推进。这为中国行政管理提出了新的高效精细化管理要求，也为中国可持续发展、均衡发展、美丽中国建设提出了更高更均衡的管理要求。在自然资源管理多规合一、行政部门深度协同、多元共治的背景下，我们需要研究生态保护红线与类似制度的衔接，探索如何利用好有限的行政资源发挥最大的生态环境效益和效果，整合行政机构在保护生态环境系统、改善环境质量、促进资源可持续利用、提高生态产品给予能力、强化生态环境系统服务等多方面的能力。

第一节 生态保护红线的内部组成部分及其逻辑关系

一 生态保护红线制度的宏观框架结构

2011年，国务院《关于加强环境保护重点工作的意见》第2部分的第11点首次提出了"生态保护红线"概念。要求"要在重要生态功能特区、陆地和海洋环境生态敏感区、脆弱区等区域划定生态保护红线"。2013年年底，党的十八届三中全会通过《中共中央关于全面深化改革若干重大问题的决定》，用专章解释了如何"划定生态保护红线"。2014年，《环境保护法》修订通过之后，生态保护红线由原来的政策范畴提升到法律范畴。[①] 各地纷纷颁布了相关的地方标准实施制度，如2016年《海南省生态保护红线管理规定》和2014年《沈阳市生态保护红线管理办法》等。

（一）生态保护红线涵盖的主要领域

中国国土空间大致包括城市空间、农业空间和生态空间。其中，耕地红线划定在农业空间之中。城镇发展开发的边界划定在城市空间中。生态保护红线划定在生态空间之中。[②] 在生态空间范围内，生态保护红线严格强制性保护具有特殊和重要生态功能的区域。生态保护红线是保障和维护国家生态环境安全的底线与生命线。[③] 它通常包括了重要的水源涵养、维

---

① 陈海嵩：《"生态保护红线"的规范效力与法治化路径——解释论与立法论的双重展开》，《现代法学》2014年第4期。
② 陈先根：《论生态红线概念的界定》，硕士学位论文，重庆大学，2016年。
③ 康慧强：《生态保护红线的法律保障制度研究》，硕士学位论文，甘肃政法学院，2015年。

护生物多样性、水土保持、防风固沙、海岸生态稳定等生态功能区，以及水土流失、土地荒漠化、石漠化等敏感脆弱区。①

（二）生态保护红线的主要功能目标

习近平总书记指出："中国生态环境总体上还比较脆弱，生态环境安全形势十分严峻。在生态保护红线方面，必须建立严格的管控体系，实现重要生态空间的红线管控，确保生态功能不降低、面积不减少、性质不改变。"② 根据这一讲话精神，生态保护红线的实质是生态环境安全的底线。③ 生态保护红线设置的目标是建立起最严格的生态环境资源保护制度，保护生态功能，保障环境质量安全，监管自然资源合理使用，从而促进人口、资源和环境效益的平衡和统一。④

中国各级政府都将与国家生态环境安全相关的重要生态区域纳入统一的红线管控，也都因地制宜建立起了最严格的生态环境保护与监管体系。⑤ 在这个意义上，划定并严格坚守生态保护红线就是落实主体功能区制度体系、实施国家生态空间用途管制的重要举措，也是提高生态环境产品供给能力，生态环境系统服务能力和构建中国生态环境安全格局的有效手段，同时还是完善生态文明体系和制度、推动国家绿色发展的有力保障。⑥

（三）生态保护红线的主要规范依据

2014年修订《环境保护法》后，生态保护红线已从原来的政策范畴提升至法律范畴。⑦ 各个地方政府积极响应，例如，2014年12月5日，沈阳市人民政府第17届常务会议通过，2014年12月9日，沈阳市人民政府颁布，自2015年2月1日开始施行《沈阳市生态保护红线管理办法》。

又如，2016年7月29日，海南省第5届人民代表大会常务委员会第

---

① 宋安琪：《生态保护红线法律制度研究》，硕士学位论文，吉林大学，2019年。
② 习近平：《推动中国生态文明建设迈上新台阶》，《求是》2019年第3期。
③ 廖建祥、周庄：《湖南省国土资源生态保护红线的划定与实施》，《中南林业科技大学学报》（社会科学版）2015年第3期。
④ 李玫兵：《建立生态红线管理制度的几个基点》，《贵阳市委党校学报》2019年第5期。
⑤ 施业家、吴贤静：《生态红线概念规范化探讨》，《中南民族大学学报》（人文社会科学版）2016年第3期。
⑥ 邱丽：《生态保护红线法律制度研究》，硕士学位论文，武汉大学，2018年。
⑦ 陈海嵩：《"生态保护红线"的规范效力与法治化路径——解释论与立法论的双重展开》，《现代法学》2014年第4期。

22次会议审议通过，2016年7月29日海南省第5届人民代表大会常务委员会第74号公告公布，自2016年9月1日开始施行《海南省生态保护红线管理规定》。2022年5月31日海南省第6届人民代表大会常务委员会第36次会议修正《海南省生态保护红线管理规定》。

以上的两项地方立法为生态保护红线制度的系统实施落地勾勒出了地方基层的制度措施体系。①

二　生态保护红线制度的微观组成部分及其逻辑关系

根据2014年《环境保护法》第29条，生态保护红线的适用对象为"关键的生态功能特区，生态环境敏感区域以及脆弱的地区"。根据环境保护部的解释，"生态环境保护的红线不仅包括生态空间保护的领域，还包括自然资源和生态环境的领域"。这使其成为一个全面的概念。② 根据这些规范，生态保护红线由三个部分共同组成：生态功能的红线（生态功能保证的基线），环境质量的红线（环境质量和安全的底线）③ 以及资源利用的红线（自然资源利用的上限）④。在生态保护红线的内部，三者间的逻辑关系需要进一步厘清。⑤ 三个制度的适用领域、表现形式、规范依据和价值目标存在差异。但在具体行政执法部门，执法的基础依据和执法的价值理念追求中又存在相同的地方（见表5-1）⑥。

1. 生态功能红线

在生态环境空间的保护之中，生态功能红线主要表现为地方政府划定的重要生态功能区域；生态敏感和脆弱区域；禁止开发区域。⑦ 几者共同

---

① 李玫兵：《建立生态红线管理制度的几个基点》，《贵阳市委党校学报》2019年第5期。
② 李干杰：《生态保护红线——确保国家生态安全的生命线》，《求是》2014年第2期。
③ 邹长新、徐梦佳、林乃峰、徐德琳、刘冬：《底线思维在生态保护中的应用探析》，《中国人口·资源与环境》2015年第S1期。
④ 殷小勇、叶嵩、赵栓：《生态保护红线评估调整与管控策略研究》，《中国土地》2020年第9期。
⑤ 姚岚、丁庆龙、俞振宁、吕添贵：《生态保护红线研究评述及框架体系构建》，《中国土地科学》2019年第7期。
⑥ 孔凡宏、王琴、魏永峰：《我国生态环境保护综合行政执法问题研究——基于法律文本的量化分析》，《中国环境管理》2022年第2期。
⑦ 肖峰、贾倩倩：《论我国生态保护红线制度的应然功能及其实现》，《中国地质大学学报》（社会科学版）2016年第6期。

保护和增强国家的生态服务功能,改善国家的生态环境质量。①

2. 环境质量红线

环境质量红线主要涉及污染物浓度管控、总污染物管控和能源资源的利用三个方面。② 在实施中,国家设置了强制性的环境标准（环境质量标准和污染物排放的标准）和总污染物排放管控体系;政府减少碳排放量和能源节约的节能系统;政府节能的目标责任制度等。几项制度旨在共同达到促使总污染物的排放量浓度不超过标准限制的目标。

3. 资源利用的红线

红线的使用主要涉及水资源利用和土地资源利用的两个方面。对水资源管理系统而言,国家要减少单位工业增加值的用水量,提高有效农业灌溉用水系数。就土地资源利用而言,国家已经建立了最严格的土地特别是耕地保护系统和 18 亿亩耕地保护红线、森林资源保护系统和森林土地和森林资源红线等。

表 5-1　　　　　　　　生态保护红线内部"三线制度"概况

类别	所涉领域	表现形式	规范依据	目标值
生态功能红线	生态空间的保护	重要生态功能特区;生态敏感区、脆弱区;禁止开发区	《全国主体功能区规划》《全国生态功能特区划》《全国海洋功能区划》《海南省生态保护红线管理规定》《沈阳市生态保护红线管理办法》	生态服务功能增强,生态环境质量改善
环境质量红线	污染物浓度的管控	强制性环境标准（环境质量标准、污染物排放标准）	《标准化法》和环境保护单行法中相关条款	污染物排放浓度不超过标准限值
	污染物总量的管控	主要污染物排放总量管控制度;政府减排目标责任制	《大气污染防治法》《水污染防治法》《国民经济与社会发展十二五规划》	化学需氧量、二氧化硫排放减少;氨氮、氮氧化物排放减少
	能源的利用	能源节约制度;政府节能目标责任制	《节约能源法》《国民经济与社会发展十二五规划》	单位 GDP 能源消耗降低;单位 GDP 二氧化碳排放减低;非化石能源占一次能源消费比重增加

---

① 蒋莉莉、陈克龙、吴成永:《生态红线划定研究综述》,《青海草业》2019 年第 1 期。

② 杨治坤:《生态红线法律制度的属性探析》,《南京工业大学学报》(社会科学版) 2017 年第 3 期。

续表

类别	所涉领域	表现形式	规范依据	目标值
资源利用红线	水资源的利用	水资源管理制度	《水法》《国民经济与社会发展十二五规划》	单位工业增加值用水量降低，农业灌溉用水有效利用系数提高
	土地资源的利用	最严格的耕地保护制度；18亿亩耕地红线；森林资源保护制度；林地与森林红线	《土地管理法》《森林法》《国民经济与社会发展十二五规划》	耕地保有量保持；森林覆盖率提高

资料来源：关于印发《生态保护红线划定技术指南》的通知和《生态保护红线划定技术指南》。

三 生态保护红线的管理体制设置

生态保护红线应当在工业产业发展、城市农村建设、土地规划利用等各种经济社会活动中充分实施与落实；需要严格责任，强化职权范围和主管部门的日常监督管理职责；需要严格施行生态补偿制度，推进生态修复工作对生态环境损害加以弥补，[1] 提高区域的生态环境保护效果，开放和透明地实现保护区域生产发展，富裕生活和社会和谐等目标；[2] 也要认真调查和处理生态保护红线边界非法调整，非法开发建设等活动。根据"谁破坏、谁修复"的原则，严厉追究罪犯的生态恢复责任。[3] 在上述各种权力中，涉及生态环境保护红线的权力职责，主要由自然资源部宏观管理承担，省级森林草原管理局负责勘查边界，最后由省级自然资源管理部门予以发布。（见表5-2）。

表5-2　　　　　　　　生态保护红线的管理机构及其职权

主要事权类型		主要承担单位	执法的依据
自然生态空间用途的管制	划定	由省级人民政府组织开展，由自然资源厅林草部门负责勘界定标，由国土测绘部门协助	结合市县一级的国土空间总体规划和详细规划编制，对生态保护红线勘界定标
	协调	由自然资源厅负责协调	依据的是国土空间规划划定。各地不得擅自通过修改市县乡一级的国土空间规划调整生态保护红线。自然保护地等禁止开发区域边界范围发生调整的，生态保护红线应当相应调整

---

[1] 李丹：《关于生态红线补偿研究进展的综述》，《低碳世界》2019年第6期。

[2] 孙久文：《深入推进区域协调发展 加快构建新发展格局》，《中国党政干部论》2022年第3期。

[3] 邹长新、徐梦佳、林乃峰、徐德琳：《生态保护红线的内涵辨析与统筹推进建议》，《环境保护》2015年第24期。

续表

主要事权类型	主要承担单位	执法的依据
自然资产的管理	省自然资源确权登记局	统一确权登记，对特殊产业进行产业准入、建设项目管理和进行特许经营权发放
自然生态的管理	省级生态环境厅	进行生态管理
监督执法	以县级行政区为单元，由生态环境部门负责	评估和生态环境安全预警机制，日常监管要重点管控人为的干扰活动，以县级行政区为单元，建立日常监管的台账，从而形成生态破坏的问题清单和修复计划清单，强化监督执法的力度。强化监管的结果应用，推动其作为重点生态功能的区县区域评价、生态补偿，成为领导干部离任审计、绩效考核、奖惩任免、责任追究的重要依据①

第二节　生态保护红线与基本生态控制线的外部衔接关系

一　基本生态控制线的概念与规范依据

基本生态控制线的设置目标是保障城市的基本生态环境安全，保护生态环境系统的科学性、完整性与连续性，防止城市的建设活动无序蔓延。② 与之类似的还有城镇开发边界控制线的提法。这些控制线是国土空间规划的重要内容。控制线不仅仅是规划空间的引导线，而且是国土空间管理的系统性相配套的完整管理机制和实施政策。以控制线为代表的国土空间管理制度旨在处理好生活、生产和生态的空间格局关系，着眼于推动经济和环境可持续与均衡发展，是美丽中国建设最根本的制度保障。控制线要划得实、守得住，有权威、落实好，有待于更多创新探索。

具体而言，城市基本生态控制线是在尊重城市自然环境生态环境系统，尊重城市合理的环境承载力的前提之下，根据有关法律、法规，结合城市实际情况，划定的城市既定生态环境保护范围的界限。简而言之就是执法部门确定的区域生态环境保护范围，框定的城市增长边界。基本生态

---

① 吴必虎、李奕、丛丽、谢冶凤：《国家公园负面清单管理对我国自然保护地和生态保护红线战略的启示》，《自然保护地》2022年第2期。

② 张雪：《生态红线的法律保障研究》，硕士学位论文，辽宁大学，2016年。

控制线具有保护城市生态要素、保护城市整体生态框架、保障城市生态环境安全等功能。基本生态控制线包括需要保护的区域、生态底线基本生态控制线和生态开发基本生态控制线三类制度。

现今共有 2005 年《深圳市基本生态控制线管理规定》、2012 年《武汉市基本生态控制线管理规定》、2016 年《武汉市基本生态控制线管理条例》和 2018 年《黄石市生态管控线管理条例》四部地方性的法律法规和规范性文件对"生态管控线"进行了立法（见表 5-3）。

表 5-3　　　　　　　　基本生态控制线的主要规范依据

基本生态控制线制度的主要规范依据	基本生态控制线制度规范依据的施行时间
《深圳市基本生态控制线管理规定》及《深圳市基本生态控制线范围图》	自 2005 年 11 月 1 日起施行，修改内容见根据 2013 年 9 月 3 日深圳市人民政府令第 254 号公布，2013 年 11 月 1 日起施行
《武汉市基本生态控制线管理规定》	2012 年 5 月 1 日起施行
《武汉市基本生态控制线管理条例》	2016 年 10 月 1 日起施行
《黄石市基本生态控制线管理规定》	2018 年 7 月 1 日起施行

其中，2005 年 11 月 1 日，深圳在全国率先划定了"基本生态控制线"，当时，深圳市一半的土地（974.5 平方公里）被划入线内。划定基本生态控制线后，深圳还施行了《深圳市基本生态控制线管理规定》，除重大道路交通建设、市政公用建设、旅游设施、公园四种情形外，禁止在基本生态线控制范围内进行建设。两个文件有效地防止了城市建设的无序蔓延危及城市生态系统安全，为深圳保留了大量的绿色生态空间。

2017 年 12 月 26 日，黄石市第 14 届人民代表大会常务委员会第 8 次会议通过，2018 年 3 月 30 日湖北省第 13 届人民代表大会常务委员会第 2 次会议批准，2018 年 4 月 27 日黄石市人民代表大会常务委员会公告，2018 年第 2 号正式公布，自 2018 年 7 月 1 日起开始施行《黄石市生态管控线管理条例》。

2012 年 2 月 20 日武汉市人民政府第 4 次常务会议审议通过，2012 年 3 月 16 日武汉市人民政府令第 224 号公布，自 2012 年 5 月 1 日起开始施行《武汉市基本生态控制线管理规定》（本规定已被 2017 年 10 月 28 日武汉市人民政府令第 282 号，《武汉市人民政府关于修改和废止部分市政府规章的决定》废止）。2016 年 5 月 26 日，武汉市第 13 届人民代表大会常务委员会第 36 次会议通过，2016 年 7 月 28 日湖北省第 12 届人民代表大会常务委员会第23次会议批准，2016年8月25日武汉市人民代表大会常务委员会公告（十三届）第37号正式公布，自2016年10月1日起开始施行《武汉市基本生态控制线管理条例》。

二 基本生态控制线的主要范围

基本生态控制线应根据城市总体规划和生态框架保护规划进行确定。在基本生态控制线内分为生态底线地区和生态发展区两类区域。基本生态控制线是一个闭合的完整系统，线内土地绝大部分是有关法律、法规中明确规定需要控制建设和生态保护的土地，其余是城市规划中为保持城市结构而确定的生态廊道和绿地。

基本生态控制线之内一般包括自然保护区、基本农田保护区、一级水源保护区、森林公园、郊野公园和其他风景旅游度假区。其中，包括坡度在25%以上的山地、林地和海拔超过50米的高地；主要河流、水库、湿地和具有生态环境保护价值的海滩陆地；保护生态环境系统完整性的生态走廊与隔离绿地；具有生态环境保护价值的岛屿和海滨土地区域；以及需要生态管控的其他地区。基本生态控制线的制定和执法应当公开透明，附有明确的地理坐标和相应的边界地形图。

一般在基本生态控制线范围之内，禁止建设重大道路交通设施、市政公共设施、旅游设施和各类公园。如果确实有必要进行建设，项目要作为重大环境影响的项目，依法进行可行性研究、环境影响评价、规划选址论证等程序。项目规划选址批准前，还必须在市县区域的主要新闻媒体和政府网站上进行公示，公示的时间应超过30天。已经批准的建设项目，要优先考虑环境保护，加强各项配套环境保护及绿化工程的建设，严格管控开发的强度。基本生态控制线内已经合法建成的建筑物和建筑物不得擅自改造和扩建。基本生态控制线范围内的原农村居民点则应当根据相关的计划制订搬迁的方案，逐步实施推行。确实需要在本地进行改造建设的，必须制订改造的专项计划，由市规划主管的部门与有关部门审议核准之后公示，并报市政府批准。

三 基本生态控制线涉及的行政职能机构

为了切实有效地执行基本生态控制线制度，基层人民政府及其规划、土地、发展改革、城管综合管理执法、环保、林业、园林、水务、农业、文物等职能部门应分别履行自身的相关责任（见表5-4）。

1. 各区人民政府

其中市级人民政府负责建立基本生态控制线的管理协调工作机制，协调处理基本生态控制线的划定、调整及管理工作中出现的棘手问题。其中，各区人民政府（含开发区、风景区、化工区）是维护其管理区域内基本生态控制线的责任主体。根据有关的法律、法规和规章，其按照职责组织协调查处基本生态控制线内违法建设、违法用地问题，并负责组织实施基本生态控制线内生态环境保护、村庄搬迁、集中建设和已建成项目的清理。

2. 其他部门

规划、土地、发展改革、城市管理综合执法、环境保护、林业、园林、水务、农业、文物等有关行政主管部门要按照各自的职责，做好基本生态控制线的相关监督管理工作。其中主要工作分工是：规划行政主管部门组织制定基本生态控制线编制的规划和调整方案，依法宏观规划管理基本生态控制线内的建设项目。土地行政主管部门依法监督基本生态控制线内的土地资源，包括依法收回基本生态控制线内的土地，做好基本生态控制线内违法用地的调查取证查处工作等。发展改革部门则负责基本生态控制线内的项目投资管理。城市管理综合执法部门则要依法查处基本生态控制线内违法建设行为，加强巡逻工作，防止基本生态控制线内发生新的违法建设活动。环境行政主管部门则负责对基本生态控制线内的环境影响评价、环境监测、环境违法行为进行依法调查，要将基本生态控制线内的污染物排放纳入城市的污染物排放总量管控之中，要减少基本生态控制线内的污染负荷。林业、园林行政主管部门则要根据基本生态控制线的规划要求，全面负责森林、森林、绿地、自然保护区等区域的保护和管理工作，组织绿化建设，并依法查处相关的违法行为。水、农业、文物等行政主管部门则负责加强对基本生态控制线内的水域、农田、文物等监督和管理，依法查处相关违法行为。公民、法人和其他组织也被鼓励从事生态环境保护活动，举报违反基本生态控制线的相关违法行为。

表5-4　　　　　　　基本生态控制线的主要管理机构及其职责

涉及的职能机构	主要职责
各区的人民政府（含开发区、风景区、化工区管理机构）	维护其管理区域内基本生态控制线完整，依法组织协调违法建设、违法用地的查处工作，并负责组织实施线内生态环境保护、村庄搬迁和集中建设、已建项目的清理等工作

续表

涉及的职能机构	主要职责
规划管理机构	组织编制基本生态控制线的划定和调整方案,依法对基本生态控制线内的建设项目实施规划管理
土地管理机构	对基本生态控制线内土地进行监管,依法收回基本生态控制线内土地,做好基本生态控制线内违法用地的查处工作
发展改革管理机构	项目投资管理
城管综合执法机构	依法查处基本生态控制线内的违法建设行为,加强巡查工作,防止基本生态控制线内出现新的违法建设
环保	负责基本生态控制线内环境影响评价、环境监测,并对环境违法行为依法进行查处,将基本生态控制线内污染物排放纳入全市污染物排放总量管控,削减基本生态控制线内污染负荷
林业、园林	森林、林地、绿地、自然保护区等的保护与管理,组织实施绿化建设,并依法查处相关违法行为
水务、农业、文物	水体、农田、文物等的监督和管理,并依法查处相关违法行为

四 基本生态控制线的划界和修订程序

基本生态控制线的划定和修改应当遵循严格的法律程序,并要依法征求公开意见。根据中国各地法律法规和规范,基本生态控制线的划定及修订程序一般包括:市规划行政主管部门组织编制基本生态控制线的划定相关方案。方案应征求市人民政府有关部门和各区人民政府的意见,采取论证会、听证会或其他方式来征求专家和公众的意见,并向社会公开公示。公示时间必须超过 30 天。方案由市计划行政主管部门根据意见修改后,经市计划委员会审议,报市人民政府批准。基本生态控制线应在批准之日起 15 天内在本市主要新闻媒体和政府网站上公开公布。经批准的基本生态控制线应当报市人民代表大会常务委员会备案。

由于国家、省、市重大项目建设的需求或上层规划方案进行调整,需要对基本生态控制线进行部分调整的,必须遵循总量不减少、互补平衡、生态功能维护持平等原则,遵循法律既定的程序进行。市规划行政主管部门应当根据国家、省、市重大建设项目相关批准文件或者调整后的上级计划论证修改的必要性。调整方案应征求市人民政府有关部门、有关区人民政府及规划区内的利害关系人意见,采取论证会、听证会或其他方式征求专家和公众的意见,并向社会公示。公示时间必须超过 30 天。调整方案由市计划行政主管部门根据有关意见修改后,经市计划委员会审议通过,并报市人民政府进行批准。调整的方案应当自批准之日起的 15 日内在本市主要新闻媒体和政府网站上予以公布。批准的基本生态控制线调整方案应当报市人民代表大会常务委员会备案。

五 基本生态控制线的监督管理和法律责任

基本生态控制线对城市生态环境意义重大。因此在生态底线区域内一般禁止建设其他的项目。但部分建设在允许范围之内：一是军事机密、国防建设等作为特殊用途的建设项目；二是为保障生产发展等基本生活需求的农田及水利设施等配套建设；三是以保护性为主的湿地公园、森林公园等；此外，其他与生态保护根本目标不相冲突且得到地方人民政府审批同意而规划建设的项目都在允许范围之内。

确有需要的项目建设仍然会对生态环境带来一定的影响，因此，即便是在允许范围内的建设，也应采取严格的规划与审批，坚持事前—事中—事后全过程监管与检查。

首先，项目的建设在前期必须经过规划，包括选址、花费、建设周期等可能涉及环境影响的内容都应经过充分论证，同时，还要积极向社会公开寻求意见，计划选址等重要信息必须向社会公示。

其次，项目建设过程中，对于不合理建设方式与开发方式，尤其是对环境带来重要影响的建设活动应立即制止并对环境进行及时性保护，对于已规划并通过审批，但尚未动工建设的项目，可以进一步严格设计，尽可能地转为资源消耗更低、环境影响更小的项目，并严格管控项目的开发强度和土地利用功能。

最后，项目建成后也应加强动态监管与常态化管理。经审核检查不符合生态环境或其他合理用途的，则应排除到生态控制线以外。相关负责审核、监管的行政部门不得为违法建设项目办理或补发相关手续，应按照有关法律法规或规范性文件的要求依法处理。

此外，对于建筑在基本生态控制线范围内依法建设的各种项目，要根据对生态环境的影响程度，分别处理对待：对于住房、农业生产等配套设施建设，如果同生态保护不冲突可以维持现状；对有危害生态趋势的或已经对生态环境造成不利影响的，应及时发现并给予警告，引导相关产业转型升级，或者加以制止；对部分不符合法律法规或规章制度中有关排污标准、水土保持等规范要求的,应由环境保护等行政主管部门在各自的职责范围查处,责令限期整改,逾期不改或整改后仍不达标的,依法吊销相关的许可证。

生态底线地区历史文化名镇、村、街道以及其他确实需要保护的特殊村落,保护的同时其用地规模、建筑数量、密度、高度不得增加;对于其他村落,应逐步统一规划、建设,进一步恢复生态功能。应制定详细的改造、搬迁等方案,同时对搬迁居民给予补偿,还应将详细的规划方案报有关部门审批检查并公示,得到批准后方可开展实施。同时,鼓励生态控制线地区和生态发展区内的原居民点在基本生态控制线范围之外进行统一再建设。如果确需在生态发展区之内开展建设的,应上报有关行政部门,按照规定及相关指示在允许的范围内集中建设。如果在基本生态控制线内违法建设,有关行政部门应调查处理。行政机关及其工作人员如果有下列行为之一的,对其主管领导和直接责任人员依法给予行政处分,构成犯罪的,依法转交公安机关、检察院和法院追究刑事责任;对生态控制线内的违法建设项目发现不及时或发现不处理的;对生态控制线内生产建设活动管制不严格,玩忽职守,处置不力导致生态控制线内的林地、湿地等遭到生态破坏的;对不符合法律规定建设项目予以批准或越权批准建设的;其他未按法律法规及相关规范性文件履行管理义务的行为。

六　生态保护红线和基本生态控制线的差异与衔接

(一) 生态保护红线和基本生态控制线的主要差异

基本生态控制线主要规定在城市空间之中。基本生态控制线制度强调基本生态功能的优先次序,确保不降低生态区域,不减少生态保护区域面积,不改变生态保护区域的性质。生态保护红线则主要存在于农业和城市以外的其他国土空间之中。基本生态控制线主要在立法的城市区域内具有法律效力。而生态保护红线则源于《环境保护法》的立法规定,在全国范围内具有不可挑战的法律效力。但是,两者在保护环境生态的目标价值上目标完全一致(见表5-5)。

表5-5　　　生态保护红线和基本生态控制线的主要差异

	生态保护红线	基本生态控制线
范围	农业和城市之外的其他国土空间	城市国土空间

续表

	生态保护红线	基本生态控制线
效力	全国范围内	地方
颁布依据	法律、行政法规	地方性法规

(二) 生态保护红线和基本生态控制线的衔接关系

城市是我国经济社会发展的中心，但是城镇开发不能无序蔓延。幸福的城镇生活需要守住环境生态安全的底线和警戒线。对此，城镇基本生态控制线以城镇开发建设现状为基础，综合考虑资源承载能力、人口分布、经济布局、城乡统筹、城镇发展阶段和发展潜力，框定总量，限定容量。

在生态环境保护领域，虽然两个制度理论上存在于不同的国土空间类型之中，但在城乡边界上，不同机构的行政管理权限可能重复。由于划定依据、程序、精神的高度类似，两者存在的潜在冲突较少。若存在潜在冲突，两者应当依据保持生态功能的水平不下降，生态面积不减少，生态价值不退化，生态性质不改变等原则予以协调和衔接。

第三节 生态保护红线与主体功能区的外部衔接关系

根据《环境保护法》第29条，生态保护红线的适用对象是"重点生态功能特区、生态环境敏感区、生态环境脆弱区"。而根据实践操作，生态保护红线划定的主要依据包括"主体功能区"。而主体功能区的重要生态功能领域根据《全国主体功能区规划》和《全国生态功能区划》确定。生态环境敏感地区和脆弱地区根据《全国生态功能区划》和《全国海洋功能区划（2011—2020年）》确定。从区域规划的本质属性上看，主体功能区规划、生态功能区域规划、海洋功能区规划都属于中国的空间规划体系，是中国国土空间管理体系的重要组成部分。其中，生态功能区和海洋功能区是根据中国的区域自然因素划分的特别区。主体功能区规划则是综合考虑多方面因素的综合区域。从规范的效果上看，生态功能区划、海洋功能区划的适用范围比较窄，由环境保护部门和海洋部门等相关主管部门发布并直接制定相关政策。主体功能区的规划则由各级人民政府予以发布，制定相应的管理配套政策，是各级政府履行公共服务职能职责、实行宏观调控的重要依据。在这个意义上，以《全国主体功能区规划》为代表的主体功能区规划更为直接和有效，可以作为生态保护红线的规范依据。我们有必要讨论生态保护红线与主体功能区的外部衔接关系，以便更加有针对性地提供行政资源和分配行政责任。

一　主体功能区制度

以第十一个五年规划纲要为蓝图，2011年国务院印发颁布了《全国主体功能区规划》。文件统筹了我国不同区域的生态功能承载力、开发潜力，考虑了未来人口、经济发展势态，将国土空间划分为优化开发、重点开发、限制开发和禁止开发四类。优化开发区域指目前该区域已具备较高的建设强度，但用地结构和用地效率还有待进一步提升。优化指在不新建的基础上提升用地效率。重点开发区域是指目前开发强度较低，且具备较高开发潜力的区域，该部分区域多位于城乡结合区域。限制开发区域和禁止开发区域则主要针对不同生态功能主体建设区。这些区域多位于生态敏感和脆弱区，一经开发将对区域内的生态环境造成不可逆转的破坏。

（一）主体功能区的主要范围

全国主体功能区规划范围是中国的陆地国土空间、内水和领海（不包括香港和澳门地区）。海洋一方面是当前中国资源开发和经济发展的重要载体，另一方面也是今后中国实现可持续发展重要的战略空间区域。根据不同区域的资源环境承载能力、现有开发强度和发展潜力，统筹谋划人口分布、经济布局、国土利用和城镇化格局，主体功能区将确定不同区域的主体功能，并据此明确开发方向，完善开发政策，控制开发强度，规范开发秩序，逐步形成人口、经济、资源环境相协调的国土空间开发格局。

（二）主体功能区的分类

根据《全国主体功能区规划》对开发区域的分类，依据开发内容、开发强度以及行政层级将开发区域进行不同等级的划分。其中开发内容考虑，主要指不同的生产功能区，例如工业生产区、农业生产区。开发强度考虑因素则包括生态承载力。行政层级则考虑国家级、省级、县（区）级等级别。

优化开发地区主要要提升土地利用效率，降低土地开发强度。

重点开发地区指针对经济发展和人口聚集程度较高的地区可以加大开发强度，满足区域内开发需求的同时有效促进经济规模增长。

限制开发区域具体分为两类，第一类是区域土地利用强度已经接近极值，再进行过度开发将会生成潜在的安全危机，所以应限制开发的区域。第二类是针对生态环境保护区、自然保护区等区域。由于该区域承担着生态功能涵养责任，应当限制大规模的人为开发。

禁止开发区域，与限制开发区域的第二类类似，其主要针对自然保护地核心区域，区域内基于生态环境保护需求应当完全禁止人为开发。

按主体产品提供类型划分，主体功能区可以分为城市化地区、农产品主产区、重点生态功能区。

城市化地区是指主要承担城市居民生产生活的地区。其中的生产地区，具体指工业生产区，工业生产区还可划分为重工业生产区和轻工业生产区，不同区域内的开发条件均不相同。其中的生活区域主要指住宅区和商服用地区域。住宅区和商服用地区域往往是重点开发区域，经济条件优越、人口聚集。此两区域的开发往往具备高效率和高产出，对其开发利用是拉动我国经济发展的重要手段。其中的城市基础设施建设区域，则指服务于城市生产和生活的区域，包括公共交通建设区域、水源保护区域、能源保护区域等。

农产品主产区的主要功能是供给农业产品、从事农业生产。由于农产品供给和农业生产都是基于土壤进行的，作物具有一定的生态环境产品属性。因此，农产品主产区还具备一部分生态产品供给功能。

生态功能区，顾名思义并不直接形成经济价值，主要起到对特定生态系统进行涵养和维系的作用，是主体生态功能区的雏形。国家重点生态功能区是指承担水源涵养、水土保持、防风固沙和生物多样性维护等重要生态功能，关系全国或较大范围区域的生态安全，需要在国土空间开发中限制进行大规模高强度工业化城镇化开发，以保持并提高生态产品供给能力的区域。我国的重点生态功能区总面积约占国土面积的40.2%，主要包括10.67万平方公里的大兴安岭森林生态功能特区等25个地区。

主体功能区代表了区域的核心社会经济功能。各地区核心功能有差异，相互分担，分工协作，共同致力于国家的发展事业。主体功能是由国家宏观发展目标、区域的资源环境条件和社会经济基础决定的，区域类型可能会因主体功能有所不同。各功能区都有自己专属的职能。目前需要完善的是针对不同主体功能区建设差异化的管理制度，以确保各功能区的功能能够最大限度地释放出来。而差异化管理首先就要从法律层面明确不同功能区的主体地位，主管政府应依据"一区一案"的原则进行开发和制定保护方案规划，使各功能区各司其职。

（三）主体功能区的开发原则

综合国家的城市发展战略和农业发展战略需要，国家划定的不同等级的开发区应服务于国家战略格局的实现。一是要坚决落实属地管理原则，坚决贯彻并执行中央和国务院的划定部署；二是要通力协作，对不同级别的区域的开发方案、开发原则和总体目标进行提前规划和部署。

首先是国家优化开发地区。该地区主要是经济发展程度较高、人口集聚程度较高、人才吸引能力较强的区域。区域已有高强度的开发基础，不再适合进行大规模的扩建和增加用地强度，而是应当在规划体系允许的前提下，适当改变区域的部分土地用途，尽可能地促使高新企业和科创型企业在区域内集聚，主动进行区域内的转型升级。产业升级只是优化经济结构的一种。若具备相应的条件，该区域还可以利用周边的自然资源发展旅游业，在不对环境造成破坏的基础上进行土地利用效率的提升。

其次，国家重点开发区同样具备较强的经济实力。不同的是国家重点开发区具备较好的开发潜力。目前的开发程度多停留在中、低层次，蕴含着丰富的发展机会。以中心城市为例，对中心城市的周边进行开发，不仅能够减缓城市中心区域的各项指标压力，还能够带动其他城市的经济发展和人口流动，有利于形成城市圈的发展结构。

再次，国家限制开发区主要包含着两类限制，一是对土地过度使用的区域进行开发限制，二是对具有生态功能和农业生产功能的区域进行开发和利用限制。该区域应遵循的发展原则是因地和因时制宜，不得过度引入外部资本和项目。对于已经存在土地过度利用问题的区域应尽量通过功能转移和疏散来缓解用地压力。对于生态保护功能区应以保护和不开发为原则。如具备相应的条件可适当进行旅游开发，但一定要在规划部门的指导下进行。对于农业生产则应以从事农业生产活动为主，最大限度地避免耕地资源的撂荒和闲置。

最后，国家禁止开发地区一般是出于生态环境保护原则，针对自然保护地核心区域而设立的禁止开发区域。该地区是我国生态功能最集中，生态脆弱和敏感区数量最多的地区。此类区域承担着最重要的生态产品供给责任，包括水源涵养、水土保持、生物多样性维系、空气质量净化、污染物质降解与转化等多项生态环境功能。对此区域进行最严格的保护，最大限度地禁止人为活动十分必要，不仅能有效执行国家土地环境生态保护制度，压缩寻租空间，更能为中华民族可持续和永续发展奠定生态环境基础。

(四) 主体功能区涉及的管理体制设置

1. 发展改革部门

在我国土地主体功能区之中，发展改革部门负责根据规划组织负责协调，做好国家总体规划与各地区规划，土地、环境保护、水利、农业、能源等部门专项规划间的有机衔接，实现各级各类规划的统一和协调。发展改革部门还负责指导和协调各省编制主要功能区规划；负责不同部门和地区编制规划中的利益平衡和疑难问题解答；负责研究制定符合主要功能区要求的投资和产业政策，并研究如何将开发强度、资源承载能力、生态环境容量等约束性指标分解至各省、自治区、直辖市；负责组织监督检查、中期评价和计划，修订适应主体功能区要求的计划体制改革方案。

2. 其他相关部门

科技部门负责研究符合主要功能区要求的科技计划和政策，建立符合主要功能区要求的区域创新体系。

工业和信息化部门负责编制符合主体功能领域要求的工业、通信业和信息化产业发展计划。

审计部门则与有关部门合作，推进符合科学发展观要求的、形成主体功能领域的绩效评价考核体系，并负责实施中的监督检查。[1]

财政部门负责根据计划明确的财政政策方向和原则，制定和实施符合主体功能领域要求的财政政策。

国土资源部门负责组织国土规划和土地利用总体规划；负责制定符合主要职能领域要求的土地政策和实施土地指标；与相关部门一同负责调整基本农田，确定地块和农户、位置、面积、保护负责人等事务；负责全国矿产资源规划编制，确定重点勘探地区。

环境保护部门负责制定符合主要功能区要求的生态环境保护规划，制定相关政策；负责环境功能分区的组织工作，组织有关部门编制国家自然保护区发展计划，指导、协调、监督各类自然保护区、风景名胜区、森林公园的环境保护工作；协调和监督野生动物保护、湿地环境保护、防治荒

---

[1] 钟骁勇：《自然资源负债的界定与核算思路探析》，《中国土地》2022年第1期。

漠化工作。

住房城乡建设部门负责全国城市体系规划的编制与监督；组织国务院提出的省市城市体系规划、城市总体规划的审查。

水利部门负责编制适应主体功能区要求的水资源开发利用、节约保护和防洪、水土保持等方面的规划，制定相关政策。

农业部门负责编制符合主体功能区要求的农牧渔业发展和资源及生态环境保护等方面的规划，并制定相关政策。

人口计划生育部门负责与有关部门一起制定引导人口有序合理转移的相关政策。

林业部门负责编制符合主体功能区要求的生态环境保护和建设计划，并制定相关执行中的政策。

国务院法制机构负责组织相关部门一起展开研究，进行适应主体功能领域要求的法律法规立法。

地震、气象部门组织地震、气象等自然灾害防御、气候资源开发利用等规划，参与制定自然灾害防御政策。

海洋部负责根据计划组织编制全国海洋主体功能区计划。

其他各有关部门也应当根据计划，根据需要，深度参与并组织能源、交通等特别规划和主要城市的建设计划。

二　生态保护红线和主体功能区的差异与衔接

（一）生态保护红线和主体功能区的主要差异

本质上，主体功能区规划、生态功能区规划、海洋功能区规划都属于中国的空间规划体系，是中国国土空间管理体系的重要组成部分。生态功能区规划和海洋功能区规划是根据区域自然因素划分的特别区规划，主体功能区规划则是综合考虑多方面因素的综合区规划。生态保护红线属于中国环境保护体系，是我国"生态环境安全的底线"，是中国生态环境管理体系的重要组成部分。[①] 几者最大的差异在于，区域是块状，线是点状。但管好了线，也就管好了面。两者又存在内在的转化与链接关系。

从规范的效果上看，生态功能区域规划、海洋功能区域规划的适用范

[①] 马孟枭、张慧、高吉喜等：《生物多样性维护生态保护红线划定方法对比》，《生态学报》2019年第19期。

围比较窄，由环境保护部门和海洋部门等相关主管部门发布，不直接制定相关政策。主体功能区规划则由各级人民政府公布，应制定相应的配套政策，是政府履行公共服务职能和实施宏观调控的重要依据。① 生态保护红线则是环境保护部从公共政策的角度将与生态环境相关的"红线"概念纳入统一框架的结果［环境保护部印发的《国家生态保护红线（试行）：生态功能基线划定技术指南》中就宣布将在中国的全国范围内开展生态保护红线的划定，以省级行政区为具体的实施单位②］。

（二）生态保护红线和主体功能区的衔接关系

第一，主体功能区具有较强的效力，可以作为生态保护红线的规范依据。以《全国主体功能区规划》为代表的主体功能区域规划有较强的效力。生态功能区、海洋功能区是依据区域自然因素划分的特殊性区域，主体功能区规划是综合考虑多方面因素的综合性区域。从规范的效果上看，生态功能区划、海洋功能区划的适用范围比较窄，由环境保护部门和海洋部门等相关主管部门发布，不直接制定相关政策。主体功能区规划则由各级人民政府公布，应制定相应的配套政策，是各级政府践行公共服务职能和实施宏观调控的依据。③

第二，生态保护红线和主体功能区的内容一致。根据《环境保护法》的规定和国内相关研究和环境保护实践的积累，生态保护红线的概念得到了充分的阐发。它是以重点生态功能区保护红线、生态敏感脆弱区保护红线、开发区保护红线禁令为核心的生态保护红线系统。其中重点生态功能保护红线可分为涵养水源区、保持水土区、防风固沙区、保护生物多样性区等陆地重点功能区和保护海洋水产种质资源区、重要海岸湿地、特殊保护岛、珍稀濒危物种集中分布区、重要渔业水域等海洋重点功能区。生态敏感脆弱区的保护红线则包括土地沙化区、水土流失区、石漠化区、盐化区等陆地生态敏感脆弱区和海岸带自然海岸线、红树林、重要河口和沙质海岸线等海洋生态敏感脆弱区。④ 根据国家生态保护红线管控的最新要求

---

① 课题组：《必须明确生态功能区划与主体功能区划关系》，《浙江经济》2007 年第 2 期。
② 《解读〈国家生态保护红线—生态功能基线划定技术指南（试行）〉》，《中国资源综合利用》2014 年第 2 期。
③ 陈海嵩：《"生态保护红线"的解释论与立法论》，2016 年全国环境资源法学研讨会论文，武汉，2016 年 7 月，第 8 页。
④ 戈华清：《海洋生态保护红线的价值定位与功能选择》，《生态经济》2018 年第 12 期。

精神，中国还制定了等级划分、分类管理的生态保护红线基本管控思路和措施。根据管理等级和生态功能保护理念确定了差异化的管控措施，为加强生态环境保护效果，优化国土空间开发格局，促进生态文明建设提供了理论依据。根据这一定义，生态保护红线作为内容之一的重点生态功能区的内涵和类型与《全国主体功能区规划》中重点生态功能区的相关内容一致，通过生态环境系统服务功能的重要性评价，确定水源涵养、水土保持、防风沙、生物多样性保持等生态功能综合重要区，参照国家重点生态功能区的范围，协调地方主体功能区规划、城市总体规划。生态保护红线区的重点生态功能区是在此基础上确定的，但与实际更好地协调，在实际落地上具有更强的可操作性，可以更好地在现场部署宏观规模的各重点生态功能区规划，从而推进整个主体功能区规划的建设。

第三，生态保护红线在主体功能区的基础上扩张与升华。两者紧密相连，相互影响和作用。主体功能区规划是生态保护红线划定的重要基础与依据。划定生态保护红线又是保证主体功能区规划实施的有效途径和载体。[1] 划定生态保护红线将推动主体功能区域规划的深度实施，从而加快中国的生态文明建设进程。[2]

第四节 生态保护红线与自然保护地的外部衔接关系

当前，中国关于生态空间保护区的立法主要以保护对象的自然属性为基础划定。我国已经建立了国家公园、自然保护区、地质公园、森林公园、海岸公园、湿地公园、矿山公园、风景名胜区等多种不同类型的保护制度。国际上当今通用的"自然保护区"（Natural Reserve）概念全面整合了中国现有的自然保护区、风景名胜区、森林公园、地质公园等相关保护区。[3]

在涵盖范围上，生态保护红线是自然保护地的上位概念。除了自然保

---

[1] 李红玉：《生态国土建设的中国实践及展望》，《广西社会科学》2019年第10期。
[2] 高吉喜、王燕、徐梦佳、邹长新：《生态保护红线与主体功能区规划实施关系探讨》，《环境保护》第44期。
[3] 王应临、赵智聪：《自然保护地与生态保护红线关系研究》，《中国园林》2020年第8期。

护地，生态保护红线还包括生态服务功能的重要性地区、生态敏感脆弱地区等。生态保护红线和自然保护地之间可能有交叉。但是从长远目标和宏观政策目标看，自然保护地应当以生态保护红线为基础，统一融合相似的生态区域制度类型，整合相似的保护区制度，① 把自然保护地覆盖至我国所有重要的生态环境系统上。②

一 国家公园制度

2008年我国设置了全国统一管理的"国家公园"。同年，国家公园正式开始运行。2008年10月8日，环境保护部、国家旅游局批准建设了中国第一个国家公园示范单位——黑龙江汤旺河国家公园。以此为标志，环境保护部和国家旅游局共同开始在全国范围内推广国家公园的试点工作。其主要目的在于为中国引入国际通行的国家公园保护理念和管理模式，完善中国的自然保护地体系，规范全国的国家公园建设。2013年党的十八届三中全会通过了《关于全面深化改革若干重大问题决定》，明确要建立中国的国家公园制度。这是中央一级的正式决定。2015年5月18日，国务院转发了《2015年发展改革委关于深化经济体制改革工作意见》，在9个省进行"国家公园制度试点"。在各地的试点探索之中，相关实践问题不断暴露。例如，世界文化自然遗产、国家级自然保护区、国家森林公园、国家级风景名胜区、国家地质公园等都是禁止开发的环境生态保护区域。在这些开发禁止性区域之间行政机关职权交叉重叠、多头管理的问题一直存在。而国家公园被用以统合所有开发禁止性区域。形成了一套正式统一、规范高效、自上而下、有充分人力资金保障的自然资源管理和环境生态保护体制机制，并旨在解决前述的职权交叉、多头管理问题。当前，国家公园体制试点主要涉及13个行政部门。部门间能否进行有效协调将是改革的一项重大的挑战。

（一）国家公园的概念

2017年9月26日，中共中央办公厅、国务院办公厅印发《建立国家公园体制总体方案》，标志着国家公园体制机制开始运行。国家公园是国

---

① 高吉喜、徐梦佳、邹长新：《中国自然保护地70年发展历程与成效》，《中国环境管理》2019年第4期。

② 辛培源、田甜、战强：《自然保护地与生态保护红线的发展关系研究》，《环境生态学》2019年8月第1卷第4期。

家批准设立和主导管理的,以保护边界明确、具有国家代表性的大面积的自然生态环境系统为主要目的,以实现自然资源的科学保护与合理利用为目标的特定陆地或海洋地区。建立国家公园是党的十八届三中全会提出的一项重点改革任务,是中国生态文明制度建设的核心内容之一。国家公园的建立有利于促进自然资源的科学保护与合理利用,促进人与自然的和谐共生,能够全面加速推进建设美丽中国。为了加快建设国家公园,在总结试点经验的基础上,相关部门还立足中国国情,参照了国际的有益做法,制定了国家公园的建设方案。

建立国家公园的主要目标是建立一个统一、规范、高效运行的,具有中国特色的国家公园体制,有效解决行政部门交叉重叠、多头管理问题,从而有效保护国家重要的自然生态环境系统,形成一套自然生态环境系统保护的新体制机制模式,促进我国生态环境治理体系和治理能力的现代化,从而更好地保障国家的生态环境安全,实现人与自然和谐共生。2020年,中国的国家公园体系基本建立,设置了一套综合管理体系,总体布局初步显现。预计到2030年,中国的国家公园体制将进一步健全,管理体制将进一步完善,保护管理的效能将进一步提升。

(二) 国家公园的职能体系

1. 统一管理机构

国家公园制度提出以后,我国整合了相关的自然保护地管理职能,结合了生态环境保护、自然资源资产管护和自然资源监督的体制改革,由一个部门统一行使所有国家公园和自然保护地的管理责任,负责履行国家公园范围内的保护生态环境、管理自然资源资产、经营特许经营权、引导社会公众参与、宣传推广国家公园等资源环境综合执法权力,协调公园与当地政府、周边社区的关系。

2. 分级行使所有权

国家公园区域内,全民所有的自然资源所有权由中央和省级政府分别分级行使。这综合考虑了生态环境系统功能的重要性、生态环境系统效果的溢出性、省级行政区管理的效率等因素。其中,中央政府直接行使部分国家公园的全民所有自然资源所有权。其他自然资源所有权则委托省级政府代理行使。当条件成熟时,自然资源所有权将逐步由中央政府直接行使。

根据我国的自然资源统一确权登记办法,国家公园是独立的自然资源资产登记单位,可以依法确权登记区域内的水流、山、森林、湖泊、草原、滩涂、荒地等自然生态空间中的自然资源资产权益。这明确了全民所有和集体所有权间的界限，明确了不同集体所有人的界限，实现了归属清晰，权力和责任明确。

3. 协同管理机制

合理划分中央和地方事权，建立起主体清晰、责任明确、相互合作的国家公园央地协作合作管理机制。其中，中央政府直接行使全民所有自然资源所有权。地方政府则根据需要与国家公园管理机关合作，做好生态环境保护工作。省级政府代理行使全民所有自然资源所有权时，中央政府应当履行好正当权利，加强指导和支持。国家公园所在的地方政府也要行使好辖区的经济社会发展综合协调、提供公共服务、履行社会管理和市场监督等责任。

4. 健全监管机制

有关部门要依法指导和管理国家公园。健全国家公园的监督制度，加强国家公园的空间用途管控，加强对国家公园生态环境保护工作的监督。完善监测指标和技术体系，定期监测国家公园的生态环境状况，建立国家公园自然资源基础数据库和统计分析平台。加强对国家公园生态环境系统状况、环境质量变化、生态文明制度执行等方面的评价机制，建立第三方评价制度，对国家公园建设与管理进行科学评价。建立和完善社会监督机制，建立举报纠察和公民权益保障机制，保障社会公众的知情权和监督权，接受各种形式的社会监督。①

（三）国家公园的规范依据

2017年9月26日，中共中央办公厅、国务院办公厅印发了《建立中国国家公园体制总体方案》。2022年，国家林业和草原局发布了《中国国家公园管理暂行办法》。部分地方也对国家公园管理进行了地方性立法。例如，2017年11月29日，湖北省第12届人民代表大会的常务委员会第31次会议通过，2017年11月29日湖北省人民代表大会的常务委员会发布第224号令，宣布从2018年5月1日开始施行《神农架国家公园保护条例》。2017年11月24日，福建省第12届人民代表大会的常务委员会第32次会议通过，2017年11月24日，福建省人民代表大会的常务委员会宣布从2018年3月1日起开始施行《武夷山国家公园条例（试行）》。

---

① 张小鹏、王梦君：《浅析国家公园自然资源管理中的问题》，《中国土地》2020年第11期。

(四) 国家公园的管理体制设置

我国国家公园的行政管理体系包括垂直管理和与地方政府共同管理两种。例如，祁连山国家公园首先成立了祁连山国家公园管理局，而在地方又设有祁连山国家公园甘肃省管理局和青海省管理局。甘肃地区又组建了张掖、酒泉几个管理分局和综合执行局，将 22 个保护站全部划到省林草局进行管理，形成了省级以下"垂直管理"的体制。在青海片区，由门源、祁连、天峻、德令哈四个县市的自然资源管理部门设立行政机构与地方政府共同管理。在具体行政职责分工之中，两省都成立了由省委书记和省长担任"双组长"的试点工作指导小组。国家林草局牵头和两个省一起建立了三方会议机制，成立起协调工作指导小组，定期举行会议，研究并解决国家公园管理中的重大问题。管理局与两个省的管理局一起编制了管理机构和地方政府的责任清单。在执法监督方面，祁连山国家公园管理局则制定了统一的计划、政策和标准，起草了《祁连山国家公园管理办法（暂行）》，推出志愿服务、特许经营管理等 7 种管理办法。两省分别组织编制了片区的特别计划，出台了生态管理方法，建立了管理和保护制度，并对相关人员进行能力训练，提高人员素质能力；还建立了监测的数据库平台、天地空一体化监督管理网络。每年进行两次片区的执法检查，不定期地进行执法检查，确保不发生重大的违法事件。在与地方的关系中，以参与共建共管共享为目标，国家公园还建立了生态环境保护与改善民生相协调的新发展模式。武威市核心区 59 户 217 名农牧民和张掖市祁连山国家级自然保护区 149 户 484 名农牧民全部搬迁。祁连山国家公园培养管理局共聘用了 3439 名生态护林员和 1036 名村级的草管员。在与中央的关系中，国家林草局将建立国家综合类祁连山国家公园长期科研基地，并与科研机构合作监测生物多样性、调查稀有的野生动物。

表 5-7　　国家公园涉及的主要管理机构及其职权

主要管理事项		承担机构	执法依据
自然生态空间用途管制	划定	由国家公园管理局开展，可以委托省矿局勘查设计院为技术支撑机构，制定《国家地质公园勘界立标实施方案》	按照中央下发的《关于建立以国家公园为主体的自然保护地体系的指导意见》和省政府、省林草局下发的《勘界立标工作规范》进行
	协调	由国家公园管理局负责协调，一般成立国家公园协调领导小组开展工作	《国家公园协调工作领导小组机构职责及议事规则》

续表

主要管理事项	承担机构	执法依据
自然资产管理	省自然资源确权登记局	统一确权登记，对特殊产业进行产业准入、建设项目管理和进行特许经营权发放
自然生态管理	国家林业和草原局（国家公园管理局）负责，省生态环境厅具体管理	可颁布《国家公园生态环境保护专项规划》规定生态环境系统管理、保护修复、监测、评估等建设内容。在执法中地方生态环境局、国家公园管理局管理分局、森林公安、林场（管护站）都是生态管理的主体
监督执法	自然资源、生态环境、交通运输、水利、农业农村、林业草原等部门组成生态环境保护综合执法长效机制	

二 生态保护红线与其他类型公园的外部衔接关系

除了国家公园外，中国还有国家湿地公园、世界地质公园、露天矿山生态公园、湿地公园、白鹭公园、海岸公园等类型的公园。这些制度与生态保护红线间也有区域和功能的重叠，会在基层执法过程中发生相互影响。①

（一）国家湿地公园

湿地公园是旨在保护具有显著或特殊生态、美学、文化、生物多样性价值的湿地景观。国家湿地公园保护湿地生态环境系统的完整性，维护湿地的生态过程，提高湿地的生态服务功能，在此基础上最大限度地充分发挥湿地的多种功能效应，以合理利用湿地。国家鼓励公民、法人和其他组织捐款或自愿参与国家湿地的保护和建设。在这一基础上，国家湿地公园是以保护湿地生态环境系统、合理利用湿地资源、开展湿地宣传教育与科学研究为目的的，经过国家林业局批准，按有关规定进行保护与管理的特定地区。国家湿地公园属于社会公益事业，是自然保护体系的组成部分。国家林业局印发了《国家湿地公园管理办法》。办法自 2018 年 1 月 1 日起开始实施，有效期至 2022 年 12 月 31 日止。

---

① 袁鹏奇：《基于生态安全格局的汝阳县域生态红线划定研究》，硕士学位论文，华中科技大学，2019 年。

1. 范围和内涵

办法规定国家湿地公园的范围不得与自然保护区、森林公园重叠交叉。国家湿地公园应按照总体规划来确定范围，划定桩身和界限。任何单位与个人不得擅自变更和移动界限。对于国家湿地公园的土地，禁止擅自征收和占用。确实需要征收和占用的，土地使用单位必须征求省级以上林业主管部门的意见，依法办理完相关法定手续后才可使用。省级林业主管部门还需要报国家林业局备案。[①]

国家湿地公园要划定保育区。根据公园的自然条件与管理要求，可以划分为复原重建区、合理利用区进行分区管理。保育区内除了开展保护、监测和科学研究等必要保护管理活动之外，不得进行与湿地生态环境系统保护和管理无关的活动。复原重建区之内则要开展与湿地培育和恢复有关的活动。合理利用区之内则应开展以生态展示、科普教育为主的宣传教育类活动，开展不损害湿地生态环境系统功能的生态旅游体验服务等。保育区、复原重建区的总和面积和湿地总和面积应分别大于湿地公园总面积以及湿地公园湿地总面积的60%。国家湿地公园要设置宣传教育类设施，建立和完善解说系统，宣传科普湿地的功能和价值，宣传科普湿地的知识，培育并提高公共的湿地保护意识。国家湿地公园管理机构应建立和谐的社区共同管理机制，优先吸收当地居民从事湿地资源管理和服务工作。

2. 申请设立的条件

申请设立国家湿地公园，必须具备以下条件：第一，湿地生态环境系统具有全国或地区典型性；或者湿地地区的生态地位很重要；或者湿地的主要生态功能具有典型性、示范性；或者湿地具有丰富的生物多样性；湿地可以集中分布珍贵的濒危野生生物植物种类。第二，湿地具有重要或特殊的科学研究、宣传教育和文化价值。第三，省级湿地公园设置成立两年以上（包含两年）可以申请成为国家湿地公园。第四，湿地公园有健全的管理机构和制度。第五，省级湿地公园的总体规划实施良好。第六，湿地公园土地权明确，相关权利主体同意其成为国家湿地公园。第七，湿地公园的湿地保护、科研监测、科普教育等工作取得了显著成果。

[①] 蒋大林、曹晓峰、匡鸿海、蔡满堂、黄艺、尹春燕：《生态保护红线及其划定关键问题浅析》，《资源科学》2015年第9期。

3. 被禁止从事的行为

除国家另有规定外，国家湿地公园内禁止开垦、填埋或排干湿地；禁止切断湿地水源；禁止挖沙、采矿；禁止倾倒有毒有害物质、废物、垃圾；禁止从事房地产、度假村、高尔夫球场、新能源发电等不符合主体功能定位的项目和开发；禁止破坏野生动物栖息地、哺乳动物和鱼类的迁徙通道，滥捕野生动物；禁止引进外来物种；禁止擅自放牧、渔业、土壤采集、取水、排污、放生；禁止破坏湿地及其生态功能的其他活动。①

4. 中国现行的湿地公园体系

根据《国家湿地公园管理办法》《湿地保护管理规定》，截至2020年6月底，中国国家湿地主管部门批准设立国家湿地公园和国家湿地公园试点共901处。② 广西壮族自治区南宁市、新疆维吾尔自治区昌吉回族自治州、贵州省贵阳市等部分地方对湿地公园管理进行了地方性立法。

(二) 国家矿山公园

矿山公园制度是国家以恢复矿山地质环境管理为目的而建立的，以矿山地质遗迹与矿业生产过程为展示对象，反映中国矿业发展历史内涵，展示矿业勘探、开采、选矿等活动的矿业遗迹景观为主体的，具有研究价值和教育功能，可供人们参观和科学考察的特定矿山空间区域。矿山公园包括国家级和省级两级。其中国家矿山公园由国土资源部门审查并公布。省级矿山公园则有部分地方对矿山公园管理实施地方性立法。例如，2018年4月12日，茂名市第12届人民代表大会常务委员会第15次会议通过，2018年5月31日广东省第13届人民代表大会常务委员会第3次会议批准。2018年6月7日茂名市人民代表大会常务委员会公告第6号发布，自2018年9月1日起开始施行《茂名市露天矿生态公园保护管理条例》。

(三) 国家地质公园

国家地质公园由国家行政管理部门组织专家审核，由国家自然资源主管部门正式批准成立。国家地质公园具有国家级特殊地质科学意义、高度

---

① 国家林业局，关于印发《国家湿地公园管理办法》的通知，http://www.gov.cn/xinwen/2018-01/02/content_5252449.htm，2017年12月27日。

② 《国家林业和草原局国家级自然公园评审委员会办公室关于2019年度第二批国家级自然公园评审结果的公示》，http://www.forestry.gov.cn/main/198/20200119/154317737519329.html，2020年1月19日。

美学观赏价值,以地质遗迹为主体,融合了其他的自然和人文景观,是独特的自然区域。

(四) 滨海公园等

除上述类型的公园外,中国部分地方还对海岸公园管理实施了地方性立法。例如,三亚市从 2016 年 12 月 1 日起开始施行《三亚湾滨海公园保护规定》;2015 年 12 月 1 日起开始施行《三亚市白鹭公园保护管理规定》。

三 几者的主要差异与衔接

(一) 几者的差异

在生态空间保护中,我国当今的立法和执法主要是以保护对象的自然属性为依据进行的,建立了国家公园、自然保护区、森林公园、风景名胜区、地质公园、海岸公园、湿地公园、矿山公园、白鹭公园等多种保护类型。在立法中,以"类型化的部门立法"为主要特征,各主管部门对管理对象颁布单行法规。① 当今,我国自然保护区的主管部门最多的是林业部门,占各级自然保护区总数的 80%以上。其次则是环境保护部门,约占总数的 15%。剩下的主管部门还有农业、国土资源、水利、海洋等部门。一般认为,我国的生态空间保护系统存在立法水平低、范围窄、内容封闭、部门色彩浓厚、不能适应生态环境保护要求等诸多问题。② 不同类型的自然保护区归属于多个部门,部门之间、部门和政府之间有着错综复杂的关系,利益冲突普遍存在,执法部门间的信息交流不畅、协调机制不足。③

生态保护红线制度作为新生制度,为了发挥真正的作用,必须进行法律革新,要制定一套自然保护区的综合立法,④ 以国际通行的"自然保护地"概念为核心全面整合现有的相关保护区,进行科学合理的分类分区,统一保护具有重大生态、科学研究和生态自然景观价值的生态空间区域。

---

① 徐本鑫:《中国自然保护地立法模式探析》,《旅游科学》2010 年第 5 期。
② 肖建华、胡美灵:《国内自然保护区的立法争议与重构》,《法学杂志》2009 年第 10 期。
③ 高利红、程芳:《我国自然遗产保护的立法合理性研究》,《江西社会科学》2012 年第 1 期。
④ 于鲁平:《生态保护红线法律制度建设时空主要矛盾解析》,《政法论丛》2019 年第 6 期。

(二) 几者的衔接

我国的自然保护工作取得了巨大的成就，同时也缺乏统一规划。这导致生态环境系统的完整性被人为割裂、管理地区重叠、管理机构重置、管理职能交叉、管理权力不明、保护效果低下。① 由于对保护理解的偏差，生态环境保护与经济发展的协同效应较低，还出现了生态环境保护地内部的生态功能退化、经济发展缓慢等问题。在这种情况下，根据我国国情，建立"生态保护红线"和"以国家公园为主体的自然保护地体系"有着重要的理论和现实意义，必须探讨如何促进"生态保护红线"和"以国家公园为主体的自然保护地体系"的建设，减少冲突，形成由国家主导、社会广泛参与的自然生态环境保护体系。②

首先，自然保护地是生态保护红线划定的基础。生态保护红线的划定要根据当今中国自然保护地建设现状开展；要根据法律对生态保护红线的定义与管理要求展开；严格实现法律对红线地区的"强制性严格保护"，确保不降低生态功能、不改变生态性质、不缩减区域面积。生态保护红线不仅是地区的"边界"，还是地区内居民生产生活类型和强度的"边界"。③

其次，生态保护红线的概念和范围明确、保护和发展战略清晰将为建立自然保护地体系提供重要参考。生态保护红线是针对我国自然保护中存在的问题提出的一项系统和全局性质的计划，有助于整合和改善现有的管理地区、管理类型、管理对象、管理级别、管理权属、管理部门等。

最后，生态保护红线制度要符合建设"以国家公园为主体自然保护地体系建设"的要求。在保护核心区的情况下，要严格管控区域之内人类的活动强度，如果地区内有居民，就要将其迁出。除了必要的保护行为之外，还要避免地区内的人为干预。④ 在缓冲区中，也要迁移居民并管控人类活动。除了必要的保护行为之外，还可以根据地区的性质和需要进行

---

① 徐昔保、马晓武、杨桂山：《基于生态系统完整性与连通性的生态保护红线优化探讨——以长三角为例》，《中国土地科学》2020年第5期。
② 杨邦杰、高吉喜、邹长新：《划定生态保护红线的战略意义》，《中国发展》2014年第1期。
③ 徐祥民、贺蓉：《最低限度环境利益与生态红线制度的完善》，《学习与探索》2019年第3期。
④ 曾祉祥、叶有华、郭微等：《基于生态保护红线管理思路的生态补偿机制研究——以深圳市光明区为例》，《生态环境学报》2020年第9期。

适当的科学研究和实验活动,但要尽量避免游客和其他类型的人类活动。在生态保护红线中,核心区和缓冲区之外,可以保留部分居民,但是要确保不退化生态环境系统,不减少生物多样性,不减少面积,景观、物种等保护对象得到适当保护。在这些前提下才可以进行适当的生计活动和生态旅游活动。

第五节　总结与建议

我们必须牢固树立和践行"绿水青山就是金山银山"的理念,坚持生态优先原则,科学布局和组织实施生态保护红线划定工作,以基本生态控制线、主体功能区、自然保护地等制度为依托,推进形成生态保护新格局,为维护生态安全、推进生态系统治理体系和治理能力现代化、加快建设美丽中国奠定坚实的生态基础。生态保护红线、主体功能区、基本生态控制线、自然保护地之间存在空间上的一致、执法机关权限上的交叉性、行政职权上的复杂性(见表5-8)。对此,要在管理体制机制改革、事权财权分配协调、边界矛盾协调、监督管理能力整合等方面予以改善。

表 5-8　　　　生态保护红线与相似制度的主要差异

	所涉领域	表现形式	规范依据	所涉部门	制度目标
生态保护红线	生态空间	生态功能、环境保护和资源利用红线	法律、《环境保护法》《国务院关于加强环境保护重点工作的意见》《中共中央关于全面深化改革若干重大问题的决定》	环境保护、发展改革、土地规划、财政、林业、水利、农业、城建、行政执法等相关部门	增强生态服务功能,改善生态环境质量
基本生态控制线	城镇空间、农业空间、生态空间	一级生态管控线、二级生态管控线、基本农田及耕地管控线、河流与湿地管控线、林地管控线、山体管控线、海岸沙滩管控线	2005年《深圳市基本生态控制线管理规定》、2012年《武汉市基本生态控制线管理规定》、2016年《武汉市基本生态控制线管理条例》、2018年《黄石市生态管控线管理条例》	环境保护、土地规划、林业、水利、农业、城建等相关部门	保障城市基本生态环境安全,维护生态环境系统的科学性、完整性和连续性,防止城市建设无序蔓延

续表

	所涉领域	表现形式	规范依据	所涉部门	制度目标
主体功能区	城镇空间、农业空间、生态空间	禁止开发区、优化开发区、重点开发区和限制开发区	《国务院全国主体功能区规划》		国土空间开发的战略、基础性和约束性规划
重点生态功能区		水源涵养型、水土保持型、防风固沙型和生物多样性维护型			
自然保护地	生态空间	国家公园、自然保护区、风景名胜区、森林公园、地质公园等十多类保护地在内的多层级、多类型的自然保护地体系	《关于建立以国家公园为主体的自然保护地体系指导意见》《建立国家公园体制总体方案》	自然资源部的国家林业与草原局（加挂国家公园管理局牌子）管理各类自然保护地	保护典型的自然生态环境系统、重点保护动植物的天然集中分布区、有特殊意义的自然遗迹的区域。保护具有国家代表性的自然生态环境系统为主要目的特定的陆域或海域。保护重要的生态环境系统、自然遗迹和自然景观，具有生态、观赏、文化和科学价值，可持续利用的区域

一 生态保护红线和相似制度衔接的前提及层次

在多规合一的行政改革背景下，生态保护红线制度要适应市场经济体制机制的需要，用生态补偿和自然资源资产有偿使用等制度，促进社会多元共治，执法部门跨部门融合，鼓励所有的利益相关者共同参与、信息公开、明确目标和质量评价标准等，[①] 充分吸收其他制度的实施制度框架和行政资源基础，共同实现保护生物多样性和保护生态的目标。

（一）制度衔接的条件和前提

尽管这些制度的内容有差异，但几者逻辑关系紧密相联。同源的逻辑关系为制度联系提供了前提。

---

① 吕忠梅：《以国家公园为主体的自然保护地体系立法思考》，《生物多样性》2019年第2期。

第一，山水林田湖草沙的生命共同体共同包容了几种制度。它们是中国自然生态环境安全边界的一部分，都需要法律的优先保护。几者正在努力保护生态功能重要、生态环境敏感和脆弱的地区；致力于人口、资源和环境的均衡发展；全面地发挥经济、社会和生态效益。①

第二，几者都内涵丰富，不仅保护和修复国土，还保障与支持中国公民的生活生产。各类红线既是生态保护的发展线、保障线，又是城乡发展的依托线、支持线，为区域发展提供了坚实的基础。

第三，几者都是中国经济发展到一定水平，资源环境保护意识和资源环境保护能力达到一定高度之后的必然选择。物质基础推动制度机制逐渐发展，不断深化和完善。

第四，几个制度之间相互承继。区域进入生态保护红线后，只能允许不破坏生态环境的有限的人为活动，严格管控生产性和开发性的建设。在生态保护红线基础上，区域划分为自然保护地，可以进一步全面恢复生态环境系统，提高生态环境功能。

第五，几个制度共同努力，通过行政部门的生态环境保护、自然资源资产管理和监督，为社会提供生态服务、生态资源产品，改善国家的生态环境质量。

（二）制度衔接的几个层次

几个制度的连接存在于垂直时间和水平空间层面、宏观理念和微观制度水平。

第一是纵向时间的层次。几项制度首先出台统领性的法律、行政法规、规范性文件，然后颁布辅助性的操作细则和指南、技术标准、评价体系。在规范体系的建设和完善中，规范、管理、监督制度要相互协调。要协调不同制度之间的衔接，共同服务于生态文明建设目标。

第二是水平空间的层次。几项制度先出台中央统一立法，然后颁布专门或地方保护法。根据规范，各地方行政部门的法律权利义务、责任权限、执法方式、强度不同。不同地区不同制度落地时，要解决分歧，共同推进生态环境的保护和恢复工作。

第三是宏观理念的层次。几项制度都以维护自然生态环境安全为内

---

① 杨邦杰、高吉喜、邹长新、刘越：《划定生态红线 保障生态安全》，《中华环境》2014年第1期。

容，全面统筹经济发展、城乡建设、资源利用、生态环境保护。几项制度在价值目标上非常一致，保护理念和原则是一致的。共同理念的宣传和沟通有助于执法人员更好地履行任务，并能鼓励全体公民共同参与自然生态环境保护事业。

第四是微观制度的层次。在管理体制中，几项制度都以自然资源部门为管理主体，生态环境部门为监督主体。几项制度的职责很相似。在社会共享共同治理中，几项制度都鼓励多元主体参与。

经过多年的发展，我国的生态保护红线制度已经成熟和统一。生态保护红线、基本生态控制线、主体功能区、自然保护地等生态环境制度划定的目的不是限制经济发展，而是长远地促进和保障经济社会可持续发展。对于企业和公民而言，合理利用国家的生态环境资源，本身就能促进经济和社会发展；能更有效、更高效地保护促进环境生态绩效优势凸显；企业和公民应当更广泛地生态保护红线等事业中来，实现企业、个人、环境、生态发展的共赢。

二 理顺管理体制

生态保护红线制度得以实现的核心目标就是建立科学合理的管理体制。管理体制也是长期困扰中国生态环境保护的因素之一。从现实角度看，当今中国的自然保护区管理存在严重的"政出多门"问题。林业、环境保护、建设、农业、国土资源管理、海洋资源管理等十多个部门，各部门间缺乏合作，缺乏统一的监督管理和沟通协调制度，造成了大量的多重管理、交叉管理、真空管理问题。同时，由于相关监管机构兼具保护与经营两项职能。因此其将精力更多地集中在经营上，忽视了对生态环境的保护。保护与经营之间的矛盾日益突出。[1]

针对上述的问题，中国在完善体制机制时可以考虑现实的可行性与制度的稳定性，实行渐进式的改革，最大限度地避免过渡期的负面影响。例如，中国可以在保持基本现有多部门管理体制的同时，分离管理权和监督权，加强环境保护部门的综合管理、统一协调和监督职能，同时又剥离环境保护部门部分的自然保护区管理权，形成"综合管理和专职管理并重"

---

[1] 刘晓星：《自然保护地法究竟怎么立更好》，《中国环境报》2013年3月15日；陈磊：《中国自然保护形势严峻》，《南方周末》2013年2月19日。

的基本结构以更有效地保护自然保护区。[①]

生态保护红线、主体功能区、基本生态控制线、自然保护区等制度在管控线和保护区的划定、管控原则和相关的技术方法上,确实存在多个行政部门行使职权,自治区、直辖市等不同区域在同一事项上存在职权重叠的情况。对此,未来的执法中,必须解决明确事权和财权分配问题,并对冲突事项及时协调解决(见表5-9)。

表5-9　　　　　　生态保护红线制度与类似制度的衔接关系

	与生态保护红线的关系	涉及的行政部门和权限
生态保护红线		由国家级的国土资源部门、林业部门、环保部门监管。开通了生态保护红线监管平台施行卫星航拍、监测、数据、互联网等技术手段的全面监管
基本生态控制线	基本生态控制线主要存在于城市空间中。制度强调基本生态功能优先,确保生态区域不降低、面积不减少,性质不改变。与生态保护红线目标一致。根据城镇对生态功能的影响,基于生态功能有限、生态环境系统性和完整性的原则,维护生态功能水准,不减少生态面积,不改变生态性质。对核心生态区的已有城镇建设有序退出,一般区内根据生态影响决定是否退出	由立法的市级行政部门负责确保城镇开发边界、永久基本农田、生态保护红线的安全
主体功能区	制度设计目标在于促进国土资源的环保和有效开发。主体功能区中的重点生态功能区范围更加宏观,注重国家尺度上的整体性,生态保护红线中的重点生态功能区在其基础上确定,但行政部门的协调度更高,在实践中具有更强的可操作性。因此,生态保护红线可以将宏观尺度的各重点生态功能区规划更好地落到实地,从而整体推动主体功能区规划的建设	主体功能区中的生态功能区主要涉及发展改革部门规划和国土部门执法。特定事项可和环保部门联合执法
自然保护地	自然保护地的绝大部分将纳入生态保护红线范围,两者将同步划定、调整、变更和管理	自然保护地主要由环境保护主管部门和国家文旅主管部门负责划定、执法
国家湿地公园	国家湿地公园与自然保护区、森林公园不得重叠或者交叉	林业部门负责管理国家湿地公园体系。征收、占用国家湿地公园土地的,由省级林业主管部门批准,报国家备案

[①] 姚岚、丁庆龙、俞振宁等:《生态保护红线研究评述及框架体系构建》,《中国土地科学》2019年第7期。

三 协调边界矛盾

还应当重视不同制度之间的矛盾，并对其进行协调缓和，使不同制度能够共同促进生态功能的实现。在不同制度存有矛盾的时候，生态保护红线要保证生态环境功能的系统和完整性，不降低生态功能，不减少保护面积，不改变区域性质。① 永久基本农田要保证适度合理的规模和稳定性，使得数量不减少，质量不下降。城市的开发边界要避让重要的生态功能区域，不占用或者少占用永久基本农田。当今，进入自然保护区核心保护区的永久性基本农田、村镇、厂矿都要逐渐有序退出。被划为自然保护区的一般管控区的，则可以根据对生态功能的影响决定是否退出，其中有明显影响的逐步退出，没有明显影响的，可以依法采取适当调整管控区范围等措施进行协调。② 在调整过程中退出的永久性基本农田应当在县级行政区域内同时补充，县级行政区域内不能补充的，则要在市一级进行补充。

四 整合监督管理力量

生态环境监督是包含社会方方面面内容的一项系统工程。如果缺乏对监督管理的总体规划、整体设计和宏观组织领导势必出现"九龙治水"、政出多门、多头管理等现象。在多种制度共同治理生态环境保护问题时，应当秉持环境部门进行整体监督，各部门各司其职的原则。现实之中环境保护部门和水利、林草农牧等部门在行政级别上相同，彼此不隶属，难以实现协调管理。在需要跨省执法的情况下，环境保护部门又面临执法队伍能力不足、执法主体人数不足、合作能力不强、职务分配不明确、跨地区环境联合执法的法律基础不牢固等问题。在未来，可以考虑整合针对生态环境保护的相关管理和监督行政职能。从法律层面明确生态环境保护部门的责任和权力权限，提高实际执法的可操作性。在行政体制上，则要加快建立资源环境类的综合执法机构，增强队伍力量，明确业务责任。强大的

---

① 祁巧玲：《山水林田湖草生态保护修复 需统筹"人"的要素——专访国家山水林田湖草生态保护修复工程专家组成员、国家生态保护红线划定专家委员会首席专家高吉喜》，《中国生态文明》2019 年第 1 期。

② 乔海曙、刘佩芝：《改革开放四十年生态建设的理论与实践》，《湖南社会科学》2018 年第 5 期。

执法队伍对国家公园实施最严格的保护与管控，建立起地区间的行政合作联席会议机制，解决棘手的生态环境保护问题，不断推动部门间的环境生态保护务实合作。

第六章　生态保护红线管理机构与管理策略

划定并严守生态保护红线，是我国生态文明体制建设的一项重要任务，也是扭转生态环境恶化趋势、维护国家生态安全、促进可持续发展的一项战略举措。党的十九大以后，经济高质量发展与生态环境保护上升至国家战略，由"生态保护红线、永久基本农田、城镇开发边界"三条控制线共同组成的"三线"成为引导经济高质量发展和建设美丽城乡中国的引航线、控制无序建设和开发的约束线以及禁止生态功能恶性退化的底线。2017年年初，中共中央办公厅、国务院办公厅印发了《关于划定并严守生态保护红线的若干意见》，明确提出要实现"一条红线管控生态空间"，逐步建立"生态保护红线制度"，"确保生态保护红线生态功能不降低、面积不减少、性质不改变"。划定并严守生态保护红线，划定是基础，管理是关键。生态保护红线能否落地、实施、守得住，关键在于制定、完善管理策略。该意见明确要求，"强化生态保护红线刚性约束，形成一整套生态保护红线管控和激励措施"。2021年《生物多样性公约》第十五次缔约方大会在昆明召开，大会对中国生态环境工作予以肯定和赞扬，生态保护红线制度作为中国应对环境危机的一剂"良方"得到国际社会的广泛认可，并将其认定为具有高度可行性的中国方案之一。就国内而言，加快生态保护红线划定工作进程，抓紧制定生态保护红线配套的管理措施，并上升至法律法规层面迫在眉睫，只有将其制度化、规范化才能切实发挥生态保护红线在我国国土空间规划中的底线作用。

第一节　生态保护红线管理机构与管理要求

一　生态保护红线的管理机构

根据自然资源部《生态保护红线管理办法（试行）（征求意见

稿)》和《关于划定并严守生态保护红线的若干意见》的规定,地方各级人民政府是生态保护红线划定、监督和管理的主体,负责将生态保护红线落地,制定保护和监测方案,开展日常监管,定期公布生态保护红线信息,并将生态保护红线纳入国民经济和社会发展规划、土地利用总体规划和城乡规划。生态环境部(原环境保护部)联合国家发展和改革委员会、工业和信息化部、财政部、自然资源部、住房城乡建设部、水利部、农业部、林业局、气象局、能源局、海洋局等部门建立生态保护红线划定和管理工作协调组,负责组织、指导和协调划定生态保护红线、拟定生态保护红线管理政策、监督管理生态保护红线区等。各部门的具体职责如下:

由生态环境部(原环境保护部)牵头,会同国家发展和改革委员会、自然资源部等多个部门共同制定了生态保护红线划定指南,要求以生态保护红线划定工作为轴心,建好监管平台、建立监测体系、完善信息发布机制,落实生态保护红线划定和制度运行与管理主体责任。通过各主管部门的通力配合,最终形成"天—空—地"三位一体的立体化生态环境质量监测网络体系,进而对生态保护红线区域进行最严的实时化、动态化监测。同时,各单位可根据生态环境及经济与民生发展需要直接获取监测数据,全面掌握生态破坏行为的区域、动机以及特征,最终形成一套由生态保护红线划定数据为基础的监管和预测数据库。地方层面,各省级行政区应根据中央一级的机构架构,设置相应的地方监管平台和系统并形成一整套工作专班,并注重生态保护红线工作专班与国家监管平台和地方其他常规行政部门的融合互通。

生态环境部内设立自然生态保护司指导协调和监督生态保护修复工作,拟订和组织实施生态保护修复法律、法规、政策、行业标准等制度体系。生态保护红线监管处作为生态环境部自然生态保护司的内设部门,负责国家生态状况的调查评估及保护和修复、生态保护红线的监管工作。秉持科学民主和专业的原则,生态环境部还会同国务院其他部门成立了生态保护红线专家委员会。其具体职责如下:一是负责审议、修订由生态环境部等多部门共同起草的生态保护红线划定方案与划定指南;二是确保方案与指南符合国土空间规划体系,生态保护红线划定工作与现有规划体系不出现冲突;三是已划定的生态保护红线有修订需求时,组织专家委员会对地方上交的修订方案予以生态、经济、技术等多方面的审查。

国家发展和改革委员会在生态保护红线的划定和生态保护制度的落实与运行中负责对区域内生态空间进行用途管制，并组织制定符合区域内生态环境要求的人口和产业发展规划，协调经济高质量发展与生态环境保护的冲突和矛盾。

工业和信息化部将充分发挥科技优势，为红线划定、环境监测、动态监管提供可靠的技术支持，同时积极引导区域内高污染、高耗能企业的转型升级，为其提供技术支撑。

财政部作为资金的管理与支付部门，将会同生态环境部和其他具有项目支出需求的部门共同制定科学有效的预算方案、监督预算执行效果，并负责根据各地区不同特征与地方沟通协商跨区域生态补偿标准。

自然资源部作为生态保护红线制度管理的重要部门，在实际操作中主要负责生态保护红线划定与国土空间规划体系相契合，避免与其他主体性规划产生冲突，影响制度执行效率和生态环境保护效果。另外，国家公园制度作为我国生态环境保护制度体系的重要组成部分，将国家公园建设与生态保护红线制度有效结合也是自然资源部的重要职责之一。

水利部将会同有关部门制定生态保护红线区域内水资源保护与管理制度和水土保持监督管理制度，对红线区内的水资源、水域岸线、水土流失、水利水电建设项目等进行监测、保护和监督管理。

农业农村部的主要职责包括协调农业生产与生态保护红线划定的矛盾与冲突，农业生产用地往往包括草原、水生保护区、水种保护区、农用地、湿地、滩涂等多种具有生态保护功能特征的用地。农业农村部则需要在确保民生农业稳定发展的前提下，对上述具有保护功能性质的农业用地进行科学监测和保护管理。

国家林业和草原局则主要负责生态保护红线内林地、湿地、沙区植被、物种的保护和建设，以及监测、评估、监督、管理和信息发布的工作。

中国气象局主要负责监测红线区域内的气象灾害，并根据灾害特征及时预警、制定符合区域内环境保护需求的减灾、防灾方案，充分发挥区域内预测和预警职能。

国家能源局主要负责协调生态保护红线区域内能源开发、经营和生态保护之间的冲突，一是需要根据生态保护红线的划定要求，强制停止部分地区的能源开发；二是在环境得到保护的前提下，允许部分能源开发与利用主体进行保护性开发，兼顾经济利益和环境保护利益。

国家海洋局主要负责生态保护红线制度涉及海洋水体、海岸、海底、海空区域的划定和管理工作，通过建立海洋环境监测系统，指导涉海保护区的管理工作。

二 生态保护红线管理的目标要求与原则

（一）生态保护红线管理的目标

《关于在国土空间规划中统筹划定落实三条控制线的指导意见》及《生态保护红线管理办法（征求意见稿）》两份文件对生态保护目标做了详细阐述。文件将生态保护红线的目标划分为主要目标、协调目标、兼容目标共三类。主要目标包括支持和协调、协调目标包括供给和文化、兼容目标则指国家战略。以三类目标为导向，将生态保护红线的管控内容划分为"原则上禁止人为活动"和"正面清单管控模式"两级管控。根据文件要求，第一类为完全禁止任何形式的开发、经营等人为活动，适用于重要生态保护功能区、生态敏感/脆弱区。在实践发展中若存在必须开发的情况时，需由市级主管部门向省级主管部门申请生态保护红线划定范围修订，并组织专家委员会商议、讨论是否具备调整条件、评价调整可行性并对调整工作的生态成本、经济成本和技术成本进行评估和预算，完成申请和讨论工作后则可依据调整方案调整生态保护红线并对调整区域进行有限开发。"正面清单管控模式"则采用清单管理方式，在生态保护红线划定之初即配套生成允许有限开发方案，开发方案允许的人为活动在有特定需求时报上级主管部门批准后即可进行。管控强度方面则主要以管控目标和管控内容为依据，最终解释权归生态环境部所有。建立生态保护红线制度，划定是基础，严守是关键。"十三五"规划纲要明确提出了生态保护红线管控目标要求，强调生态功能不降低、保护面积不减少、用地性质不改变。深刻理解并把握"三不"的准确内涵，是严守生态保护红线的前提。

1. 生态功能不降低

"功能不降低"的实际目的是保护、恢复、提升重要生态功能区的生态功能，提高生态产品供给能力，服务生态环境保护、建设美丽中国的国家战略。在生态保护红线划定，是以生态功能的重要性来评估、识别、划定空间范围，在严守生态保护红线的过程中，同样要将生态功能的状况及其动态变化作为衡量保护效果的主要目标，通过建立生态保护红线监测系统和数据库，在生态保护红线划定的基础上进一步衍生出生态产品供给线、人地和谐共存线以及生物种类保障线。生态产品供给线主要服务于生态保护的观点、理念及文化建设；人地和谐共存线主要用于指导生态脆弱区人与自然的和谐关系如何构建；生物种类保障线则是为区域内生物多样性的维系提供技术支持。[①]

2. 保护面积不减少

"面积不减少"是严守生态保护红线的底线要求，基本上明确了国土空间规划体系中的土地利用总体规划应让步于生态保护红线的划定。但是不开发不等于不发展，对于生态保护红线区域居民的生存权、发展权应该予以切实保护，在建设和开发方式合理、发展程度可控的情况下，可以在生态保护红线内进行有限的人为活动。通常情况下，应严格遵守土地利用总体规划，不扩大规模、不增加用地强度，在规划允许的范围内进行拆旧建新活动。具体来看，依据城乡空间转置的规律，只有新的城镇化和工业化活动进入生态保护红线领域时，才会涉及生态保护红线区域占用和调整的问题。因此，"面积不减少"的内涵就是生态保护红线内城镇化、工业化占用的面积不能增加。

3. 性质不改变

"性质不改变"的内涵是保护性质不改变，是严守生态保护红线的管控方向。从用地性质看，有两方面内涵，一方面是允许低生态功能的用地类型向高生态功能的用地转变，比如允许条件合适地区的草地向林地转变；另一方面是对于正面清单允许进入的开发建设活动。针对有限开发，应确保生态保护红线建设用地比例不增加，这就要求符合正面清单的建设活动进入生态保护红线区域内时，需要通过建设用地腾退、置换等方式，确保生态保护红线内的建设用地总量不增加，从而保证生态保护红线的保护性质不改变。所以，应鼓励并支持有利于生态功能提升的用地变更，比如南方湿润地区的农田、草地向森林转变，对于可能造成生态功能下降的用地转变，则要按照严格的程序和标准，进行变更和转换。

（二）生态保护红线管理的原则

生态保护红线作为"三区三线"的重要组成部分，划定后则应给予

---

① 高吉喜：《探索我国生态保护红线划定与监管》，《生物多样性》2015年第23期。

完善的管理配套管理措施，使生态保护红线真正做到严守、严控，具体管理原则如下：

1. 生态保护与生态修复并重原则

过去 40 余年，中国创造了经济发展奇迹，但不可否认的是快速的经济发展使生态环境遭到了严重的破坏，环境危机、生态危机愈演愈烈，生物多样性、人居环境等多项监测指标严重告急，开展全域型生态保护工作迫在眉睫。党的十八大以来，国家将生态环境保护提升至国家战略层面，力图实现生态环境保护与经济高质量发展双赢，生态保护红线制度在此背景下应运而生，承担着生态环境保护的重要职能。作为国家环境保护和生态安全保护制度体系的重要组成部分，其首要目的是保护重要的生态功能区、敏感区和脆弱区。坚持生态优先、环境优先，通过制度支撑保障基本生态功能区"零开发，全保护"，保障经济生态区"有限开发、尽量保护"，最终实现生态保护总目标。

我国幅员辽阔，生态环境特征空间分异明显，生态保护需求呈现多元化、生态破坏程度分散化，同时我国作为全世界体量最大的发展中国家存在着极其旺盛的经济发展需求。考虑到上述因素，在全国范围内采取"一刀切"式的禁止开发与零人为活动是不现实、不科学的，生态保护红线制度创立的管理要求除生态保护外还包括更广泛的生态修复。具体而言，应当以生态环境保护和生态安全保护为核心，在确保生态功能不受破坏的前提下，针对各地区进行保障性质的生态修复工程，更充分地服务于生物多样性建设与人居环境提升。[①] 生态保护红线管理坚持生态保护优先，也应当强调与生态修复并重，以生态系统的稳定和生物多样性维护为基本法则。[②] 从具体操作层面而言，首先应根据长期的数据监测与统计，对生态系统现状予以科学评估，根据现状良好程度，划分不同的生态管制区域并制定相应的管理措施，充分发挥制度优势。生态功能保持较好的区域，应将自然恢复作为首要选择；生态环境和生态系统已经出现明显退化特征且不具备自然恢复条件时，应根据相关政策、法律、法规以及执行标准采取人工辅助恢复，避免出现进一步的生态功能退化，待具备自然恢复

---

① 邹长新等：《论生态保护红线的类型划分与管控》，《生物多样性》2015 年第 23 期。
② 吴贤静：《环境法学研究的方法论选择》，《学术研究》2017 年第 4 期。

能力时应第一时间转为自然恢复,避免对生态功能区进行过多的人为干预。①

2. "一线一策"原则

"一线一策"原则充分显示了生态保护红线在划定与管理中遵循"因地制宜"的特征。根据不同地区、不同类型区、不同等级区的生态产品供给能力和生态功能区现状维系水平制定不同的管理措施。分类管理、弹性管理的措施可以较好地缓解地区发展与生态保护之间的矛盾,对符合相关要求的地区实现建设用地应供即供,不影响正常开发与建设。对不同状况的生态红线实施不同的管理手段和目标,例如对自然景观丰富的生态红线区进行管理,应当考虑环境保护、空间协调和景观维护等多种要素;对于资源丰富的生态红线,应当考虑资源开发的可持续与区域资源开发承载力的问题;对于生物多样性丰富的生态红线区域,管理目标主要是维护生物多样性以及对人类的生态价值。② 生态保护红线所划定的自然与生态保护区域并不是独立的个体单位,而是由诸多不同生态功能和不同环境要素的区域共同组成的完整生态系统。小一些的生态系统内部更为一致,而较大的生态系统存在更多的分异。③ 生态系统的空间等级体系特征,是生态红线分级分类管控的基础。

3. 部门协调与公众参与原则

由生态保护红线所划定的区域与我国其他主体功能规划区域类似,其管控对象并非由单一个体组成,生态环境、农林牧渔业以及建设建筑等独立系统均为区域内管控对象。据此,参与生态保护红线划定与执行和管理的部门并非单一部门,而是由生态环境主管部门牵头组成,成立生态保护红线专设机构、打破横向行政部门多部门协同管理壁垒和纵向上下级之间的信息不对称。首先,就政府自身行政而言,应切实落实国家环境保护战略、提升行政效率、保证行政效果。其次,通过由上至下的管理体制创新,能够更好地发挥公众参与机制和市场机制的作用,进一步提升生态环

---

① 许妍等:《渤海生态红线划定的指标体系与技术方法研究》,《海洋通报》2013 年第 8 期。

② 曾江宁等:《中国海洋生态保护制度的转型发展——从海洋保护区走向海洋生态红线区》,《生态学报》2016 年第 1 期。

③ [英]杰拉尔德·G. 马腾:《人类生态学——可持续发展的基本概念》,顾朝林等译,商务印书馆 2012 年版,第 68 页。

境领域公共决策的科学民主性。市场化的机制必然要求更多的第三方机构参与土壤环境风险评估，同时也是公众参与形式之一。[①] 最后，充分吸纳不同主体参与到生态保护红线制度的管理和实施过程中去，不仅有利于促进生态环境领域治理体系与治理能力现代化，而且能够对地方政府的行为予以多重监督，促使决策部门落实决策主体责任，将环境保护议题置于核心地位。除此以外，社会和公众在参与过程中能够对生态保护红线制度有更清晰、更全面的认识，增加公众的了解程度能够有效缓解行政部门后期执行与管理工作中的社会压力。在这个意义上，公众参与对于政府决策的实施具有显见的功能价值。[②] 生态红线管理过程中的公众参与也能够帮助公众更好地接受政府生态红线方面的行政决策。

第二节 生态保护红线管理的政策框架

《关于划定并严守生态保护红线的若干意见》按照"事前严防、事中严管、事后奖惩"的全过程管理方式，明确了严守生态保护红线的管理措施框架，是建立生态保护红线管理政策的基本遵循和主要依据。

一 事前严防

一是在生态保护红线划定过程中，结合自然资源资产确权登记，建立生态保护红线台账系统，全面摸清生态保护红线状况和人为活动情况，并以此为基础，编制、实施中长期生态保护红线保护规划，为各地实际操作层面的红线管理工作明确管理目标、管理思路和任务要求。并研究制定提升不同类型生态保护红线生态功能的有效途径，使实际管理工作者有序可循。二是应通过法律法规确立生态保护红线的优先地位，不能将生态保护红线管理的定位只停留在部门（行业）管理层面，应进一步在相关法规中明确红线的优先地位。强化各级政府的底线思维，将生态保护红线划进各级、各类管理部门的行政纲领，在管理体制中牢固树立生态保护红线对于政府综合决策、空间规划编制、国土空间用途管制、项目审批的重要基

[①] 吴贤静：《土壤环境风险评估的法理重述与制度改良》，《法学评论》2017年第4期。

[②] MilenaI Neshkova and Hai (David) Guo, "Public Participationand Organizational Performance: Evidence from StateAgencies", *Journal of Public Administration research and Theory*, 2022, p. 267.

础作用。三是建立生态保护红线正向准入清单制度，根据区域内生态环境保护需求订立允许开发建设的项目和允许人类活动的范围，除清单外的任何不利于生态环境保护和生态功能维系的行为一律禁止。

二 事中严管

事中严管是指在生态保护红线管理过程中，加强监测和管理执法，及时发现问题、从严解决问题。实现事中严管，一是要加快建立生态保护红线信息化监测平台，各地应以生态环境保护需求为导向，根据实际需求来建设本地的监管体系，并在现有监测点的基础上查缺补漏，进一步完善监测网络，构建"空—天—地"三位一体的监测体系。利用信息化监测平台对生态保护红线区域进行科学、准确的监测，具体监测内容则包括生态功能恢复进度以及是否存在人为破坏情况等，根据全天候、全区域的准确监测实现生态保护红线区域的动态管理。二是应大力加强对现有监测点和监测平台的维护，"养兵千日，用兵一时"，加强平台维护，确保在有需要时能第一时间提供准确有力的监测数据，为决策科学化、行政依法化奠定基础。三是加强执法监督，建立常态化执法机制，定期开展执法督查，依法处罚违规违法行为，切实做到有案必查、违法必究。四是开展保护修复，逐步推进生态移民，有序推动人口适度集中安置，降低人类活动强度，减小生态压力。

三 事后奖惩并重

建立以激励为导向的事后奖惩机制是促进主体责任落实、形成激励动机的关键因素。中央通过转移支付和税收减免等激励方法激励地方高质量完成生态环境保护工作，同时通过对主要负责人的绩效考核和该地区保护成效的效果考核激励地方将工作落到实处。处罚机制则应详细区分责任主体的政治、行政、民事或刑事责任。要逐步建立差异化的生态保护红线评估方法，并纳入生态文明建设目标评价考核体系、领导干部生态环境损害责任追究等管理制度，对那些不顾生态环境盲目决策、造成严重后果的人严厉问责。通过完善相关法律法规，依法依规，严格追究破坏生态保护红线行为和个人的民事或刑事责任。

第三节 关于生态保护红线管理的多维度审视

在我国，自从国家提出生态保护红线战略以来，许多学者也开展针对生态保护红线管理方面的研究。

一 建立综合管控体系视角

王金南等（2014）从构建生态文明体系，加快生态文明建设出发，提出由"质量—总量—风险—生态"四维环境红线体系构成的底线思维。① 姚佳等（2014）认为生态保护红线综合管控体系应包括自然环境、人居环境、动植物资源丰富程度。② 杨永宏等（2016）以流域补偿为分析对象，认为人为综合管控体系应以制度为基点，着力完善奖惩制度体系、补偿制度体系、动态管理体系，有力地将生态环境保护与依法行政相结合，压缩制度中的弹性空间。③ 李双建等（2016）则以海洋生态保护红线的制度设计，认为海洋生态保护红线制度的实施与其他空间性质的生态保护地类似，重点仍然为加快建立监测监管体系、对主要负责人和区域保护成果实行绩效考核、引入社会主体参与生态治理行动。④ 张箫等（2017）认为提升生态保护效率应注重问题导向，针对问题进行渐进式的制度革新，通过对问题的逐一突破实现生态系统的整体有效保护。⑤ 饶胜等（2017）则从国家战略的制定角度出发，着眼于顶层设计，认为生态环境保护作为国家战略之一，在具体操作中各地也应将生态保护红线制度置于地方工作的优先地位。⑥ 高吉喜等（2017）从法律、监察和行政角度分别阐述了法院、检察院、政府在生态保护红线制度体系中应当如何发挥作用。⑦

二 差异化管控视角

李力等（2014）从生态保护实践出发，认为应当根据实际需要进行差异化的制度创新，创新内容包括打破区域管制壁垒、建立区域间生态补

---

① 王金南等：《构建国家环境红线管理制度框架体系》，《环境保护》2014 年第 2 期。
② 姚佳等：《我国生态保护红线三维制度体系探索——以宁德市为例》，《生态学报》2014 年第 12 期。
③ 杨永宏等：《云南省生态保护红线划定与管理思考》，《环境保护》2016 年第 8 期。
④ 李双建等：《海洋生态保护红线制度框架设计研究》，《海洋环境科学》2016 年第 2 期。
⑤ 张箫等：《生态保护红线管理政策框架及建议》，《环境保护》2017 年第 23 期。
⑥ 饶胜等：《生态保护红线优先地位从确立到落实需要几步？》，《中国生态文明》2017 年第 1 期。
⑦ 高吉喜等：《构建严格的生态保护红线管控制度体系》，《中国环境管理》2017 年第 1 期。

偿机制。① 柴慧霞等（2015）根据生态保护红线制度的性质，对管控对象实行分等定级式管控，具体可根据空间性质、经济发展潜力、生态功能潜力进行区别管控，并提出差异化管理的前提是要保障保护效果。② 邹长新等（2015）认为应根据不同功能区确定生态保护红线的具体类型，应该区分陆地功能区、海洋功能区、生态敏感/脆弱区。③ 肖永琳（2016）和张凌云（2019）以山东渤海地区和香格里拉地区为研究对象，重点论述了旅游景点区域生态保护红线政策的实施框架，认为景点区域的管控与普通红线区域在生态补偿、生态功能界定等方面应存在差异性。④⑤ 刘晓宇等（2018）则重点关注生态产品供给质量，通过研究分析影响生态产品质量的因素，制定差异化的生态保护红线政策进而服务于生态产品高效供给。⑥ 张书杰等（2022）将人类活动视为影响生态保护红线制度稳定性的首要因素，其认为应针对不同特征的人类活动设计差异化的红线管理政策并促进生态保护工作稳定推进。⑦ 殷小勇等（2020）则认为应以生态保护红线监测数据为基础，通过县级行政区基本单元的划分，建立生态保护红线台账，逐级纳入国家生态保护红线监管平台。⑧

三 区域管控视角

张惠远等（2017）认为生态红线制度体系的制定和落实应秉持自上而下的原则，以领域内顶层设计为蓝图，统筹生态保护规划与国土空间规划体系相协调。⑨ 邓伟等（2018）着眼于具体经济区域，认为长江经济带

---

① 李力等：《生态保护红线制度建设的理论和实践》，《生态经济》2014年第8期。
② 柴慧霞等：《关于生态保护红线管理政策的思考》，《环境保护科学》2015年第6期。
③ 邹长新等：《论生态保护红线的类型划分与管控》，《生物多样性》2015年第6期。
④ 肖永琳：《基于生态红线的山东渤海地区旅游开发研究》，硕士研究生学位论文，山东师范大学，2016年，第22页。
⑤ 张凌云：《基于生态保护红线的香格里拉地区旅游转型问题探究》，《2019中国城市规划年会论文集》2019年。
⑥ 刘晓宇等：《生态保护红线区跨区域生态补偿支付意愿的影响因素研究——以北京市为例》，《环境与发展》2018年第6期。
⑦ 张书杰等：《管控视角下生态空间与生态保护红线关系研究》，《生物多样性》2022年第4期。
⑧ 殷小勇等：《生态保护红线评估调整与管控策略研究》，《中国土地》2020年第9期。
⑨ 张惠远等：《生态保护红线构建路径思考》，《环境保护》2017年第23期。

等战略经济区不仅承担着国家经济发展职能，还应不断通过技术引入提升区域内经济发展水平，保护生态环境，坚持生态保护与经济发展两条腿走路。① 在立法模式方面，徐祥民等（2019）生态保护红线立法体系的完善宜选择基本法与专门法并举的立法模式，在现有的环境保护法作出原则性规定的基础上制定生态保护红线专项行政法。② 余文昌（2018）认为落实生态保护红线制度应根据区域间特点协同不同部门协同推进，共同担责，可通过职责分工进行角色认领，将责任逐一分解，从制度层面建立可持续管控机制。③ 王宝等（2019）认为针对特定生态保护区可维系先前生态保护体制，其研究以祁连山为例，认为祁连山地区的生态环境保护工作多年来取得较多成果，为社会广泛认同。针对此类区域可仅在监测监管方面与现有生态保护红线制度相融合，具体制度设计可维系不变，进而降低制度变更成本。④ 张高生等（2019）着眼于省域生态保护红线制度运行过程中的问题，认为职能部门针对工作人员的绩效缺失具体的考评机制，应及时建立评价和考核制度。⑤ 胡涛等（2022）结合林长、湖长、河长等制度，提出"生态长"观点，建议各地"生态长"由地方主政官员兼任，"副生态长"则由主管生态环境与自然资源部门的地方行政长官副职兼任，逐级落实主体责任，实现区域内的治理有效。⑥

此外，其他学者也从不同视角提出相应观点，李天威等（2014）认为进行生态管控需要在生态资产量化的基础上，完善政府生态监管制度、建立生态补偿机制、实行生态审计考核和追责制度。⑦ 范小杉等

---

① 邓伟等：《构建长江经济带生态保护红线监管体系的设想》，《环境影响评价》2018年第6期。

② 徐祥民等：《最低限度环境利益与生态红线制度的完善》，《学习与探索》2019年第3期。

③ 余文昌：《湖北省生态保护红线与生态空间管治研究》，硕士研究生学位论文，华中师范大学，2018年，第36页。

④ 王宝等：《关于确保甘肃省祁连山生态保护红线落地并严守的科技支撑建议》，《中国沙漠》2019年第1期。

⑤ 张高生等：《山东省生态保护红线的管控对策及建议》，《环境科学与管理》2019年第2期。

⑥ 胡涛等：《生态保护红线与保护地重叠特征及协同管控研究——以浙江省为例》，《环境污染与防治》2022年第44期。

⑦ 李天威等：《我国新型城镇化生态保护红线管控探析》，《环境影响评价》2014年第7期。

(2014)认为在生态保护红线管控中绩效考核非常必要,并从绩效考核主体、客体、考核内容与考核方法方面提出了生态保护红线绩效考核框架及技术方案。① 王桥等(2017)从监测评估角度,提出基于国家治理理念的政府主导和公众参与的生态保护红线监管业务化运行体系的构建思路,包括基于"天—空—地"一体化监测技术体系,基于台账的监测评估体系以及基于国家治理理念的生态保护红线业务化运行体系三部分。② 范小杉等(2018)从生态安全角度,提出基于环境治理技术的生态恢复措施及风险防范方案与生态监管制度。③ 王社坤等(2019)从法律视角,指出当前生态保护红线立法存在效力层级低,守住"红线"的关键在于建立健全法律制度保障体系。④

综上所述,目前学术界针对生态保护红线管控的相关研究主要从建立综合管控体系视角、差异化管控视角、区域管控视角三个维度进行,并以大量不同案例为基础提出了有针对性的建议。但现有研究多从技术角度展开,以完善监测监管平台、建立数据化网络为出发点,借助技术应用虽能优化行政效率提升生态环境保护效果,但容易局限生态保护红线的制度内涵。需要进一步提升对现有制度框架内生问题的挖掘并着眼于管理理论的创新,从理论角度丰富生态保护红线制度的内涵从而更好地指导实践工作。

第四节 生态保护红线跨部门协同管理

一 生态保护红线跨部门协同管理的原因

(一)部门导向的环境管理体制不利于管理生态保护红线

长期以来,我国政府各职能部门的设立是以公共事务的类别区分为导向的,导致人为分割了生态环境系统,继而在实际管理中出现水资源由水

---

① 范小杉等:《生态保护红线管控绩效考核技术方案及制度保障研究》,《中国环境管理》2014年第4期。
② 王桥等:《国家生态保护红线监管业务体系的构建思路》,《环境保护》2017年第23期。
③ 范小杉等:《基于生态安全问题的生态保护红线管控方案》,《中国环境科学》2018年第12期。
④ 王社坤等:《生态保护红线的立法保障:问题与路径》,《吉首大学学报》(社会科学版)2019年第5期。

行政主管部门管理，动植物、森林由林业行政主管部门管理，污染防治由环境保护行政主管部门管理，土地资源由国土行政主管部门管理，湿地和生物多样性归属林业行政主管部门管理；能源由能源管理部门负责管理，这种不同行政部门之间分割开来各自为政的管理模式不利于对生态保护红线的严格保护和高效管理。

（二）协同管理契合生态保护红线区域生态系统整体性的要求

生态环境作为一个整体，系统内部除包括不同性质的空间区域还包括众多资源要素，分割管理虽然能够最大限度做到精细化管制，但也人为地分割了要素之间的联系。2018年国务院机构进行改革，不再保留国土资源部和环境保护部，成立自然资源部和生态环境部，对两部门的职责进行重新划分，打破过去"各司其职、各行其是"的局面，由之前的分割管理转变部门内部的相互协作，更加契合自然资源保护和生态环境保护的整体性要求。

（三）生态保护红线管理部门协同不足

总体而言，各地在具体政策的设计和执行的实践中并不能多部门共同推进，仅根据自身部门性质和行政需要制定生态保护红线的具体制度。一是制度体系内部容易产生矛盾和冲突，针对具体区域的管理难以做到面面俱到，基层单位在执行中难免会受到多方面的限制选择取舍，这样就容易产生较大的制度弹性空间进而出现寻租现象；二是基层单位不堪重负，虽然上级部门机构设置完整，管制制度设立科学性较高，但是到基层执行部门后容易出现"上面千条线，下面一根针"的情况，由于人财物资源的不足，在生态环境领域基层行政部门压力空前，进而容易影响行政积极性；三是保护成效大打折扣，生态保护红线作为"三区三线"的组成部分，其应服务于"城镇空间、农业空间、生态空间"三类国土空间，使整体效益最大化，但目前在具体实施中"区"和"线"之间并不能相互协调。

二　生态保护红线跨部门协同管理的实现途径

探索生态保护红线跨部门协同管理的途径，首先应该识别参与生态保护红线管理的主体。生态保护红线管理的主体有中央政府、地方政府和公民。根据生态保护红线管理的参与主体，可将其协同形式划分为三种：一是不同层级政府之间的纵向协同,二是同一级地方政府之间或同一政府内的不同部门之间的协作,三是政府内的部门与公民之间的协作。

(一)优化中央与地方政府的关系,实现生态保护红线央地协同管理

实现中央与地方有效合作有两个基本要素,一是中央政府通过权威性的塑造使地方政府感知到强制性的存在,二是通过激励手段鼓励地方政府发挥自主能动性,在"强制—激励"模型下围绕生态保护红线的制度制定与管理开展合作,进而优化央地关系,实现对生态环境的有效保护。

1. 加强生态保护红线管理的法律制度建设

中央政府部门要加强生态保护红线管理的法律制度建设,强化中央政府的权威。生态保护红线划定之后,相应地就要抓紧制定和出台生态保护红线管理的法律法规,筑牢生态保护红线管理的法制框架,以体现生态保护红线的严格性、权威性和法律强制性。我国环境形势十分严峻,为了更好地推进生态保护红线工作,2014年《环境保护法》首次将生态保护红线写入法律,但是目前仅作为原则性条文,仍待在国家立法层面出台更加专门、细化生态保护红线管控制度,明确监督、管理的程序及相关民事、行政、刑事法律责任,确定其规范效力及实施路径。[①] 由自然资源部颁布的《生态保护红线管理办法(试行)(征求意见稿)》为生态保护红线的实践工作提供了法规支撑。但从该政策文本的具体内容来看,此文件存在形式意义大于实际意义的问题,在事务工作中发挥指导性作用的范围有限。例如针对红线的划定、调整和管控的具体程序并没有给出具体意见,监管部分的阐述也并没有针对不对主体的特征进行权利与责任的划定。由此可见,部门规章并不能很好地指导实践工作,需要更为具体的法律条款或行政法规的出台才能有针对性地解决具体问题,例如《生态保护红线管理条例》的出台和《环境保护法》的修订。《生态保护红线管理条例》可以在《生态保护红线管理办法(试行)(征求意见稿)》的基础上,进一步详细如何划定生态保护红线,具体调整的标准,列明基本原则、规定调整的范围、主体及相应职责、监管制度、明确责任等,保障生态保护红线的实施。同时,应在其他环保单行法中确立生态保护红线制度,例如

---

① 陈海嵩:《"生态保护红线"的规范效力与法治化路径——解释论与立法论的双重展开》,《现代法学》2014年第4期。

《水法》《森林法》等相关法律。生态保护红线应当在这些法律中得以明确，这样才能保证在环保基本法和单行法的统一下实行生态保护红线制度。具体来看，目前只有海南省是经省人大常委会通过的地方性法规，湖北、江西等地的生态保护红线管理办法均为省人民政府通过，甚至有相当多的省份目前并没有出台针对生态保护红线的省级管理办法。地方政府应加快制定流程，有条件的地区应经由地方人大常委会上升至法规地位，为生态保护红线制度的落实提供法律保障。①

2. 完善生态保护红线调整制度

根据生态保护红线动态平衡性的特征，生态保护红线在划定之后应当定期进行科学调整是必要的，这关系到前一阶段区域内生态保护工作开展情况的评估工作以及诸多国计民生问题。下面则从生态保护红线调整的适应情形、执行主体和变更程序三个方面对此部分制度进行了阐述。

适应情形方面主要分为三类，第一类情形为出现重大规划、政策、工程和项目需求时，可由相关部门申请调整，并报省级以上人民政府进行审批；第二类情形为各类划入生态红线的保护地（如国家级自然保护区）出现调整时，应当根据相应法律法规要求报省级以上人民政府批准后，由同级环境保护部门确认并对生态保护红线作出相应调整；第三类情形为在生态环境部在 5 年期（或其他固定期限）定期评估时，根据评估结果作出调整方案。地方政府可以根据法律规定细分生态保护红线的调整情形，但不得超越法律的规定范围。对重大建设项目要进行环境影响评价工作，生态保护红线监管部门应对重大建设项目进行审核。2022 年 8 月，自然资源部、生态环境部、国家林业和草原局联合印发《关于加强生态保护红线管理的通知（试行）》（以下简称《通知》）对调整情形进行了更为详细的说明。《通知》指出，生态保护红线对应"三区线"中的生态空间，是国土空间规划中的重要管控边界之一，保障红线区域内的生态环境安全、限制无序的人为活动是必要的。具体而言，生态保护红线内，自然保护地核心保护区外，允许对生态功能不造成破坏的有限人为活动存在。针对"有限人为活动"在实践工作中一直存在较大争议，而此次由三部委联合印发的通知针对"有限人为活动"作出了具体说明，总计归纳为十个关键词：日常活动（管护巡护、保护执法、测绘导航、防灾减

---

① 解沁：《我国生态保护红线制度研究》，硕生学位论文，苏州大学，2019 年，第 21 页。

灾救灾、军事国防、疫情防控等）、原住民权益保障（允许在不扩大现有用地规模和用地强度的前提下，开展种植、放牧、捕捞、养殖经营性等活动和民用设施修筑活动）、考古（允许开展依法批准的考古调查活动）、林地（允许对商品林进行抚育采伐且允许处于以环境保护为目的的树种更新活动）、旅游（允许开展不造成破坏行为的适度参观和科普宣教活动）、线性基础设施（允许县级以上国土空间规划的线性基础设施的施工）、地矿（允许进行必要的地质调查与矿产资源勘查开采）、生态修复（允许县级以上国土空间规划和生态保护修复专项规划开展的生态修复活动）、国界管理（允许在法律法规范围内开展边界边境通视道清理以及界务工程的修建、维护和拆除工作）、法律法规规定（允许开展法律法规规定内的其他人为活动）。

执行主体方面，生态保护红线具有系统性、复杂性和强制规范性的特点，因此构建完善的生态保护红线调整制度，首先必须立法确定生态红线调整主体，应根据不同工作内容进行职能分工，从法律层面规定具体执行主体，明确规划部门、管理部门和监管部门。其次，生态保护红线的调整事由必须法定，以不减损整体生态服务功能为原则，[①] 在法规中统一关于生态保护红线调整事由的规定，使调整行为有法可依。变更程序方面与依法确立执行主体类似，生态保护红线的调整也必须具备法定的程序，一是生态保护红线有变更需求时间应主动向规划部门提出申请，不得擅自变更；二是规划部门在收到变更需求后应及时报市政府，由相应部门召集专家委员会成员进行商议论证；三是如若涉及公共利益问题，市政府应告知变更需求方，由其组织听证会和论证会对补偿协议进行商定；四是达成协议后应报送省生态环境厅进行报备，并由生态环境厅委托市生态环境局对地方的变更程序进行监管，并督促其在监测监管系统中及时进行数据修改。

3. 改革干部和部门的政绩考核评价体系

生态保护红线的战略性及权威性必须依靠绿色政绩考核制度来引导和保障。过去地方主政官员将经济发展作为政绩考核唯一标准的现象比比皆是，这种粗放式发展观念造成了大量的铺张浪费行为和严重的生态环境破

[①] 秦天宝：《以法律坚守"美丽中国"底线——论环境法视域下生态保护红线如何落地》，《环境保护》2021年第19期。

坏行为。2015年环境保护部（现生态环境部）正式颁布《党政领导干部生态环境损害责任追究办法（试行）》（以下简称《办法》），明确指出对地方政府牺牲生态环境利益而发展粗略型经济的行为进行严肃追责，规定环境保护应做到党政同责。该项制度创新是环保领域在领导干部考核机制中的一项重大突破，引导地方官员和地方政府重视生态环境保护，促使地方经济发展转型升级。[①] 将生态环境保护主体责任和生态保护红线制度的落实情况作为地方党政官员考核的主要内容之一，反向激励地方政府落实保护责任、严格执行相关规章制度。对于不顾环境保护要求继续大肆进行资源开采和粗放建设、反向发展的官员采取一票否决和终身追责制，对于部分严重情形应交由司法机关处置并对其追究刑事责任。从具体考核办法看，应多方考核各种要素比如红线区域内生态效益多少、环境质量、资源消耗程度、修复与治理效果等环保指标，对政府工作政绩进行综合评价，切忌"一刀切"行为;[②] 除按要求严格执行考核制外，还应就生态保护红线的系统工作建立评价体系，通过多元社会主体的参与，共同订立评价体系，形成透明、相互监督的工作局面。

4. 建立健全责任追究制度

生态保护红线的权威性必须依靠责任追究制度来保障。通过制度设计，形成一整套应对事前、事中、事后的监管和奖惩制度，将职务责任、政治责任和法律责任都包含到体系之中。事前主要针对生态保护红线规划和划定工作，对于未按照要求如实划定生态保护红线的、未建立监测监管网络平台等行为进行严厉追责；事中责任主要包括制定并执行管理日常管理制度，根据监测数据实施相应应对措施，对于此阶段出现的不作为现象也是应重点打击，突出事中执行的重要性；事后责任主要体现为终身追责制度，通过档案管理方式，对目前在任的所有工作人员的相关行为进行完整的档案记录，调任、退休后若发现生态保护红线制度落实不彻底的情况仍对其追查到底。[③]

---

① 高美琴等:《建立促进经济发展方式转变绩效考核评价体系的建议》,《科学发展》2011年第3期。

② 卢爱国等:《完善党政领导干部能力考核评价机制的思考》,《湖南师范大学社会科学学报》2017年第6期。

③ 饶胜等:《划定生态保护红线创新生态系统管理》,《环境经济》2012年第6期。

（二）协调地方政府间和部门间的关系，实现生态保护红线管理的横向协同

同级地方政府和同一政府内的不同部门应当加强沟通，针对生态保护红线管理这一问题达成共识，有利于提高生态保护红线的管理效率，优化生态保护红线的管理效果。

1. 同级地方政府间应加强关于跨行政区域生态保护红线管理的交流

由生态系统的整体性特征衍生出生态系统的跨区域性特征，海域、林域、流域等都是生态系统跨区域的具体表现。区域内的生态系统是一个整体，但在行政区域划分的干预下，完整的生态系统往往由多个地区共同管辖。根据中国行政区划的特征，往往以山、林、湖等自然域作为行政区划的界线，而这些自然域往往又承担着重要的生态功能，同时也可能是生态脆弱/敏感区。所以，在具体管理实践中，若涉及跨省区域，应由省政府主导，联合各市、县生态环境部门进行跨区域的协作管理；若涉及跨市区域，可直接由省生态环境厅统筹协调，为避免市之间的矛盾冲突可根据"谁保护谁受益"的原则，将跨域部分通过区划转移的方式统一交由某一市管理；跨县区域的管理可参照跨市管理方式。对于多地共管的地区，可设立生态保护红线制度协作管理办公室共同规划、共同实施，统一审批、监管执行程序，提升协作行政效率，形成生态保护红线制度管理的长效机制。[①]

2. 同一政府中的各部门应该加强合作，形成生态保护红线整体管理机制

目前，我国环境管理制度是以部门为导向的，生态保护管理职能分散在各个部门中，部门之间常出现职能分割、相互推诿、职能不明晰等情况。[②] 基于环境管理工作性质和生态保护红线的制度要求，其整体性、延续性、贯穿性、跨区域性要求由生态环境部门牵头，联合其他相关部门共同制定协作管理机制，实现共同管理、共同担责，打破部门间的行政壁垒。[③] 从管理职权角度看，目前生态环境保护的职权分散在多个部门中，各部门可通过联席会议统一参与议事、联合办公、共同执法、严厉打击。

[①] 杨红艳：《基于区域生态保护红线划定分类的调整及管控策略分析》，《节能环保》2019年第2期。

[②] 师守祥：《国标〈旅游规划通则〉反思》，《地域研究与开发》2009年第1期。

[③] 饶胜等：《划定生态红线创新生态系统管理》，《环境经济》2012年第6期。

该制度不仅要让生态环境部门、自然资源部门、水利局等相关部门共同参与，还应当确保各部门之间信息资源共享。另外通过与银行、监察、公检法等部门的联合执法，能有效制止红线区内的破坏行为，制裁相应违法行为。①《湖北省生态保护红线管理办法（试行）》第五条就规定了生态保护红线监管的责任主体以及部门间协调机制，值得各地借鉴。

（三）拓宽公众参与渠道，实现生态保护红线管理的内外协同

生态保护红线的内外协同管理主体涉及政府主体与社会主体，政府主体在生态保护红线管理中居主导地位，在规范、约束社会主体在生态保护红线区域内的生产、生活行为的同时，还应该为社会主体参与生态保护红线管理提供渠道，完善公众参与法律法规，建立多元化公众参与平台。其意义在于，一是实现公众参与政治生活的权利，二是公众参与政治生活有利于加强公众对公共政策的理解，提升公众对生态保护红线制度的认可度。②将生态保护红线制度进行分解，具体包括事前制度、事中制度和事后制度，分别对应生态保护红线的划定、管理与执行和红线调整。每一部分都与公众利益息息相关，所以在政策制定过程中应充分听取社会主体的建议，将人民群众的基本利益和生态环境保护工作相结合。在部门规章方面，根据《生态保护红线管理办法（试行）（征求意见稿）》的规定，对生态环境保护工作和生态保护红线制度创立工作有突出贡献的个人或组织予以奖励，同时鼓励和倡导各行政部门在制度设计过程中做到从群众中来到群众中去。地方政府应明确公众参与决策活动的权利，针对生态保护红线制度而言，一是应制定详细的参与程序，使公众知晓具体的参与流程和方法；二是鼓励公众提出面临的问题，生态环境系统作为一个整体在保护政策落地的过程中不可避免会限制公众的活动范围和内容，通过倾听群众的问题，能够更加科学地划定红线、制定管理办法和补偿办法；三是就制度体系完善后的共同管理意愿与群众商议，鼓励群众参与到生态保护红线的具体管理中去，通过适当的权力下放调动群众的参与积极性。

当行政部门完成政策制定工作、划定生态保护红线后，政府应充分调

---

① 翁怡：《论生态保护红线制度体系的构建》，《赤峰学院学报》（汉文哲学社会科学版）2017年第10期。

② 周琳：《对我国自然保护区实行公共管理制度的探讨》，《中南林学院报》2004年第6期。

动内部力量和社会力量对生态保护线制度进行广泛宣传，宣传内容包括政策制定背景、政策内容和政策要求以及与群众利益直接相关的内容，做到最大范围的普及，避免日后在政策执行过程中出现单方面的政策误判情况。宣传形式应当尽可能丰富，做到线上、线下相结合，具体而言可根据受众的年龄和学历特征进行有针对的宣传和科普，需要着重注意的是在宣传过程中应以通俗易懂的语言对具体政策条款进行解释，确保群众能够正确理解不同条款的具体内涵。就意义层面上而言，一是有效弥补公共信息的滞后，政府作为政策制定主体，群众的参与范围和参与程度都是有限的，在政策颁布后若不在第一时间进行宣传讲解则会影响政策本身的效果，更严重的可能会出现政策认可度不高的情况，为避免上述情况进行有针对的宣传和普及是有必要的；二是宣传和普及工作能够保障公众知情权，使生态保护红线政策获得更多社会认同，有利于具体管理工作的开展；三是扩大知晓范围并加深理解程度能够促使群众参与到生态保护红线工作的监督中来，与政府一道严守生态保护红线。

第七章　生态保护红线区生态补偿制度

划定生态保护红线是加大生态保护力度的重要抓手之一，建立完善的生态补偿机制是推动生态保护红线政策落实的必要保障。按照《关于划定并严守生态保护红线的若干意见》，到2020年，在全国范围内实现对生态保护红线的划定、勘界和定标工作，生态保护红线体系初步确立，同时明确增加生态保护的相关补偿。生态保护红线是部分地区维护生态环境、维护地区生态安全的关键，但是，在生态保护红线范围之内的原住民和地方行政系统需要承受巨大的经济付出。生态保护红线区生态补偿制度通过受益者给予生态保护红线区保护者以物质或非物质形式的补偿，以此来调节生态保护红线区内生态利益和经济利益之间的不平衡状况，补偿恢复生态所带来的经济损失，激发人们对生态保护的热情。因此，构建并不断完善生态保护红线生态补偿制度具有重要意义，是生态保护红线属性不变、功能依旧、范围稳定的必要存在。

第一节　生态保护红线区生态补偿的范围及对象

对生态保护红线区进行生态补偿，首要应当明确补偿范围以及主体，必须对其进行清晰的界定，方能对相关法律关系进行清晰梳理，使得生态补偿工作有条不紊地开展。

一　生态保护红线区生态补偿的范围

我国的生态保护红线范围主要包括重要生态功能区和环境敏感脆弱区，比如水资源涵养保护区、自然保护区、重要湿地、遗迹保护区、森林公园等。不同类型的生态保护红线区域都对地区和国家的生态安全有着重要的贡献。作为生态保护红线制度的一个配套机制，生态保护红线区生态补偿范围如何科学确定是一个十分重要的问题。

（一）生态补偿概念对补偿范围的界定

一些学者在表述生态补偿概念时，其表述在不同程度上会涉及生态补偿的范围。从生态补偿的概念出发，有利于我们更好地界定生态保护红线区生态补偿的范围。

吕忠梅将"生态补偿"的概念从广义和狭义两个层面进行划分。狭义上的"补偿"包括对因人类活动所引起的生态损害、补偿、恢复、综合治理等一系列的行为。广义上的"补偿"也包含了对由于环保而失去发展机遇的地区人民提供的资金、技术、物质补偿、政策优待，并且增加针对加强民众环保意识和地方环保能力的费用支出。[①]

王金南等认为，在中国生态环境治理领域，生态补偿的内涵主要包含四个方面，其一，对生态环境的补偿；其二，关于生态补偿费的内涵：通过经济措施对生态环境损害的活动进行管制，将经济活动的外部成本内部化；其三，给予个人或地区生态环境的维护或丧失发展机遇的补偿；其四，在有重要生态意义的地区或目标上，进行重点地区或目标的保护。[②]

沈满洪等对"生态补偿"进行了界定，生态补偿以特定的政策措施将生态环境的外部性内部化，使利益主体付出代价；从制度上解决这一特定的生态产品"搭便车"的问题，从而激发其充分供给；实现生态投资者的合理收益，激发社会公众参与到生态环境保护中去的积极性。[③]

上述学者分别从法学、环境科学、经济学的角度对生态补偿的概念进行了阐述，结合上述学者们的观点，本书认为生态保护红线补偿是通过受益者给予生态保护红线区保护者以物质或非物质形式的补偿，以弥补保护者在生态环境建设中造成的经济损失，鼓励社会公众加入到生态保护中去，从而调节生态保护红线区内生态利益与经济利益失衡状态的一种制度。生态补偿制度是一种以生态资源的可持续利用为目标、以经济措施为主要途径，通过调整各有关主体的利益分配，促进生态资源与经济利益的合理科学配置，有利于维护和促进生态脆弱地区、重要生态功能区更多地承担保护生态责任，促进生态和环境保护，促进城乡间、群体间的公平性

[①] 吕忠梅：《超越与保守——可持续发展视野下的环境法创新》，法律出版社2003年版，第355页。

[②] 王金南、庄国泰：《生态补偿机制与政策设计》，中国环境科学出版社2006年版，第13页。

[③] 沈满洪、陆菁：《论生态保护补偿机制》，《浙江学刊》2004年第4期。

和社会的协调发展。

因此,从生态补偿的概念上分析,生态保护红线区域限制或禁止本地开发,为地区和国家的生态环境作出巨大贡献,在补偿范围上应该坚持"全要素、广覆盖"的原则,只要划定生态保护红线的区域都应进行补偿。另外,我国划定的生态保护红线可能会根据实际情况进行优化调整,因此,生态保护红线区生态补偿范围也应该随之进行优化调整。

(二) 我国关于生态保护红线补偿范围的法律规定

按照《环境保护法》《关于贯彻实施国家主体功能区环境政策的若干意见》的规定,对重点生态功能区、生态敏感地区、生态脆弱区等地的生态环境进行严格的保护,在此区域划定生态保护红线,以保证丰富的生态功能依然存在,重点区域不限缩,区域性质也相对稳定。同时,要推进实施生态保护补偿及监测考评制度。按照《中央对地方重点生态功能区转移支付办法》规定,重点生态功能区的转移支付包括三大领域:(1) 重点生态县域、生态功能重要地区、长江经济带地区以及巩固扩大脱贫攻坚成果与乡村振兴衔接地区。(2) 相关省管辖的全国禁止开发地区,禁止开发补助。(3) 引导型补助区域。是指南水北调工程有关区域(包括东部水源地、沿线部分区域、汉江中下游)等重点区域。

在地方立法层面上,各地对生态保护红线区生态补偿范围的规定有所不同。比如,《武汉市人民政府办公厅关于进一步规范基本生态控制线区域生态补偿的意见》明确提出,生态补偿范围是按照《武汉市全域生态框架保护规划》和《武汉都市发展区1:2000基本生态控制线落线规划》所确定的基本生态控制线范围。《南京市生态保护补偿办法》中,还将《南京市生态保护红线区域保护规划》所划定的生态红线区域划定为生态补偿范围。《苏州市生态补偿条例》《无锡市生态补偿条例》等地方立法采取的是分领域的补偿范围。从现行的地方立法来看,大部分地方生态保护红线区生态补偿范围确定的依据还是当地的生态保护红线规划,只要划定为生态保护红线区域都应该进行补偿。当然也有部分地区确立生态补偿范围时坚持总结实践、突出重点、量力而行的原则,根据实际情况确定补偿范围。

(三) 生态保护红线区补偿范围的发展趋势

1. 从单一领域到综合补偿的变化

我国生态保护各部门按照部门的职责,对森林、草原、湿地、海洋、耕地等生态区域进行了生态补偿。不同部门或环境要素生态补偿可能存在重叠或空缺的问题，对生态补偿的作用也会产生一定的影响。因此，"山水林田湖草沙是一个生命共同体"的理念随之提出。同时，为了统筹不同部门的生态补偿资金，实现生态补偿效益的最大化，以重点生态功能区、生态红线和国家公园为依托，构建综合性生态保护红线区域的生态补偿制度已成为当前社会关注的热点。综合性生态补偿更加强调生态区域的共同体特性，区域内的各种环境要素相互联系、彼此制约、相互影响，应当遵循整体性的原则，统筹协调，综合治理。

2. 从区内补偿到区际补偿

不管是生态保护的正外部性还是环境损害的负外部性，除了表现为区域内部的经济主体活动，也表现为不同区域之间的活动。仅针对区域内的生态补偿制度，很难有效地处理地区间的外部性问题。不同地区生态系统服务功能的差异性，将对区域内的经济布局产生一定的冲击，不利于区域的发展。为了更好地促进生态保护红线制度的实施，促进"绿水青山"生态价值的实现，应当从区内补偿拓展到区际补偿，不仅完善纵向生态补偿机制，将生态补偿制度的实施普及到重要生态功能区、禁止开发区和主要生态系统；还要完善横向生态补偿机制，使得流域上下游地区之间、受益地区与保护地区之间、开发地区与保护地区之间也进行生态补偿工作。

二 生态保护红线区生态补偿的对象

生态补偿是对由于担负着重要的生态保护区和其他生态环境的职责而造成的经济发展受限的相关单位或人员的一种补偿。在我国的生态红线补偿制度中，对补偿的对象进行了研究。通过确定受偿对象，可以使资金切实地投入给那些为环保作出了巨大牺牲的对象，进一步提升更多人群的环保意识，最终形成一个良性运行的生态补偿体系。

（一）生态保护红线区生态补偿的责任主体与原则

生态保护红线区生态的补偿制度需要对各重要生态区的不同主体进行补偿，以平衡生态和经济效益，尤其应当注重公平价值的适用，在生态补偿工作中应当遵循一定的原则。

其一，权责统一，依法进行合理补偿。落实"谁开发谁保护，谁受益谁赔偿"原则。依法公平、合理地确定开发者、受益者的权利和责任，促进受益者依法付费、保护者依法得到适当赔偿的生态补偿制度有序运行。

其二，政府主导和公众参与并重。充分发挥政府在生态保护中的领导地位，健全配套法律法规、创新管理体制、丰富补偿途径、鼓励公民积极参与，通过经济和法律等多种手段完善生态保护红线区生态补偿制度。

其三，客观公正，生态至上。在生态保护红线区域内，客观公正地充分考察当地生态状况、敏感程度、经济发展水平等因素，制定科学合理的生态补偿标准。

其四，奖惩结合，强化约束。以提升生态环境的品质为目标，对生态保护红线区域内的不同主体进行相应的奖励和惩罚，激发责任主体承担起环保责任。

按照"谁开发谁保护、谁受益谁补偿"这一原则，可以得知补偿主体是环境受益者或相关义务承担者。这里所指的"受益"，可能是由于对环境和资源的过度开发对生态系统造成了破坏，或者因其从环境与资源中获得了更多的好处。在这种情况下，相关主体便有责任，采取一定的方式去回报生态系统中的其他利益受损主体，或者是对生态环境造成的损失进行赔偿。补偿主体通过对生态保护红线区域内为环保作出了巨大贡献的主体进行弥补，使得保护对象的环保积极性得到保持。

（二）生态保护红线区生态补偿的受偿对象

生态补偿是激励生态保护红线区群众主动适应人为活动的限制政策，是实现生态保护红线区人与自然和谐共生的有效政策工具。[①] 建立健全完善的生态补偿制度，明确具体的受偿对象非常重要。按照经济学原则可知，如果相关主体在保护生态环境上付出的努力并未得到合理的回报，将不利于生态保护的可持续进行，不但会削弱相关主体维护环境安全意识，甚至可能会造成自然环境的破坏和自然资源的滥用。

我国幅员辽阔，地大物博，生态保护红线区域所占面积较大，生态环境问题比较复杂，相应的生态补偿制度中的受偿对象的规定也有待细化完善。在国外生态补偿的受偿主体的规定中，美国的规定具有一定的参考价值，其生态补偿受偿者涵盖了多种不同的利益相关者，既有利益损失者是

---

① 丘水林、靳乐山：《资本禀赋对生态保护红线区农户人为活动限制受偿意愿的影响》，《中国人口·资源与环境》2022年第1期。

受偿者,也有环保贡献者能够通过政府减税或补贴等政策实现受偿。同时,美国政府在生态补偿中的角色具有双面性,既是应当进行生态补偿的主体,又是环保的贡献方,所以有时需要作为责任主体承担生态补偿资金,有时则可以作为受偿主体获得相应的补偿,而国家获得的补偿资金则继续投入生态环境的保护中。

《关于开展生态补偿试点工作的指导意见》中指出:"生态保护的受益者有责任向生态保护者支付适当的补偿费用。"受益者应当进行经济赔偿的对象主要分为两类:第一类对象是由于环境保护或资源开发等原因,为了防止环境恶化而作出一定牺牲,从而合法权益受到损害的主体。第二类对象是积极地采取某种措施,以维护环境和资源安全,从而产生附加的生态服务作用和增值。因此,作为自然资源所有者的国家和集体应当予以补偿。可以得知,生态保护红线补偿中的受偿者不仅包括权益损害方,还有通过多种方式进行生态保护的相关主体。具体来说,实践中主要分为以下几类:

1. 生态环境的建设者、保护者

生态环境建设者为生态保护红线区森林营造培育、自然保护区和水源区保护、流域上游水土保持、水源涵养等环境修复与还原活动作出了贡献。在一些生态环境脆弱区域,如荒漠化、盐渍化这些环境问题的治理更将花费巨大的成本。这些生态环境的建设者、保护者对地区和国家环境保护和生态安全作出了巨大贡献,按照生态补偿的理念,必须对生态保护红线区的生态环境建设者和保护者所付出的劳力和成本进行补偿。

2. 生态保护红线区内的政府与居民

我国在部分区域划分出若干条生态保护红线区。通过严格控制地区开发,来保证生态系统的正常运行。生态保护红线区域的环境保护政策制约了区域内的经济发展,相应地大大减少了地方政府的税收。此外,由于产业发展受到限制,区域内民众的工作岗位和收入水准也随之下降,居住品质和治安稳定都受到了不利影响。所以,为了维持本地区的生态环境,使得产业发展和资源开发迟滞、自身经济权益受损的政府与居民,都应当属于生态保护红线区域内的受偿主体。

3. 新型环保技术的研发和使用者

正如习近平总书记所说的"绿水青山就是金山银山",生态保护红线区域要重视生态保护，发展生态经济。现今我国更加重视环境保护技术的科研及应用，以绿色发展的思想代替牺牲环境发展经济的经济范式。参与环保技术研发与使用的主体，为环保事业的发展作出了积极的努力，付出了大量的时间、精力以及金钱。同时，使用新型环保技术的企业，则意味着不再使用熟悉而成本低廉的旧技术，反而在新环保技术使用上付出巨大的财力和时间，以经济利益的降低作为环保发展的代价，推动了新型环保技术的推广，也促进了国家的环保工作开展。所以，对生态保护红线区域作出贡献的新型环保技术的研发和使用者也应该进行补偿。

（三）关于生态保护红线区生态补偿对象的相关规定

目前我国各地根据实际情况对生态保护红线区生态补偿对象规定有所不同。有些地方认为生态补偿的本质是让因保护生态环境、经济发展受到限制的责任主体得到经济补偿，与扶贫帮困、发展农业生产、对农民补贴等专项资金的政策取向有明显差异。从目前来看，乡镇人民政府、街道办事处和其他派出机构、村（居）民委员会和集体经济组织成员是对生态保护最直接和最主要的责任单位。例如，《武汉市生态控制线区域补偿意见》明确将生态保护红线区生态补偿对象列举为：各区人民政府、街道办事处（乡镇人民政府）、村（居）民委员会、集体经济组织成员及其他组织。

《广东省生态保护区财政补偿转移支付办法》第三条和第七条规定，生态保护红线区的补偿对象为划定生态保护红线区（珠三角地区及已享受生态发展区转移支付政策的县除外）的31个县。《南京市生态保护补偿办法》中并没有明确规定补偿对象，而是在第九条中规定："根据各行政区生态保护红线区域类型、面积、级别以及区财政保障能力等因素，对生态补偿相关数据进行了全面的测算。补偿经费将主要用于生态保护红线范围的环境保护和生态修复。"由此可知，南京市生态保护红线区生态补偿的受偿者主要是负责生态保护和生态修复的主体。

在各地生态保护红线区生态补偿工作中，补偿者可以直接向受补偿者提供补偿，但更多地因空间阻隔、时间限制，将由地方政府等补偿机构进行间接赔偿。在此背景下，为生态补偿提供资金、实物等并未直接发放给生态保护红线区域内的个人、企业或组织，需要对生态保护红线区生态补偿的具体情况进行及时监督，确保补偿落实到位，使受偿对象能够真正意义上获得补偿。

第二节 生态保护红线区补偿项目的资金来源与补偿方式

生态保护红线补偿主要是以物质或非物质形式的补偿，从而调节生态保护红线区内生态利益与经济利益失衡的状态。资金来源和补偿方式将会直接影响补偿活动从筹集环节到使用环节能否顺畅运行。

一 生态保护红线区补偿的资金来源

生态保护红线区的生态服务功能具有明显的正外部性，必须建立完善的生态保护红线区补偿资金制度，由生态保护红线区保护的"受益者"向生态环境建设的"受损者"进行经济补偿，实现生态保护红线区生态保护外部效应的内部化。从目前的实践情况来看，国家和地方的财政转移支付、受益主体和保护主体的横向生态补偿、市场及社会补偿等是开展生态保护红线区生态补偿最主要的资金来源渠道。

（一）纵向财政转移支付

生态转移支付是一种将环保指数列入国家资源重新配置的一种财政手段，目的是补偿地区之间的生态利益不均衡。[①] 生态转移支付在促进区域经济平衡发展和保护生态环境方面发挥着积极的作用。特别是在欠发达国家中，可以更好地利用资源配置来促进政府和其他社会主体参与环境治理工作，共同进行生态环境保护。

我国中央对地方政府进行生态转移支付，要求地方政府承担两个责任：首先是完成环保工作任务；其次是公共财政均等化。生态转移支付可划分成一般性转移支付和专项转移支付。国家设置一般性转移支付，保证地方政府满足生态保护红线区必要的生态公共产品供应。

对于生态资源的分配，只有当边际收益与边际成本相同时，才可以实现最佳供应数量，同时产生最大的社会收益。生态环境是一种公共产品，生态利益可以向不同领域扩散，对整个国家的发展具有积极影响。若不能对保护环境的地方政府进行补偿，将不利于其环保积极性的发挥，容易造成地方政府重经济利益轻环保发展的情况。所以，生态保护红线区补偿转

---

① 朱红琼：《基于生态补偿的财政研究》，经济科学出版社2016年版，第61页。

移支付制度就是通过对划定为生态保护红线区的价值损失进行弥补，以确保在一定程度上实现生态公共产品最优化的供给。纵向的财政转移制度可以设立生态保护红线专项资金，对为环保作出贡献的主体给予适当补偿，同时推动当地绿色经济可持续发展。

我国从中央财政着手，将转移支付功能陆续划分给各个重要的生态功能区。比如2018年《中央对地方国家重点生态功能区转移支付办法》将长江经济带沿线省市和"三区三州"等严重贫困区域纳入了资金扶持的范畴。在确定长江地区的重点补贴标准时，按照生态保护红线、森林面积、人口等因素进行计算。近年来，中央财政陆续增加对各重要生态功能区的转移支付投入，从2008年的60亿元到2022年达到982.04亿元，大幅度地提高了重点生态功能地区的经济发展状况和生态环境保护水平。

中央按比例将财政转移支付的资金拨付给地方政府，由各地政府依据当地实际状况，依据《中央对地方国家重点生态功能区转移支付办法》，对资金进行统一调度。如《广东省生态保护区财政补偿转移支付办法》规定转移支付资金来源为中央财政下达的重点生态功能区转移支付资金和省财政预算安排用于生态保护补偿的一般性转移支付资金，用于《关于构建"一核一带一区"区域发展新格局促进全省区域协调发展的意见》《广东省生态保护红线划定方案》以及《广东省主体功能区规划》确定的区域。安徽省《2019年重点生态功能区转移支付办法》针对安徽省实际情况，将转移支付范围分为七类：国家重点功能区转移支付、省级重点生态功能区转移支付、淮河中游湿地洪水调蓄重要区转移支付、皖江湿地洪水调蓄重要区转移支付、国家级禁止开发区转移支付、长江（安徽）经济带转移支付、生态护林员补助和其他因素，并分类制定了具体的分配公式。

生态保护红线区的财政转移政策在某种程度上能够对因环保工作造成经济损失的地方政府给予补偿，鼓励其改善基础设施和社会保障，从而对生态保护红线的建设起到积极的推动作用。目前在我国，生态保护红线区补偿最主要的资金来源，则是政府间的纵向财政转移支付。

（二）横向生态补偿

推动地区间建立横向生态补偿制度是我国加快推进生态文明建设的重要举措。在国家政策方面，2013年《中共中央关于全面深化改革若干重大问题的决定》明确指出，"推动地区间建立横向生态补偿制度"。2015

年《关于加快推进生态文明建设的意见》明确了区域与区域之间的横向生态补偿机制的要求；《生态文明体制改革总体方案》提出了建立"横向生态环境保护补偿制度"的目标。2016年《关于健全生态保护补偿机制的意见》指出，"要完善对重点生态功能区的生态补偿机制，推动地区间建立流域横向生态补偿制度，在典型流域开展横向生态补偿试点"。

根据国家关于生态保护红线区的具体划分，限制以及禁止开发区具有经济发展的劣势，难以开展更多有利于经济提升的产业，更多的成本用于维护生态环境安全保护中，生态效益趋大化而经济效益受到影响，属于生态输出区。与此相对应的是，在国家并未限制发展的一些区域，比如重点开发区，可以通过强大的经济优势获取限制与禁止开发区供给的生态产品，经济效益趋大化，属于生态消费区。流域、城市群或一体化区域（例如京津冀、长江经济带）是一个整体性、关联性极强的地区，如果生态消费区和生态输出区能够进行社会经济和生态环境的合理综合利用，将经济优势和资源优势得到充分发挥，凭借生态产品优势与经济发展优势进行公平交易，则有利于双方取长补短，均衡发展，取得最大的生态及经济效益。构建完善的横向生态补偿制度，主要有两大问题需要解决：其一，应当通过"横向"对"纵向"的生态补偿存在的缺陷进行弥补，国家的生态财政转移支付毕竟需要支撑全国的各地区，难以对每一个区域的生态发展都实现完全补偿，因此，横向生态补偿将对此进行弥补；其二，生态保护红线区的地方政府、个人以及企业为遵守国家相关法律政策，保护当地生态环境，以牺牲经济发展的代价换取了生态环境的安全保护，其中存在发展机会损失等不易计算的应当进行补偿的，也可以采用横向生态补偿的方式进行弥补。当然，横向生态补偿需要严格遵循相关要求，主要要求有两点：其一，具有明确的补偿者；其二，具有明确的受偿者。唯有生态补偿的两个重要主体清晰明确，横向生态补偿工作才能顺利开展。在横向生态补偿的实际运行中，不仅仅包括单一的资金补偿方式，主要由相关主体按照规定进行商议，采取多种补偿方式进行补偿，比如产权交易。总之，生态输出区和生态消费区必须严格按照公平交易、合作互惠、共同发展的原则进行横向生态补偿工作的开展，比如生态消费区可以对生态输出区进行金钱上的补贴，或提供就业岗位、提供技术支持等措施，带动其经济在不违反环保政策的前提下得到发展。

在我国现行的生态补偿制度中，以政府间纵向的财政转移支付为主体,在实践中发挥着更多的作用,而横向生态补偿制度则并未得到普遍的应用,有待继续完善具体规定,并进行实践中的推广。生态补偿制度的完善,绝非政府一方的付出即能得到成效,必须各方主体共同参与其中,协同合作,共同努力,积极构建纵向与横向并进的生态补偿制度。

(三) 市场化的生态补偿

《环境保护法》第31条规定:"国家指导受益地区和生态保护地区人民政府通过协商或者按照市场规则进行生态补偿。"2016年《关于健全生态保护补偿机制的意见》中,国务院提出要探索生态环境损害赔偿、生态产品市场交易和生态保护补偿协调发展的新体制。党的十九大报告明确要求"建立市场化、多元化的生态补偿机制"。2018年年底,自然资源部、国家发改委等部门联合印发《建立市场化、多元化生态保护补偿机制行动计划》,提出了推进我国市场化、多元化生态保护补偿机制的时间表和路线图。当前,我国的生态保护红线补偿制度得到了社会的广泛关注,但由于缺乏市场化运作、社会各主体参与度不足等原因,尚存在较大的发展余地。

生态建设和生态服务的成果是一种生态产品,它具有生态价值,且在长远来看具有潜在的社会和经济价值。因此,生态建设和生态服务可以商品化,其供给也可以市场化。市场化的生态补偿强调构建以市场为基础的产权交易模式,为各主体提供公平交易的机会,双方进行公平的协商,生态产品提供者获取购买者的补偿,生态产品购买者通过付出一定的代价取得心仪的生态产品。其中交易的生态产品主要包括环境资源或者生态服务,比如排污权交易、水权交易等。若补偿者和受偿者就生态产品及补偿方式达成合意,则可以在不违反法律强制性规定的前提下,进行自由的市场交易,践行市场化的生态补偿。但需要注意的是,生态市场应当受到配额的限制,尤其是在排污权交易的领域,双方的市场化交易受到配额的严格限制,以防止部分排污单位过度排污,造成生态环境的破坏。

而在常规的生态产品市场化交易中,除了个人、企业等主体,政府也是重要的参与角色之一。政府参与市场化生态补偿主要是以"发展绿色经济"为目的,比如购买生态修复等项目,通过市场化的定价方式、平等的商谈与公平交易,向其他主体购买生态产品。生态产品提供者负责生态产品的供给,而政府作为购买者向生态产品提供者按照市场价格进行补偿购买。通过代表公权力的政府的参与,市场化的生态补偿将更加具有保障，也会吸引更多主体参与到市场化生态补偿中去，促进生态效益向经济效益的转变。

（四）企业和社会组织多方参与

社会补偿是指国际国内各种非政府组织、企业和个人对环境效益贡献地区提供的捐赠与援助，其方式通常有：非政府组织参与型补偿、社会及私人捐助、社区参与生态补偿等。

(1) 非政府组织参与型补偿。随着各国对环境保护的重视日益加强，各方主体也逐渐参与到环保工作之中，当然也包括生态补偿的工作，比如非政府组织在环保方面的地位便不断提高，其影响力也与日俱增，为保障生态补偿工作的顺利开展，非政府组织也相应地参与组织了生态补偿活动的开展。非政府组织补偿不拘泥于单一的资金补偿方式，而是倡导通过多种形式进行补偿，比如实物、技术、资源等形式；同时呼吁加强补偿者与受偿者的沟通，鼓励通过平等协商来实现生态补偿的公平交易。

(2) 社会和私人捐助。社会和私人捐助是由环保观念较强的团体和个体，以提供实物或金钱等方式进行的一种生态补偿形式。受制于公民环保意识的发展程度，以及相关政策和组织的发展，目前该种生态补偿方式在我国所占比例较小；相比之下，由于部分国家环保意识经过多年的发展强化，相关法律制度比较完善，以及多个环保组织的发展壮大，所以该种生态补偿方式在国外更加常见，比如世界自然保护联盟（IUCN），其进行环保工作的资金，主要来源于公众的捐助。

(3) 社区参与生态补偿。社区由社区居民组成，我国的基层社区的治理体制属于社区自治型，社区居民对社区事务依法自我管理。当生态保护红线区内的社区所占有的生态资源并非私有财产时，社区作为基层自治组织，可以行使自我管理的权力，带领社区居民参与到生态补偿中，也可以依法参与到市场化的生态补偿活动中，进行平等的交易。在以社区为单位参加的生态补偿活动中，更易调动居民的参与度，使得生态补偿制度切实在生活中落实。尤其是在生态保护红线区内的社区，由居民平等地参与到生态环境的保护活动以及生态利益的合理分配中，使人们能够更加主动地投入到生态保护和生态经济的发展中去。

综上所述，本书认为，生态保护红线区补偿的资金筹集渠道主要是由政府纵向财政转移支付、横向生态补偿、市场交易机制和社会补偿四部分构成，多种方式并行，并不冲突，而是相互作用，共同助力生态补偿制度的落实。并在此基础上形成了生态保护红线区补偿的多种机制。政府、市场和社会各有特点,均发挥了不同程度的作用。其中,首先应当以政府作用为主导力量,起到生态补偿总体规划和制度统领的作用;其次以市场为载体,充分发挥市场的资源分配作用,实现对生态保护红线区内生态资源的合理配置;同时,将社会补偿作为重要方式,使更多民众可以通过多种方式加入到生态补偿中。多样化的资金筹集方式为生态补偿提供了更安全、更稳定的资金来源,有利于保障我国生态保护红线区补偿制度的平稳运行和进一步发展。

二 生态保护红线区补偿方式

生态保护红线区补偿方式是指在生态保护红线区内,作为责任主体的补偿者对受偿者进行补偿的方式。我国目前的生态补偿方式,逐渐趋向于多元化,正如党的十九大提出建立以市场化、多元化为目标的生态补偿制度。生态补偿的"多元化"要求补偿方式向多样化、有针对性的差异化方向发展,不能局限于单一的补偿方式,也不能以同种补偿方式适用所有主体。而是应当具体问题具体分析,根据生态保护红线区内的现实状况制定多样化的补偿方式,允许相关主体根据自身情况自由选择适用。补偿方式的多元化,能极大地提升了生态保护红线区生态补偿制度的适用空间,可以吸引更多主体参与到生态补偿中来。

(一) 生态保护红线区补偿的基础类型

补偿方式纷繁多样,变化多端,层出不穷,根据补偿方式性质的不同,可归纳成五种基础类型:政策补偿、资金补偿、项目补偿以及技术补偿和实物补偿。

1. 政策补偿

政策补偿的主体是政府,为弥补生态保护红线区内的下级政府为保护环境而作出的经济上的贡献及牺牲,上级政府会给予其政策上的优惠,助力其生态保护工作和经济发展。政策补偿通过对作出贡献和牺牲的地方政府进行弥补,鼓励其继续为当地环保工作进行投入,根本目的是保护生态保护红线区的生态环境。通过政策的生态补偿,有效地弥补了地方政府资金的缺失,增强了地方政府的生态自治能力,从而有利于实现区域经济的良性发展,有利于生态保护红线区补偿工作的良性循环。我国目前的政策补偿也逐渐从单一的上级政府主导型向区域间的自由磋商转变,比如市场化生态补偿交易的探索实践，更强调了生态补偿主体的作用，相比于政府主导型补偿存在其独特的作用。

2. 资金补偿

资金补偿主要指货币补偿，也即生态保护红线区内的生态补偿责任主体向受偿者支付货币，以补偿其在环保工作中权益受损的一种生态补偿方式。资金补偿方式是最常见、最迫切、最急需的补偿方式。生态保护红线区内的权益受损者，受到的侵害多是经济上的损失，比如具体物质和金钱的损失、工作机会的丧失、生活水平的限制等，因此，通过资金进行补偿也是最契合、最合理、最科学、最受欢迎的补偿方式。由于生态补偿工作主要是由政府进行主导的，所以我国的生态补偿工作中的资金补偿也主要来自国家财政；同时，也包括生态补偿中部分主体的出资，比如"受益者"和"开发者"，二者在环境中获得了经济利益，理应对权益受害者进行资金补偿。通过对国内外资金补偿方式的一些总结，可以得知我国的资金补偿最依靠的是政府的财政支持，并未充分利用各种不同的社会力量，应当借鉴一些较为成熟的国外资金补偿经验，逐渐扩大补偿资金的来源，减轻政府财政压力，充分发挥社会资金的力量，从而保障生态补偿工作的平稳运行。

3. 项目补偿

项目补偿是指国家对因环保工作使得生态保护红线区内民众权益受损而进行新项目的规划和建设的一种补偿方式。以期通过新项目的建设保护当地生态环境，同时带动当地经济发展，增加当地民众就业，提升当地民众生活水平。首先，生态保护红线区内的项目补偿前提是建设有利于生态环境保护的项目，首要目的仍然是保障生态环境安全，所以项目补偿首要的是促进当地生态环境的保护，甚至有些项目专属于环保项目。其次，在项目的建设中，需要大量的人力，可以带动当地居民的就业，增加居民收入；当项目建设完成后，需要劳动力进行生产工作，也将持续促进当地居民的就业，提升生活水平。比如当生态保护红线区内的部分土地用途依据要求应当进行更改，需要将居民的耕地、牧地转化为其他生态用地，此时部分民众的生活方式产生了变化，失去了工作和收入，而政府则可以通过新项目的规划，招揽此部分民众加入到项目建设中，使其实现重新就业，获得更高的收入，提升生活水平，同时新项目的建设也带动了当地的经济发展，为环保事业的发展提供进一步保障。

4. 技术补偿

技术补偿指责任主体补偿者在生态保护红线区内，对权益受损者的受偿者进行科学技术的宣传、推广以及培训，以期能为其带来经济发展的活力，促进生态保护红线区的经济发展，改善受偿者的生活水平。比如邀请专家对当地居民进行一些环保科技应用的宣传以及就业知识的培训，或者将新型环保技术引入当地，助力当地绿色经济的发展。由于生态保护红线区内需要严格开展环保工作，部分经济发展受到了限制甚至是禁止，也影响了当地居民错失了许多潜在的就业机会，同时使该区域的科学技术发展较为缓慢，相应地经济领域的发展也会随之更加迟滞。因此，技术补偿的存在即是弥补了此种不利，补偿者将先进的生产技术和知识传授给当地民众，是一种授之以渔的补偿方式，既有利于带动当地的经济发展水平，也可提升当地居民的就业率，推动居民生活水平的提升。从而更有利于实现生态保护红线区内绿色经济的可持续发展，是一种生态补偿制度运行的良性循环。

5. 实物补偿

实物补偿是指在生态保护红线区内，补偿者通过有别于金钱的具体物质等实物实现对受偿者的补偿，对其受损的经济利益进行有效的弥补。实物补偿多为促进居民生产生活、提升生活水平和经济发展的补偿，对于受偿者是一种更为有效的补偿方式。如果以资金的方式进行补偿，受偿对象可能将资金进行储蓄，而农用机械、良种、肥料等物资能够满足受偿对象日常生活需要，又能拉动消费需求，从而促进经济的发展。

生态保护红线区可以通过上述五种基础补偿类型组合派生出多种不同的补偿方式，从而实现多元化的生态补偿。

（二）"输血型""造血型"生态补偿协调发展

依据补偿者对受偿者补偿方式的作用方式与效果的不同，可以将生态补偿方式分为两种：一为直接补偿，即"输血型补偿"；二为间接补偿，即"造血型补偿"。

对生态保护红线区的直接补偿主要包括实物补偿和资金补偿。比如政府纵向的财政支付转移政策，或者开发者对受偿者进行的货币支付的补偿方式。在直接补偿中占主导地位的是政府，政府财政资金的充盈与否，将对生态保护红线区内的生态补偿运行产生极大的影响。同时，直接补偿应当遵循程序上的规范性，尤其是政府的财政转移支付，要充分考虑生态保护红线区内的环保工作开展状况、相关主体权益受侵害程度、当地经济发展状况等因素,给予合理的资金额度,然后必须自上而下地进行层层审批,最终到达地方政府,将资金用于生态保护工作的开展以及对受偿者的补偿中。

生态保护红线区的间接补偿主要包括政策补偿、项目补偿以及技术补偿。间接补偿属于"造血型补偿",顾名思义,该种补偿方式不同于一次性给予资金或实物的补偿方式,而是倾向于生态保护红线补偿区的可持续发展。间接补偿强调赋予受偿者进行自我发展的能力,比如在技术补偿中,受偿者可以掌握新的技能,增大获得工作岗位的机会;在项目补偿中,政府通过新项目的建设,受偿者可以获得新的就业岗位,以自身劳动取得更多的收入;在政策补偿中,政府以及各方主体将响应优惠政策,充分发挥主观能动性,投入到生态保护工作中去,促进生态补偿工作的良性平稳运行。

从补偿效果上来看,直接补偿在短期内更容易受到受偿者的欢迎,间接补偿则在长久的时间维度中使受偿者获得更多收益。直接补偿可以直接给予受偿者"看得见、摸得着"的实物或资金补偿,使其在短期内拥有获得大额补偿的喜悦感,也确实是进行了足额甚至超额的经济补偿,受偿者已经从生态补偿中充分获利,不能再进行二次补偿。但是,首先,这种直接补偿的特性导致了实际上部分受偿者并未完全实现由于"发展权"受损害而应当获得的补偿,地理位置的差异性以及受偿主体的个体特性等因素都决定了发展权是难以在短期内通过金钱或实物来衡量的。其次,当生态保护红线区内的受偿主体权益受到侵害时,多表现为生产方式的被迫改变,受偿者很可能会失去工作,比如退耕还林项目的开展,使得农民失去耕地,成为失业人群中的一员,此时单一的资金补偿只能在一时对其进行弥补,但无法支撑其持续性取得经济收入,对于经年累月从事农业活动且定居于此的农民来讲,这是破坏性的打击。同时,直接补偿中最重要补偿方式"政策补偿"受到政府财政资金的限制,生态保护红线区地方政府的环保活动依靠财政资金的支持,为环保工作作出贡献的主体依靠获得财政资金的奖励,在环保工作中权益受损的主体依靠财政资金获得补偿,在此种生态补偿方式中缺少了地方政府及个体的自我发展积累,如果财政资金不足以支持生态补偿工作的开展,那么当地的生态补偿工作将陷入瘫痪境地,各环保主体的积极性也将大打折扣。

相应地，间接补偿在某种程度上弥补了直接补偿存在的缺陷，"造血"功能意味着间接补偿重视当地绿色经济的可持续发展以及受偿者个体经济的持续发展，通过培养就业技术、建设环保项目、提供就业机会等方式，使受偿者可以通过自身努力取得源源不断的经济收入，真正弥补了环保工作开展导致的机会成本损失。生态补偿制度客观上具有一定环境保护和扶贫之双赢效果，应优化或创设更加公平、合理、长效的法律机制以确保生态补偿由单一的环保目标向扶贫与环保双重目标的递进。[①] 因此，造血型补偿目前越来越受到关注，其中调整产业布局和产业结构、对口协作、园区合作式补偿是比较典型的造血型补偿方式。

1. 调整产业布局和产业结构

国家在生态保护红线区内以保护生态环境为首要前提，结合当地的生态环境具体状况、优势环境资源、劳动力现状、经济发展程度等多因素进行考虑，进行当地产业布局和产业结构的优化调整，以环保产业和特色产业替代失去发展活力或者影响生态保护的产业，致力于生态保护红线区的绿色经济可持续发展。与此同时，新兴产业的发展也可以带动当地民众生产生活方式的革新，政府可以对当地民众进行技术上的就业培训，鼓励民众积极参与到有利于环境保护的产业中去，既助力了地区的环境保护，又通过劳动获取了工资收入，体现出双赢的生态补偿理想效果。

2. 对口协作

区域对口协作主要是在生态保护红线保护区与受益区展开的一种跨区域合作模式。双方可以围绕着生态经济开展合作，收益区对保护区提供科学技术、新兴产业、管理经验、发展模式、金钱投入等领域的支持，而保护区则在受益区的支持和指导下在区域内积极开有利于环保的绿色经济发展活动，比如生产结构的调整、特色环保产业的发展。近年来，较为典型的便是广西壮族自治区贺江流域水源林特色产业发展的案例。2020年以来，贺州市找准特色，累计发放产业奖补资金 2.18 亿元，坚持因地制宜和长中短产业相结合的原则，充分鼓励和支持周边居民从事土瑶聚居深贫村特色产业，致力于形成以茶叶、脐橙等特色农产品为核心，以油茶、红

---

① 肖融：《法治化视角下的生态扶贫：概念生成、价值理念与机制构造》，《甘肃政法大学学报》2021 年第 4 期。

薯、桑蚕等其他农产品作为补充的县级"5+2"、村级"3+1"特色产业发展模式。对口协作在其中发挥着保护区与受益区"资源共享、优势互补、共同发展"的重要作用，既为当地提供了先进的技术及管理经验，助力当地发掘、发展特色产业，并充分带动当地民众参与其中，也推动了当地特色环保产业的发展，推动了区域经济发展水平大幅提升，同时也造福了当地民众，使其获得了更多的就业机会和薪资收入，大大提升了生活水平，真正实现了生态补偿的"双赢"。

3. 园区合作式补偿

园区合作式补偿属于异地开发的一种补偿方式，生态保护红线区的补偿者为受偿者在其他适合发展工业的地区提供一个工业园区，为其实现自我积累、自我发展提供帮助。之所以称园区合作式补偿是"造血式"补偿，正是由于其赋予了受偿者充分的自我积累、自我发展空间，补偿者提供的是适宜发展的园区，而工业园区如何发展、实际发展、发展成果、国家和政府赋予园区的优惠政策如何利用都将由受偿者群体自行探索与创造。当工业园区成功实现了经济价值的创造，将大幅解决了生态保护红线区的就业问题，也可以带动当地经济发展，使环境保护与经济发展并行。在我国，最早的园区合作式补偿是浙江金华与磐安之间的"金磐飞地"扶贫样本，金华市区规划3.8平方公里土地，以异地扶贫的方式，建成金磐开发区，对磐安进行更为精准的"造血式"扶贫，"造血式"的园区合作式补偿更好地实现了资源统筹和优化配置，打破了发展受限地区的困境，以合作双赢的模式助力受偿者实现经济和生态保护的共同发展。

多元化的生态保护红线区补偿方式无论是对于责任主体的补偿者，还是为环保作出贡献或权益受损的受偿者，都具有超越单一补偿方式的较大的意义。对于补偿者来说，可以在自身更擅长的领域进行补偿，比如提供技术培训或场地支持，要比单一的资金或实物补偿更加有利；对于受偿者来说，多元化补偿方式更是有利无害，造血式补偿既可以激活当地产业绿色经济可持续发展，又能够创造更多岗位，解决民众的就业问题，提升居民生活水平。最终，良性互动的多元化生态补偿方式将吸引更多主体参与其中，推动生态保护红线区生态经济发展与环境保护工作的共同发展。

第三节　生态保护红线区生态补偿制度存在的问题及完善思路

即使我国多地都在进行积极探索与建设，但由于生态保护红线区生态补偿制度并没有足够完善的上位法支撑，所以在现实的法律实践中，面临着许多方面的法律困境，需要进行针对性解决。

一　我国生态保护红线区生态补偿制度存在的问题

（一）生态保护红线区生态补偿主体参与机制不完善

1. 政府主导色彩过于浓厚

生态保护红线区生态补偿以政府为主导，补偿资金主要来源于财政转移支付。在生态保护红线区的补偿制度中，补偿方式与补偿主体均为非常重要的问题，虽然我国正致力于构建多元化的生态补偿方式，吸引更多主体参与其中，但受制于我国的法律法规以及现实国情的限制，国家在生态补偿事业中发挥着绝对领导作用，目前我国的生态补偿依然是以政府为主要补偿主体、财政资金为主要补偿方式。不可否认，具有公信力和财政能力的政府在生态补偿建设中发挥了不可替代的卓越作用。但是生态保护红线区生态补偿建设并非一朝一夕所能完成的，是一个时间跨度长、发展模式多样、要求资源多的长期持续性建设事业，政府在生态补偿工作中属于不可或缺的角色，但也不应该成为完全的主导者，可以转换思路，逐渐弱化政府的"全面负责"职能，而是放大其监督与引导职能，大力建设市场化的生态补偿方式，盘活社会资源，真正实现生态补偿工作的可持续发展。

2. 公众的生态保护红线补偿认识不够，相关参与渠道不畅通

生态保护红线区多为具有重要生态功能或生态极为敏感脆弱的地区，为保障生态环境安全，当地民众的生产生活将受到不同程度的影响，或者对生态环境安全作出了贡献。通过生态补偿制度实现自身权益，得到合理的补偿属于有利于民众之事。但是在实际生活中，公众对于参与生态保护红线建设的认识不足，由于生态保护红线区的特性，环保工作的开展很容易给民众造成隐形的权益损失，比如机会成本的错失，而受偿者群体可能并未意识到生态保护红线区的环保建设对自身造成的影响。同时，民众对

政府具有天然的依赖与信任，生态补偿工作通常被认定为政府的工作职能之一，所以主动维权要求受偿的民众群体并不广泛。此外，即使部分民众希望参与到生态保护红线区的生态补偿工作中，专业知识的缺乏以及参与渠道的不明确，也限制了民众的参与程度，"由此造成补偿措施公众接受度低，实施效果差，甚至引致补偿对象的反对，有违生态补偿的初衷"[①]。

（二）生态保护红线区生态补偿标准确立机制不合理

生态保护红线区生态补偿标准是指补偿者对于受偿者所承担的补偿额度大小。补偿标准的确立应当遵循科学的原则，实现公平补偿；应当遵循合理原则，合理弥补受偿者的损失或进行奖励；应当遵循统一原则，不可对于同等情况采取差异化处理的方式，而是严格按照标准进行。科学、合理、统一的补偿标准是生态补偿工作顺利进行的必要因素，补偿者与受偿者之间的相关权利与义务法律关系都将围绕着补偿方式与补偿标准进行。但是目前，我国生态保护红线区生态补偿标准的确立机制仍然存在多方面的问题。

1. 标准是"自上而下"建立的

在我国当前的生态补偿实践中，补偿标准的确立主要是由上级政府为主导，自上而下的标准确立受到政府财政转移支付的极大制约，市场的参与程度较低，相关利益主体的参与程度不足，使得以政府为主导的补偿标准确定缺乏一定的科学性和真实性。"自上而下"的补偿标准确立后，也由上级政府自上而下进行财政的转移支付，这使得补偿标准的确立在实践中更注重对于地方政府财政收支情况、当地环保工作投入情况等常规工作开展的因素的考量，容易忽略环保工作开展中对部分主体造成的权益损害，比如生产生活方式的改变，或者是当地因为环保无法进行部分产业的发展而损失的机会成本等因素。因此，这种自上而下的补偿标准确立模式由于政府角色的局限性，也由于缺乏相关利益主体的切身参与等因素，其准确性、科学性都存在问题，难以实现完全公平公正的生态补偿工作。

2. 生态补偿标准偏低

生态保护红线区域多为经济欠发达地区，地方政府收入受制于红线区内的环保工作要求限制，放弃了许多非环保型产业的发展机会，地方资源

---

① 张翼飞、陈红敏、李瑾：《应用意愿价值评估法，科学制订生态补偿标准》，《生态经济》2007年第9期。

的利用程度也受到了限制，当地经济发展状况较为落后，属于因环保而错失经济发展机会的典型地区。然而在现实的生态补偿工作中，由于该地区经济较为落后，其补偿标准是依据当地的经济发展水平确立的，所以也相应较低，这就使得当地的经济本就落后，获得的补偿还需继续投入生态环保的建设中去，当地的经济发展难以实现突破，经济状况持续低迷，而受偿者本应获得弥补的权益损失以及机会成本等也由于较低的生态补偿标准而难以落实，进而打击民众参与生态补偿的热情，使得生态补偿工作更加难以推进。

3. 补偿标准影响因素存在争议

我国当前对于生态保护红线区进行生态补偿的补偿标准主要是土地面积的大小。但是生态保护红线区的地理环境较为复杂，并非单一可辨的功能区，通常伴随着与其他生态功能区的竞合，比如湖泊湿地、森林公园、水源涵养地等生态重要功能区。对于牺牲自身经济发展让位于生态保护的受偿者，其牺牲换取的生态成果是难以单纯通过土地面积进行衡量的；对于为生态保护作出卓越贡献的受偿者来说，其对生态环境的贡献也远远不能仅通过土地面积来衡量。因此，仅通过单一的以土地面积进行补偿标准的确定并不科学准确。

（三）缺乏完善的生态保护红线区生态补偿监管制度

1. 生态保护红线区生态补偿管理机构缺乏协调性

生态保护红线区生态补偿工作的管理机构是各级政府，保障生态补偿工作的顺利进行，对其补偿主体、补偿标准、补偿方式等方面进行严格监督。但是我国目前的生态保护红线区生态补偿监管制度并不健全，管理机构缺乏协调性。作为政府众多职能之一的生态补偿工作，在实践中很容易被淡化，居民与政府间、上下级政府间的沟通也明显不足；上下级政府行政管理体制上的层层递进，使得生态补偿工作的管理较为分散，自上而下的政府财政转移支付也存在滞后性明显、沟通不足的问题，生态环保资金的申报、审批、划拨等工作也容易出现各种各样的问题。因此，若想健全规范生态保护红线区生态补偿制度，应当明确具体的责任单位管理机构，梳理上下级政府、政府各部门之间的关系，对生态补偿各个环节的工作进行具体规范，使得生态补偿管理机构具有协调性、统一性和规范性，以保障生态补偿工作的顺利进行。

2. 补偿资金监控疲软

目前我国的生态补偿方式多为直接补偿中的资金补偿，地方政府开展生态环境的保护需要耗费大量的金钱、人力、时间，而补偿资金则在整个生态保护红线区的环保建设中起到至关重要的作用，是维持生态工程继续开展、劳动力持续工作的有力保障。补偿资金的重要性要求对其进行严格监管，然而，当前我国对于生态补偿资金的监管却存在问题。首先，由于生态补偿资金的使用要求中仅有宽泛的用途要求，但具体资金的分配比例并无具体规定，所以地方政府对于补偿资金的实际使用并未受到较大的约束，用于保护生态环境的资金比例往往低于进行经济建设以及民生改善的资金比例。其次，具有生态补偿工作职责的责任主体主要是各级政府，但是负责对生态补偿工作进行监督的机构却并不明晰，这就使得生态补偿工作的监管并不到位。在实际工作的开展中，虚假申报、挪用占有等非法占有补偿资金的不法现象不时出现，阻滞了工作的顺利开展，产生腐败，也会延误生态安全的保障以及对真正受偿者的补偿。

二 生态保护红线区生态补偿制度的完善思路

（一）完善生态保护红线区生态补偿主体参与机制

1. 推动市场化、多元化的生态保护红线新型补偿方式

目前在我国，生态保护红线区生态补偿是以政府为主导的，补偿方式主要表现为纵向的政府财政转移支付。但是以政府为主导的生态补偿方式受到财政资金以及补偿主体的限制，同时也缺少了更多利益相关者的参与，不利于生态补偿制度的持续性发展。因此，我国也在探索以市场化为主的多元化的新型生态保护补偿方式。市场化、多元化的生态补偿机制有利于改善生态保护红线区内居民的生活水平和生态权益获得感。[1] 尤其是在市场化的生态补偿之中，更强调各方利益主体的自由参与，补偿者、受偿者进行公平交易，充分盘活了生态资源的价值，也调动了相关主体的积极性，淡化了政府的主导作用，转而成为市场化生态补偿的监督者和管理者。与此同时，应当注意的是政府为主导之外的生态补偿方式，正由于其更加灵活、自由，更应对其进行法律法规方面的权利限制以及政府行政机

---

[1] 吴中全、王志章：《基于治理视角的生态保护红线、生态补偿与农户生计困境》，《重庆大学学报》（社会科学版）2020年第5期。

关的监督管理，避免生态产品交易乱象，保护各方主体的合法权益，确保生态补偿工作的顺利进行。

2. 畅通生态保护红线区生态补偿公众参与渠道

社会公众是生态保护红线区生态补偿工作中的基数最大的参与主体，也是目前受限于参与渠道的不健全，其力量并未得到完全发挥的主体。畅通公众参与渠道，将鼓励、吸引广大社会公众参与到生态补偿中来，激发其参与环境保护工作的热情。需要完善社区听证制度，明确当地居民的参与权与监督权，为居民提供参与监督途径，可向有关主体提出环保工作建议，进行生态补偿工作的监督，表达自身真实意愿，维护自身的合法权益。此外，可以尝试将当地居民与生态区进行利益捆绑，共同获得收益，也共同承担风险，将生态区的营利性收入，比如风景区的门票收入，与为环保作出贡献的民众进行利益分享，对其进行奖励，也激励其继续为环保工作作出努力，维护生态保护红线区的安全稳定。

（二）科学确立生态保护红线区生态补偿标准

生态补偿标准是补偿者与受偿者最为关心的问题，既意味着补偿者需要支付的补偿额度代价高低，也决定受偿者可以得到的补偿多少，属于生态补偿制度的核心问题。唯有科学确立生态保护红线区生态补偿的标准，才能得到各利益相关主体的认可，既保证补偿者愿意对受偿者进行补偿，也能保障受偿者的合法权益依法实现。而科学的生态补偿标准的确立需要综合多学科的价值衡量，既需要将生态保护红线区的生态环境具体状况纳入考虑范围，也需要重点考量当地的经济发展水平以及民众的生活状况等人文现状。

科学的生态补偿标准应当采用定性与定量相结合的方法为主、多主体积极沟通协商为辅的综合性标准确立方法。首先，应当为补偿标准划分不同的等级，每个等级具有一定的补偿幅度，其划分依据受偿者不同程度的风险或牺牲。其次，应当对生态补偿标准制定最高、最低标准限制，原则上不可以超越限制进行超额或低额补偿。同时，也应当规定生态补偿的期限，唯有在合理期限内参与生态补偿的利益主体，才能获得补偿，以此督促相关受偿者积极参与其中，避免惰性行使权利。此外，鉴于生态保护红线区的生态与经济的特殊性，生态补偿工作中往往出现标准之外的特殊情况，比如当地政府以及民众由于生态建设的要求，放弃了有利于自身经济快速发展的机会而产生的机会成本，再比如生态保护红线区的地理位置以及生态环境和经济发展水平参差不齐，难以采取一个标准进行全部衡量，这就不能仅依靠一般标准进行补偿了，此时应当由各利益相关主体积极沟通与协商，负有相关职责的政府也作为监督者与管理者参与其中，具有专业知识的相关机构与专家也应当作为参与主体之一，对标准的制定与运用进行建议和指导，使得各主体能够放心参与其中，充分行使自身合法权利，维护自身合法权益，最终也可以保障公平公正的生态补偿工作顺利进行。

（三）健全生态保护红线区生态补偿的监督管理体系

1. 增强生态保护红线区生态补偿部门间协调性

从我国目前的理论研究与现实实践来看，生态保护红线区生态补偿监管机构主要有两种：建立专门的生态保护红线补偿监管机构或分部门分工进行负责。本书认为建立专门的监管机构不一定适合我国国情，这主要是因为建立一个专门的机构耗时耗力，不够现实，不能满足当下生态保护红线区生态补偿的监管需要。而我国当下部分地方采取的分部门分工进行监管的做法也是不适合的。因此，本书认为可以在现有的分部门监管的基础上确定牵头单位（如自然资源部门），并由其定期组织生态保护红线区生态补偿联席协调会议，解决生态保护红线区生态补偿管理机构缺乏协调性的问题，提高生态保护红线补偿监管的效率。

2. 建立生态保护红线区生态补偿资金监管机制

作为生态补偿工作中贯穿始终的组成部分，补偿资金在推动生态环境建设和调动相关主体积极参与生态补偿工作中具有重要意义，而现实中由于补偿资金监管机制的不健全，出现了补偿资金流失或不当使用的问题。因此，应当构建严格、具体、科学的生态补偿资金管理制度，遵守相关法律法规的要求，制定具体的资金申报、审批、领取、使用要求细则，进行科学化的补偿资金管理。

构建严格、具体、科学的生态补偿资金管理制度，应当注重资金的统一管理与规划使用。首先，要严格审查生态保护红线区受偿者的受偿资格，并依据生态保护的成效以及作出贡献与牺牲的程度合理控制补偿资金的额度；其次，严格规范并定期检查评价地方政府获得补偿资金后的资金使用工作情况，督促生态保护资金的专项专用，防止相关主体滥用补偿资金，保障生态保护红线区的生态安全建设。

3. 关注和规范生态环境质量评价工作

"绿水青山就是金山银山"理念为我国生态环境建设提供了基本遵

循，生态补偿的根本目的是保障我国生态环境安全，实现绿色经济的可持续发展，为构建科学有效的评价考核制度，生态保护红线区的生态环境质量状况应当作为对其进行生态补偿的重要考虑因素。当生态环境质量状况被纳入常规考核工作中后，各生态保护红线区的地方政府将更加重视生态环境的保护，为了可以持续稳定地获得国家财政资金的支持，将保证对环保工作的资金支出，努力提升当地生态环境的质量。

第八章　生态保护红线法律制度的完善

第一节　生态保护红线法律制度建设

随着国家对生态文明建设的重视程度越来越高，生态保护红线也作为新的内容出现在环境保护法中。2011年《关于加强环境保护重点工作的意见》第一次要求明确划定生态保护红线。此后，2013年《中共中央关于全面深化改革若干重大问题的决定》中将划定生态保护红线作为深化改革的一项重要内容。2014年修订的《环境保护法》首次将"生态保护红线"写进法律之中，"生态保护红线"的概念首次在我国法律体系中明确出现。

生态保护红线以"加快建立完善生态保护监管体系，紧密围绕生态保护监管的新职能、新定位，重点加强规划引领、法制保障、标准规范、机制提升、完善监管制度，建立健全监管体制机制，加快实现生态保护领域全过程监管的制度化、法治化、规范化"①为目标，对一定地区的环境保护、国土规划、经济发展、行政执法均造成较大的影响。

一　生态保护红线相关法律法规梳理

（一）生态功能红线相关法律法规

生态功能红线是为了维护地方生态环境，在某些地区划出的最小生态保护空间。对于生态保护红线的定义如今依然是模糊的，《环境保护法》中并没有明确地对生态保护红线进行表述，也未对具体制度进行阐明，只是在2014年修订之际，将"生态保护红线"写入第29条第1款，其表述

---

① 《生态环境部部长李干杰在全国自然生态保护工作会议上的讲话》，https://www.mee.gov.cn/xxgk2018/xxgk/xxgk15/202001/t20200118_760088.html，2020年1月8日。

为"国家在重点生态功能区、生态环境敏感区和脆弱区等区域划定生态保护红线，实行严格保护"。"仅仅通过法律条文无法体现出环境基本法的总领作用。"① 并且，环境保护法所涉及的领域依然是有限的，从内容上看，与《国家生态保护红线—生态功能基线划定技术指南（试行）》中的"生态功能红线"一样，《环境保护法》依旧仅涉及生态空间保护领域，而不涉及环境质量红线、资源利用红线。

可见，在《环境保护法》中对于"生态保护红线"采取的是"狭义的生态保护红线"的态度，也即生态保护红线是"空间线"，而非"空间线"加"数值线"。《环境保护法》通过《全国主体功能区规划》《全国功能区划》等文件将生态保护红线划定为重点生态功能区、生态环境敏感区和脆弱区等不同区域。然而，无论是《全国主体功能区规划》《全国功能区划》，还是《全国海洋功能区划》，其在我国现行法律体系之下并无明确的法律规定，并且上述规划在技术基础和政策研究方面均比较薄弱，由此可见，目前生态保护红线划定的主要依据既无法定地位，技术基础和研究进展也不够充分。

除此之外，禁止开发区涉及的生态保护区域种类名目繁多，而我国自然保护地建设政出多门，标准不一，② 自然保护地统一立法也并未出台，以此划定生态保护红线难免引起多元利益冲突等问题。当下国家层面立法对于上述生态保护区的规定也十分复杂，由不同层面、不同部门出台的法律法规共有20余部，其中包括《风景名胜区条例》《保护世界文化余自然遗产公约》《饮用水源地保护区污染防治管理规定》《渔业法》等。

近年来，我国多项生态环境保护、自然资源立法中，也多将生态保护红线写入法律法规中，2021年颁布的《湿地保护法》明确重要湿地依法划入生态保护红线；2021年颁布的《土地管理法实施条例》也提出国土空间规划需要划定生态保护红线；2020年颁布的《长江保护法》要求划定生态保护红线要统筹不同功能分区的规划；2020年修订的《固体废弃物污染环境防治法》提出在生态保护红线区域禁止建设处理工业废物类的设施。可见，在我国的法律体系中，生态保护红线是以"空间线"的概念存在，并且，生态保护红线的法律地位逐步从生态保护领域拓展到国

---

① 陈海嵩：《"生态红线"的规范效力与法治化路径——解释论与立法论的双重展开》，《现代法学》2014年第4期。

② 杨锐：《美国国家公园体系的发展历程极其经验教训》，《中国园林》2001年第1期。

土空间规划领域,能有效促进统筹区域环境保护与经济发展。

(二) 环境质量红线法律法规梳理

环境质量红线是为维护人居环境与人体健康的基本需要而必须严格执行的最低环境管理限制,① 但是相关政策法律对其具体内容并未进行更为详细的说明。② 其所涉及法律法规主要为污染浓度控制、污染总量防治等领域。

1. 基于污染浓度控制的环境标准法律法规

环境质量红线主要通过由《标准化法》以及环境保护单行法中的相关条款规定的污染物排放标准、环境质量标准来控制污染浓度。环境标准是规范环境保护工作中的技术性要求以及治理环境污染所提出的技术性规范,我国的环境标准根据适用范围和内容的不同可概括为"两级六类"。环境质量标准、污染物排放标准属于强制性标准,其他环境标准属于推荐性标准。在规范性上,环境标准规定的是环境洁净程度的下限,是最低限度的"门槛性"标准。③ 因此,从构建生态红线的角度来看,相关领域"最低环境管理限值"的设定应该以强制性环境标准为依据。

行政规范性文件属性的环境标准,在法理上不具有独立的法律效力,只能通过其他法律法规的援引,才可以产生法律效力。也就是说,环境标准本身不能直接约束排污行为。④ 因此,要将强制性环境标准纳入法治体系中,就必须通过合法的程序将其纳入我国环境保护的法律体系中,并通过体系解释的方式确定其法律效力,否则环境标准自身无法独立成为环境保护红线的法律基础。具体而言:当环境质量标准与政府有关主体功能分区、环境功能分区的划分方式相结合时,即产生法律效力⑤;当污染物排放标准与有关法律的明确指引契合时,所指引的污染物排放标准即具有法律效力。

2. 基于污染总量排放控制的环境标准法律法规

我国目前主要通过政府减排目标责任制和污染物总量控制制度实现污

---

① 《红线是实线 关键在执行》,《中国环境报》2014年1月28日。
② 陈海嵩:《"生态红线"的规范效力与法治化路径——解释论与立法论的双重展开》,《现代法学》2014年第4期。
③ 刘晓星:《论行政规则对司法的规范效应》,《中国法学》2006年第6期。
④ 杨朝霞:《论环境标准的法律地位》,《行政与法》2008年第1期。
⑤ 汪劲:《环保法治三十年:我们成功了吗》,北京大学出版社2011年版,第137页。

染物总量的控制。

其规范依据为国民经济与社会发展规划以及《大气污染防治法》《水污染防治法》等法律法规。由于环境标准无法有效控制污染排放的总量，只能针对污染排放的浓度进行调整和控制，只有对污染物排放单位进行严格的排放总量控制，才能控制污染排放量不高于环境容量。[1] 正是因为这样，我国从"九五"期间起便建立了污染物排放总量控制制度，来控制一个规划期内全国主要污染物的排放总量。由于立法的规范性，无法在法律中直接对污染物排放总量进行具体的明确，只能对污染物排放总量进行原则性的规定，因此还需要国家、地方规范性文件进行具体化的确定并加以落实。综上，我国目前以法律、规划以及部门规章相结合的方式作为污染物总量排放控制的规范依据。

在法律效力上，按照有关立法的规定，污染物排放总量管理的"具体办法和实施步骤由国务院规定"。但实际上，国务院并没有对污染物总量排放作出具体规定，而只是由环保部门制定具体的部门规章进行管理，这与《海洋保护法》等国家法规中所提倡的一般性授权相悖。

二　生态保护红线相关法律制度

（一）生态保护红线差异化管理制度

针对不同地区、不同类型生态系统提供的不同服务功能，应实行差异性管控措施，对能进入的地区、不能进入的地区以及强度控制进行明确规定。[2] 科学合理的生态保护红线法律制度应当允许不同的区域根据其实际情况制定与其相适应、具有可行性、兼顾环境保护与发展的环境保护标准以及管控举措，实现环境保护与污染防治工作的有效推进。对于同一生态保护红线内的不同区域也要进行差异化的区分，通过设置核心区、保护区等方式，进行精细化的管理。通过以上的差异化管理，各地可以通过严格审批制度，为符合生态保护红线区域功能定位的建设、开发活动提供空间，进一步协调了环保与发展之间的关系。

（二）生态保护红线监测与监测制度

监测监管工作作为生态保护红线管理工作的核心部分，对生态环境实

---

[1] 宋国君：《论中国污染物排放总量控制与浓度控制》，《环境保护》2000年第6期。
[2] 赵娜：《生态红线划得出更要守得住》，《中国环境报》2013年第7期。

施动态保护具有至关重要的意义。① 从监测监管对象来说，包括生态主体功能区、生态脆弱区和敏感区以及其他具有重要潜在或显现生态价值的区域；从技术层面而言，应实现全天候、全覆盖的监测效果，构建"天—空—地"三位一体的监测网络，建立以"一张图"为基础的监测数据库，进而实现对生态保护红线区域的严控严管；从建设主体而言，监测监管主体应为生态环境部门，同时还应会同工业与信息化部门解决技术层面的难题。就具体执行而言，首先应建立针对不同性质空间的动态评估机制，以制度为基础成立专门机构并配备相应的工作人员；其次，针对区域内部的不同特征和生态功能维系能力，应在监测数据库的基础上对其进行等级划分，进行等级制管理和监测。②

（三）生态保护红线的统一监管制度

生态保护红线内各生态环境要素并非单一的主体，而我国的生态保护管理是以生态环境要素来划分管理主体，这直接导致了环保、林业、土地、海洋以及经济社会发展部门在内的多个行政部门对生态保护红线进行直接监管，造成了政出多门、权责交叉的情况，如此便难以实现生态保护红线管理的整体性，也难以满足生态系统保护系统性要求。同时，以上所列的各个部门均为各级人民政府的组成部分，在地方政府追求经济发展忽视环境保护时，各管理部门并不能起到实际的监管作用，也难以对环境保护以及污染治理起到有效的监管效果。

（四）生态保护红线的越线责任追究制度

生态保护红线应当通过责任追究机制来保障其能够真正落到实地，严格追究违反相关法律规定的个人、单位的法律责任。通过在法律法规中明确相关责任人的民事、行政以及刑事责任，将包括政府、企业、个人在内的所有社会主体均纳入规范主体中来。结合我国的生态环境保护终身追责制，对于不经过详细论证作出盲目决策导致当地生态环境造成严重破坏，生态保护红线功能明显受损的行政负责人，对其进行终身追责，倒逼其决策时慎重。同时，对于严重损害生态保护红线功能，破坏环境生态的违法违规人员，要在法治的框架内，从严追究责任，通过严格的责任追究制

---

① 饶胜、张强、牟雪洁：《划定生态红线 创新生态系统管理》，《环境经济》2012年第6期。

② 吉蕾蕾：《生态红线是限制开发利用的"高压线"》，《经济日报》2013年8月21日。

度，体现生态保护红线的权威性以及彰显我国划定生态保护红线，保护生态环境的决心。

(五) 生态保护红线的公众参与制度

公众在生态保护红线相关区域生产生活就必须要参与到生态保护红线的管理活动中，作为生态环境保护权利义务的主体，生态保护红线的划定与公众的日常生活息息相关。因此，确保红线能被公众接受并参与的核心是完善生态保护红线的公众参与机制。

要建立合理的机制、体制，引导和促进公众主动参与到生态保护红线的管理工作中，尤其是在划定以及保护的各个环节。政府部门通过听证会等形式征求公众意见，设置护林员等岗位加强公众参与。除此之外，政府部门要加强对公众的环保教育，增强其环保意识，达到公众知生态红线的存在、能参与生态红线的划定和保护、会监督生态红线制度的实施、懂保障生态红线的作用和功能的效果。

(六) 生态保护红线生态补偿制度

生态保护红线制度作为我国生态环境保护体系中的重要组成部分，其一经划定，应执行最严格的管理治理。生态保护红线划定工作最大的特征为整体性。生态环境系统虽由多个独立的自然域个体组成，但其内部存在千丝万缕的关系，任何个体或主体功能区均应置于环境系统内部来看。所以，生态保护红线划定并不能因为行政区划、居民点、基础设施建设等非自然因素而进行变更和调整。需要通过生态补偿制度对上述非自然因素的牺牲进行补偿，具体补偿可依据《生态补偿条例》，该文件将生态补偿划分为四大类，第一类是区域间补偿、第二类是对原住民的补偿、第三类是流域补偿、第四类是人为活动造成破坏行为后的补偿。区域间补偿的执行和被执行主体是政府部门，生态保护红线划分常涉及跨行政区域的情况，从整体性角度来看，某地区对区域内生态环境进行保护并受益的不只是该地区还有被划入红线区域内的另一区域。据此，前者的行为对后者产生正外部性，后者理应通过生态补偿制度对前者予以补偿。对原住民的补偿主要是针对生态保护红线区域内的原住民，若政府无法出资对其进行整体搬迁，则势必会限制这部分区域居民的生存权和发展权。该部分居民对生态环境保护作出了牺牲，地方政府应当予以适当的生态补偿。第三类是流域的生态补偿，与区域间补偿类似，主要以河流为中心，涉及跨域河流的保护问题，各行政区应协作进行，对因生态保护而牺牲较多发展利益的主体应予以多形式的补偿。最后一类则是最常见的因人为破坏活动而产生的生态补偿，此类补偿往往是个人或组织为其破坏行为承担责任。

（七）经济社会发展政绩考核评价制度

划定生态保护红线，在一定程度上将会影响地区的经济社会发展，因此如果沿用传统的经济社会发展政绩考核评价标准必然会使得地方政府陷入两难境地，一方面是经济社会发展的目标，另一方面是生态保护红线的标准，由此导致地方政府陷入矛盾。因此，对于划定生态保护红线的地方，应当摒弃传统的以经济社会发展水平为核心的政绩评价制度，并且将环境保护成果评价与经济社会发展政绩评价相结合，给予地方政府正确的引导，正面激励其做好环境保护工作。具体制度可分为两类，第一类是进行差别化考核，对不同生态功能区，根据不同的重要程度建立不同的考核体系，从实际出发才有利于真正产生激励机制。第二类是通过宣传教育，转变地方政府的发展观念和价值，不再以唯 GDP 考核，取而代之应该是对加重生态环境保护考核的权重，摒弃单一注重规模和数量的考核方式。①

第二节 生态保护红线法律制度现存问题和完善路径

一 生态保护红线法律制度现存问题

生态保护红线作为一项新制度，无论是在学理上还是实践中都仍处于发展和完善时期，同时与历史上的旧制度存在衔接上的问题。根据上述具体法律规范以及法律制度的梳理，不难发现，生态保护红线法律制度仍然存在以下问题，主要可分为两类问题：现行立法存在的不足及管理对立法的挑战。

一是相关法律对于生态保护红线的狭义与广义的概念区分及使用问题。2015 年出台的《关于加快推进生态文明建设的意见》提出资源环境生态红线概念包括"资源消耗上限、环境质量底线、生态保护红线，

---

① 陆鹏：《划定并严守生态红线的三个问题》，《广西日报》2013 年 6 月 27 日。

将各类开发活动限制在资源环境承载能力之内"。2016年《关于加强资源环境生态红线管控的指导意见》中则进一步明确了"上限""底线""红线"的内涵以及管控范围。2017年《关于划定并严守生态保护红线的若干意见》中更明确地指出，生态保护红线区是指生态保护红线所包围的区域，具体地是指两类区域的空间叠加：一是指生态功能重要区域，主要包括具有水源涵养、生物多样性保护、防风固沙、水土保持等重要环境功能的区域；二是指生态环境敏感脆弱区域，主要包括盐碱化、水土流失严重、石漠化等区域。在立法中，对于生态保护红线狭义与广义概念的理解与使用的差异，直接关系到法律的权威性与可行性问题。

二是中央统一性立法与地方特色性立法间的统筹协调难题。一般而言，资源环境保护类法律的立法逻辑是地方立法试点先行，经过实践后整理总结经验，最后形成具有广泛性和综合性的全国适用的基本制度。但同时，由于各地生态系统差别较大，因此对于生态保护红线的立法应兼具地方性特色。然而，地方通常根据国家的统一性立法，制定相关的实施性规范，特色性的立法内容较少。因此，生态保护红线立法工作如何做到既体现国家的统筹性又兼具地方的特色性是一大难题。

三是生态保护红线制度新旧管理体制的对接问题。近年来国务院管理体制改革的重要内容之一即生态环境保护职能调整，而生态保护红线是这一改革出台后的最新举措，成为人们关注的焦点。而其涉及改革部门多，职能分配杂，也带来一定的难题。因为我国资源环境保护类制度设计时，其工作任务多分配在数个部门，如资源保护涉及国土、城建、规划、农业、森林、海洋等多个资源经济管理部门，其体制设计非常复杂。因此，生态保护红线制度的管理体制变革具有一定的挑战性。

四是红线严格性与管理人性化的关系。基于现实考虑，红线管理的内容不仅涉及国家生态保护问题，还涉及公民生存的权利。如何处理好红线严格性与管理人性化的关系事关重大。法律作为国家治理和利益衡平的工具，理应在立法以及操作层面为平衡国家生态安全以及公民基本利益提供基本的原则与框架，让法律更能满足国家发展的需要。

二 生态保护红线法律制度完善路径

（一）实体法规则的完善

生态保护红线的相关法律主要依托于现有的资源环境保护及生态保护

相关立法。在立法依据上，目前自然保护地的立法主要以保护对象的类型为立法依据，依据各地区的自然资源状况与地形地貌的差异设立自然保护区、森林公园等不同类型的自然保护地；在立法模式上，我国的立法特色是类型化部门立法，由各主管部门就其管理对象制定单行法规。[1] 有学者指出，这种体系存在立法层次低、调整限制多、法律内容滞后等现实问题，长远来看，不能适应生态环境保护发展及完善的现实需要。[2] 同时，在管理体制上也存在较大缺陷，即部门之间协同工作的体制性困难。由于一个自然保护地一般分属多个部门管理，部门间的关系、地方政府间的关系错综复杂，因利益冲突而产生的条块分割、行政壁垒、相互推诿责任的现象普遍，因此部门间协调合作存在困难。

综上，综合性立法的重点应包括以下四个方面：

一是扩大调整范围。可以国际上通行的"自然保护地"概念全面整合现有自然保护区、风景名胜区等相关保护区域，进行科学合理的划分，对具有重大生态保护、科研文旅价值的自然区域进行全面性的统一保护。

二是尽可能地化解利益矛盾。我国多数自然保护区存在土地权属纠纷，尤其是在集体土地面积比例过高的自然保护区内，土地权属所带来的纠纷直接影响自然保护区管理效果。[3] 这就需要进一步完善生态补偿制度，并且在法律中对于横向生态补偿与纵向生态补偿进一步给予明确要求，使生态补偿具有法律保障，推动生态保护区设立与保护工作的顺利进行。此外，还应在坚持红线严格性和管理人性化的基础上进行创新性制度设计，坚持"利益相关者参与保护"的基本原则，通过设立工作岗位等方式让当地居民参与到自然保护区日常管理与服务中，将"排除、封闭式管理"转变为"合作、参与式管理"，化解社区居民生存发展与自然生态保护之间的利益矛盾与冲突。

三是改革管理体制。目前的管理体制是"纵向上分级管理，横向上综合管理与分部门管理相结合"，应在此基础上进行创新性改革，注重明确生态环境保护部门与自然资源管理部门的管理权限划分，减少两者职能交叉所带来的业务工作中的矛盾与冲突，同时提高两部门在生态红线保护

---

[1] 徐本鑫：《中国自然保护地立法模式探析》，《旅游科学》2010年第5期。
[2] 肖建华、胡美灵：《国内自然保护区的立法争议与重构》，《法学杂志》2009年第10期。
[3] 刘文敬等：《我国自然保护区集体林现状与问题分析》，《世界林业研究》2011年第3期。

方面的工作效率。

四是授权地方进行特色性立法。其原因有以下三点：其一，由于地方的自然资源状况、自然禀赋条件、经济发展状况等存在较大的差异性，因此生态保护红线区地方性特色明显，其在此情况下，授权地方依据本地实际状况制定适合本地实际的地方立法，相较于制定统一的全国性立法而言更具针对性、特色性，更便于地方对法律的实施，能实现对生态红线区更为有效的保护。其二，相较于地方立法而言，制定统一的全国性立法需要周期长、程序严、成本高。其所面临的困难显然较地方立法更大，而生态保护红线的实施亟须相关法律的出台给予指导。其三，地方先行立法，并积累实施经验，在此基础上，有利于推广地方性立法成果，并将其融入全国性的统一立法中，这样的程序可以使全国性立法内容更为可行、稳妥。

（二）程序法规则的完善

1. 完善生态保护红线公众参与制度

在现代法治政府制定各项公共政策、决定公共事务时实现信息的透明公开和听取公众意见是必须遵守的程序。生态保护红线的调整作为一项重要的公共事务，民众参与应当是生态保护红线调整中不可缺少的部分。而通过完善立法，将公众参与生态保护红线变更以法律法规的形式确定下来更是重中之重。

在我国，建立生态保护红线公众参与的机制，应当通过信息公开以及社会听证等程序广泛听取社会公众的意见与建议，以保证变更方案能够满足民众、社会以及其余各方的利益。在信息公开方面，各级政府应当就生态保护红线调整的内容、变更方案论证依据、审批的阶段与程序进行公开，便于在作出具体决定前充分了解社会各界的态度，并接受公众的监督。同时，对于生态保护红线调整方案获批后的审批报告也应当及时向社会公布。

以信息公开为前提，应当进一步加强公众听证制度的建设，注重对社会公众意见的听取。在听取社会公众意见时，应当提供多种渠道，并告知公众提出意见的渠道，重点关注生态保护红线调整区域内民众提出的异议，在必要时，应当召开听证会征求民众意见，通过听证会形成的听证报告应当作为生态保护红线调整的重要考量因素。还应完善公众参与反馈制度。公众参与是使任何受到政策影响的关系人都可以自由充分地表达自己的意见，谋求合法权利，不同的利益群体之间经过商讨后形成具有整体平衡性、妥协性、兼容性的决策内容。因此，决策机关必须对公众所给出的建议或意见给出直面的回应，对于决策内容给予全面的说明和充分的理由，保证参与公众得到积极的反馈与回应，使政府决策获得最大的支持和理解。

由此可见，公众参与生态保护红线调整的完整程序应包含信息的公开、公众听证、反馈制度等多个环节。生态保护红线调整制度的进一步完善，公众参与制度的建立必然导致政府行政成本提高，也将限制政府的权力，为避免政府故意简化程序或者弃置程序，应当将公众参与制度通过立法的形式确定下来，并配套相应责任追究条款。以治理为基调，以立法为优先，以法治为保障，只有将生态保护红线调整的公众参与程序通过立法加以确定，才能为制度的落实夯实基础。

除此之外，污染防治红线与环境标准关系密切，而目前国家环境保护标准制定的程序一般是：管理部门立项，然后委托有关单位起草，再向社会公开、广泛征求意见，最后审批并向社会公布。尽管在相关文件中对于向社会公众征求意见给出了明确的指示及要求，但由于公开征求意见这项民主程序的开展缺乏详细的规定，部分地方往往不开展该项工作，由此也就不能保证环境标准制定的程序正义；并且在现实操作中，即使按程序征求意见，公众的意见也很少被真正采纳。但公众群体作为环境污染的切实利益受损方，往往高度关注并理性地思考生态问题，且能够提出一些科学、宝贵的建议。[①] 因此，需要在环境标准的制定过程中充分考虑、回应公众的呼声，例如可以开展专家论坛、公众座谈会等。

2. 严格规范生态保护红线调整的程序

由于我国对于生态保护红线调整的法律法规并不健全，部分地方政府在划定生态保护红线后，仍企图以发展地方市场经济为由，任意变更调整生态保护红线的范围，严重损害了生态保护红线的功能实现以及当地的生态环境保护。基于此，2013 年国务院印发《国家级自然保护区调整管理规定》，在此规定中，确立了严格保护的原则，对调整理由、调整年限、调整程序等问题进行了全面细致的规定，严格、科学规范有关生态保护红线调整的程序，为生态保护红线的调整的管理提供了依据。

[①] 王曦：《〈环保法〉修改应为环保主体良性有效互动提供法制保障》，《甘肃政法学院学报》2013 年第 1 期。

但是，除国家级自然保护区外，其余生态保护区域仍缺少有效的规范来约束随意调整区域以及范围的行为。生态保护红线以及其余生态保护区域并非一经划定绝对不允许变更，或者只允许扩大范围不允许缩小范围，而是应当通过科学、合法的方式进行变更。如果发现某些具有重要生态保护价值的区域不在红线范围之内，抑或原本位于生态保护红线内的区域确实需要进行资源的开发利用，这些情况下则需要经过法定程序对原有区域进行调整，将其纳入正式的保护范围或者将其划出生态保护红线。同时，生态保护红线的划定、调整涉及经济发展、生态环境保护甚至国防基建等多个领域，影响公众、企业、地方政府乃至多地区政府等多方利益主体，因此法定程序不能仅仅通过政府单方面地完成，强制推进甚至可能造成严重的社会问题。生态保护红线调整必须通过听证会、专家论证会等多种渠道促进公众对于决策的参与，最大限度协调各方利益，以此保障生态保护红线调整决策的合理性与合法性。

自然资源部与生态环境部曾协作开展生态保护红线的评估工作，工作中强调红线的评估并应在解决历史遗留问题的基础上确保原本划定的生态保护红线面积不减少、功能不降低、性质不改变。但是，生态红线的评估工作并非一项常态化工作，生态保护红线的调整却是时有发生的，因此，应当严格明确生态保护红线调整的程序，使得生态保护红线调整有法可依，防止生态保护红线调整的随意性。

主要参考文献

一 中文著作

胡静、付学良主编：《环境信息公开立法的理论与实践》，中国法制出版社 2011 年版。

后向东：《信息公开法基础理论》，中国法制出版社 2017 年版。

吕忠梅：《超越与保守——可持续发展视野下的环境法创新》，法律出版社 2003 年版。

李旭祥：《地理信息系统在环境科学中的应用》，清华大学出版社 2008 年版。

孟根巴根：《中日环境影响评价法制度的比较研究》，内蒙古大学出版社 2012 年版。

汪劲主编：《环保法治三十年：我们成功了吗》，北京大学出版社 2011 年版。

王金南、庄国泰：《生态补偿机制与政策设计》，中国环境科学出版社 2006 年版。

朱红琼：《基于生态补偿的财政研究》，经济科学出版社 2016 年版。

二 中文译著

[英] E. 马尔特比等编著：《生态系统管理：科学与社会管理问题》，康乐、韩兴国等译，科学出版社 2003 年版。

[英] 麦考密克、[澳] 魏因贝格尔：《制度法论》，周叶谦译，中国政法大学出版社 2004 年版。

[英] 杰拉尔德·G. 马尔腾：《人类生态学—可持续发展的基本概念》，顾朝林等译，商务印书馆 2012 年版。

三　期刊论文

包庆德、刘雨婷：《制度底线：确保中国国土生态安全的控制线》，《哈尔滨工业大学学报》（社会科学版）2022 年第 1 期。

必虎、李奕、丛丽、谢冶凤：《国家公园负面清单管理对我国自然保护地和生态保护红线战略的启示》，《自然保护地》2022 年第 2 期。

陈海嵩：《生态红线制度体系建设的路线图》，《中国人口资源与环境》2015 年第 9 期。

陈海嵩：《生态红线的规范效力与法制化路径—解释论与立法论的双重展开》，《现代法学》2014 年第 4 期。

陈海嵩：《"生态保护红线"的规范效力与法治化路径———解释论与立法论的双重展开》，《现代法学》2014 年第 04 期。

陈秋兰：《生态保护红线评估调整过程中的现实问题与优化建议》，《西部资源》2022 年第 2 期。

陈积敏：《企业环境信息公开法治路径建构》，《社会科学家》2020 年第 10 期。

程洁：《完善定密异议解决制度的法学思考》，《保密工作》2011 年第 3 期。

成协中：《信息公开理念下的定密异议与司法审查》，《哈尔滨工业大学学报》（社会科学版）2013 年第 4 期。

柴慧霞等：《关于生态保护红线管理政策的思考》，《环境保护科学》2015 年第 6 期。

董皞等：《试论定密争议之解决》，《行政法学研究》2016 年第 3 期。

杜立新、唐伟、房浩等：《基于多目标模型分析法的秦皇岛市水资源承载力分析》，《地下水》2014 年第 6 期。

杜群：《环境法体系化中的我国保护地体系》，《中国社会科学》2022 年第 2 期。

邓伟等：《构建长江经济带生态保护红线监管体系的设想》，《环境影响评价》2018 年第 6 期。

范小杉等：《基于生态安全问题的生态保护红线管控方案》，《中国环境科学》2018 年第 12 期。

范小杉等：《生态保护红线管控绩效考核技术方案及制度保障研究》，

《中国环境管理》2014 年第 4 期。

方印：《大数据视野下公众环境信息救济权初探》，《学术探索》2021 年第 1 期。

高吉喜：《国家生态保护红线体系建设构想》，《环境保护》2014 年第 Z1 期。

高吉喜：《生态保护红线的划定与监管》，《中国建设信息》2015 年第 5 期。

高吉喜：《探索我国生态保护红线划定与监管》，《生物多样性》2015 年第 23 期。

高吉喜等：《构建严格的生态保护红线管控制度体系》，《中国环境管理》2017 年第 1 期。

高吉喜、徐梦佳、邹长新：《中国自然保护地 70 年发展历程与成效》，《中国环境管理》2019 年第 4 期。

高吉喜、王燕、徐梦佳、邹长新：《生态保护红线与主体功能区规划实施关系探讨》，《环境保护》第 44 期。

高利红、程芳：《我国自然遗产保护的立法合理性研究》，《江西社会科学》2012 年第 1 期。

高美琴等：《建立促进经济发展方式转变绩效考核评价体系的建议》，《科学发展》2011 年第 3 期。

郭山庄：《日本的环境信息公开制度》，《世界环境》2008 年第 5 期。

胡涛等：《生态保护红线与保护地重叠特征及协同管控研究——以浙江省为例》，《环境污染与防治》2022 年第 44 期。

胡达维、欧阳菁：《森林公园的植物配置——以江西陡水湖国家森林公园为例》，《安徽农业科学》2017 年第 27 期。

何广顺、王晓惠、赵锐：《海洋主体功能区划方法研究》，《海洋通报》2010 年第 3 期。

黄登红等：《贵州省生态保护红线云 GIS 监管平台研究与实现》，《现代电子技术》2018 年第 8 期。

蒋大林、曹晓峰、匡鸿海、蔡满堂、黄艺、尹春燕：《生态保护红线及其划定关键问题浅析》，《资源科学》2015 年第 9 期。

蒋莉莉、陈克龙、吴成永：《生态红线划定研究综述》，《青海草业》2019 年第 1 期。

晋川：《关于差异化管理的理论探讨》，《理论前沿》2005 年第 3 期。

课题组：《必须明确生态功能区划与主体功能区划关系》，《浙江经济》2007 年第 2 期。

孔凡宏、王琴、魏永峰：《我国生态环境保护综合行政执法问题研究——基于法律文本的量化分析》，《中国环境管理》2022 年第 2 期。

刘燕：《论"三生空间"的逻辑结构、制衡机制和发展原则》，《湖北社会科学》2016 年第 3 期。

刘晓星：《论行政规则对司法的规范效应》，《中国法学》2006 年第 6 期。

刘文敬等：《我国自然保护区集体林现状与问题分析》，《世界林业研究》2011 年第 3 期。

刘晓宇等：《生态保护红线区跨区域生态补偿支付意愿的影响因素研究—以北京市为例》，《环境与发展》2018 年第 6 期。

李力等：《生态保护红线制度建设的理论和实践》，《生态经济》2014 年第 8 期。

李天威等：《我国新型城镇化生态保护红线管控探析》，《环境影响评价》2014 年第 7 期。

李双建等：《海洋生态环境保护红线制度框架设计研究》，《海洋环境科学》2016 年第 2 期。

李红玉：《生态国土建设的中国实践及展望》，《广西社会科学》2019 年第 10 期。

李丹：《关于生态红线补偿研究进展的综述》，《低碳世界》2019 年第 6 期。

李干杰：《生态保护红线——确保国家生态安全的生命线》，《求是》2014 年第 2 期。

李玟兵：《建立生态红线管理制度的几个基点》，《贵阳市委党校学报》2019 年第 5 期。

李岩：《环境信息公开中知情权与保密权的冲突与协调》，《能源与环境》2010 年第 3 期。

罗庆俊：《浅谈环境信息公开与保密的关系》，《科学咨询（科技·管理）》2011 年第 12 期。

吕忠梅：《以国家公园为主体的自然保护地体系立法思考》，《生物多样性》2019 年第 2 期。

廖建祥、周庄：《湖南省国土资源生态保护红线的划定与实施》，《中南林业科技大学学报》（社会科学版）2015 年第 3 期。

卢爱国等：《完善党政领导干部能力考核评价机制的思考》，《湖南师范大学社会科学学报》2017 年第 6 期。

莫张勤：《生态红线法律制度的障碍及对策研究》，《生态经济》2016 年第 12 期。

饶胜等：《生态保护红线优先地位从确立到落实需要几步？》，《中国生态文明》2017 年第 1 期。

饶胜、张强、牟雪洁：《划定生态红线 创新生态系统管理》，《环境经济》2012 年第 6 期。

施业家、吴贤静：《生态红线概念规范化探讨》，《中南民族大学学报》（人文社会科学版）2016 年第 3 期。

施芸：《政府信息公开行政案件司法审查现状》，《区域治理》2019 年第 50 期。

盛强、茹辉军、李云峰、倪朝辉：《中国国家级水产种质资源保护区分布格局现状与分析》，《水产学报》2019 年第 1 期。

宋旭娜：《环境信息公开是环境应急管理的必要工具》，《中国环境管理》2009 年第 3 期。

孙久文：《深入推进区域协调发展 加快构建新发展格局》，《中国党政干部论》2022 年第 3 期。

沈满洪、陆菁：《论生态保护补偿机制》，《浙江学刊》2004 年第 4 期。

师守祥：《国标〈旅游规划通则〉反思》，《地域研究与开发》2009 年第 1 期。

谈萧：《日本邻避运动中公众参与制度建设及对我国的启示》，《浙江海洋大学学报》（人文科学版）2021 年第 5 期。

孟枭、张慧、高吉喜等：《生物多样性维护生态保护红线划定方法对比》，《生态学报》2019 年第 19 期。

祁巧玲：《山水林田湖草生态保护修复 需统筹"人"的要素——专访国家山水林田湖草生态保护修复工程专家组成员、国家生态保护红线划定专家委员会首席专家高吉喜》，《中国生态文明》2019 年第 1 期。

乔海曙、刘佩芝：《改革开放四十年生态建设的理论与实践》，《湖南社会科学》2018 年第 5 期。

秦天宝：《以法律坚守"美丽中国"底线——论环境法视域下生态保护红线如何落地》，《环境保护》2021 年第 19 期。

丘水林、靳乐山：《资本禀赋对生态保护红线区农户人为活动限制受偿意愿的影响》，《中国人口·资源与环境》2022 年第 1 期。

吴勇、扶婷：《论湖南省划定生态保护红线的原则及实现》，《邵阳学院学报》2020 年第 3 期。

吴贤静：《环境法学研究的方法论选择》，《学术研究》2017 年第 4 期。

吴贤静：《土壤环境风险评估的法理重述与制度改良》，《法学评论》2017 年第 4 期。

吴中全、王志章：《基于治理视角的生态保护红线、生态补偿与农户生计困境》，《重庆大学学报》（社会科学版）2020 年第 5 期。

汪劲：《论生态补偿的概念——以〈生态补偿条例〉草案的立法解释为背景》，《中国地质大学学报》（社会科学版）2014 年第 1 期。

王灿发、江钦辉：《论生态红线的法律制度保障》，《环境保护》2014 年第 1 期。

王灿发：《从一项环境信息可信赖度调查结果谈环境信息公开管理制度的完善》，《世界环境》2017 年第 3 期。

王权典：《我国生态保护红线立法理念及实践路径探讨》，《学术论坛》2020 年第 5 期。

王社坤、于子豪：《生态保护红线概念辨析》，《江苏大学学报》（社会科学版）2016 年第 3 期。

王嘉贤：《"政府信息不存在"的认定与审查》，《行政法学研究》2021 年第 3 期。

王永杰、张雪萍：《生态阈值理论的初步探究》，《中国农学通报》2010 年第 12 期。

王锡锌：《政府信息公开法律问题研究——政府信息公开语境中的"国家秘密"探讨》，《政治与法律》2009 年第 3 期。

王维：《走创新驱动的可持续发展之路》，《中国发展观察》2021 年第 24 期。

王应临、赵智聪：《自然保护地与生态保护红线关系研究》，《中国园林》2020年第8期。

王金南等：《构建国家环境红线管理制度框架体系》，《环境保护》2014年第2期。

王宝等：《关于确保甘肃省祁连山生态保护红线落地并严守的科技支撑建议》，《中国沙漠》2019年第1期。

王桥等：《国家生态保护红线监管业务体系的构建思路》，《环境保护》2017年第23期。

王社坤等：《生态保护红线的立法保障：问题与路径》，《吉首大学学报》（社会科学版）2019年第5期。

王曦：《〈环保法〉修改应为环保主体良性有效互动提供法制保障》，《甘肃政法学院学报》2013年第1期。

翁怡：《论生态保护红线制度体系的构建》，《赤峰学院学报》（汉文哲学社会科学版）2017年第10期。

肖建华、胡美灵：《国内自然保护区的立法争议与重构》，《法学杂志》2009年第10期。

肖融：《法治化视角下的生态扶贫：概念生成、价值理念与机制构造》，《甘肃政法大学学报》2021年第4期。

肖峰、贾倩倩：《论我国生态保护红线的应然功能及其实现》，《中国地质大学学报》（社会科学版）2016年第6期。

向东：《论"信息公开"的五种基本类型》，《中国行政管理》2015第1期。

谢一鸣：《日本国家公园法律制度及其借鉴》，《世界林业研究》2022年第2期。

谢高地、张彩霞、张昌顺等：《中国生态系统服务的价值》，《资源科学》2015年第9期。

徐本鑫：《中国自然保护地立法模式探析》，《旅游科学》2010年第5期。

徐昔保、马晓武、杨桂山：《基于生态系统完整性与连通性的生态保护红线优化探讨——以长三角为例》，《中国土地科学》2020年第5期。

徐祥民、贺蓉：《最低限度环境利益与生态红线制度的完善》，《学习与探索》2019年第3期。

许研、梁斌、鲍晨光、兰冬东、于春艳、马明辉：《渤海生态红线划定的指标体系与技术方法研究》，《海洋通报》2013年第4期。

骁勇：《自然资源负债的界定与核算思路探析》，《中国土地》2022年第1期。

辛培源、田甜、战强：《自然保护地与生态保护红线的发展关系研究》，《环境生态学》2019年第4期。

戈华清：《海洋生态保护红线的价值定位与功能选择》，《生态经济》2018年第12期。

燕守、林乃峰、沈渭寿：《江苏省生态红线区域划定与保护》，《生态与农村环境学报》2014年第3期。

阎桂芳：《政府信息公开救济制度研究》，《中国行政管理》2011年第5期。

喻本德、叶有华、郭微、俞龙生、黄涛、孙芳芳、罗建武：《生态保护红线分区建设模式研究——以广东大鹏半岛为例》，《生态环境学报》2014年第6期。

于鲁平：《生态保护红线法律制度建设时空主要矛盾解析》，《政法论丛》2019年第6期。

杨邦杰、高吉喜、邹长新《划定生态保护红线的战略意义》，《中国发展》2014年第1期。

杨大越：《我国政府信息公开申请法律保障之探究——以〈中华人民共和国政府信息公开条例〉第十三条修改为视角》，《行政与法》2020年第2期。

杨邦杰、高吉喜、邹长新、刘越《划定生态红线，保障生态安全》，《中华环境》2014年第1期。

杨永宏等：《云南省生态保护红线划定与管理思考》，《环境保护》2016年第8期。

杨红艳：《基于区域生态保护红线划定分类的调整及管控策略分析》，《节能环保》2019年第2期。

杨朝霞：《论环境标准的法律地位》，《行政与法》2008年第1期。

杨锐：《美国国家公园体系的发展历程及其经验教训》，《中国园林》2001年第1期。

杨伟东：《国家秘密类政府信息公开案件审查模式的转型》，《法学》

2021 年第 3 期。

杨光等：《中美环境信息公开标准比较》，《中国科技资源导刊》2014 年第 2 期。

杨治坤：《生态红线法律制度的属性探析》，《南京工业大学学报》（社会科学版）2017 年第 3 期。

袁璐：《环境污染监测与处罚信息公开问题研究——以辽宁省为例》，《中国市场》2016 年第 4 期。

殷小勇、叶嵩、赵栓：《生态保护红线评估调整与管控策略研究》，《中国土地》2020 年第 9 期。

易涛：《"最多跑一次"改革背景下"档案保密"探讨》，《档案与建设》2020 年第 4 期。

姚岚、丁庆龙、俞振宁、吕添贵：《生态保护红线研究评述及框架体系构建》，《中国土地科学》2019 年第 7 期。

姚佳等：《我国生态保护红线三维制度体系探索——以宁德市为例》，《生态学报》2014 年第 12 期。

闫明豪：《我国自然保护区生态保护红线法律制度研究》，博士学位论文，吉林大学，2017 年。

戈华清：《海洋生态保护红线的价值定位与功能选择》，《生态经济》2018 年第 12 期。

赵春丽、许文：《政府信息公开背景下的公民知情权保障探究》，《法制与社会》2021 年第 2 期

赵娜：《生态红线划得出更要守得住》，《中国环境报》2013 年第 7 期。

邹长新等：《论生态保护红线的类型划分与管控》，《生物多样性》2015 年第 6 期。

邹长新、徐梦佳、林乃峰、徐德琳、刘冬：《底线思维在生态保护中的应用探析》，《中国人口·资源与环境》2015 年第 S1 期。

邹长新、徐梦佳、林乃峰、徐德琳：《生态保护红线的内涵辨析与统筹推进建议》，《环境保护》2015 年第 24 期。

张高生、张梦汝等：《山东省生态保护红线的管控对策及建议》，《环境科学与管理》2019 年第 2 期。

张振威等：《美国国家公园管理规划的公众参与制度》，《中国园林》

2015年第2期。

张惠远等：《生态保护红线构建路径思考》，《环境保护》2017年第23期。

张小鹏、王梦君：《浅析国家公园自然资源管理中的问题》，《中国土地》2020年第11期。

张凌云：《基于生态保护红线的香格里拉地区旅游转型问题探究》，《2019中国城市规划年会论文集》。

张书杰等：《管控视角下生态空间与生态保护红线关系研究》，《生物多样性》2022年第4期。

张翼飞、陈红敏、李瑾：《应用意愿价值评估法，科学制订生态补偿标准》，《生态经济》2007年第9期。

张琨等：《从划定历程与属性特征正确认识生态保护红线内涵》，《生物多样性》2022年第4期。

张箫等：《生态保护红线管理政策框架及建议》，《环境保护》2017年第23期。

周晓红《政府信息公开与保密》，《江南社会学院学报》2005年第3期。

周琳：《对我国自然保护区实行公共管理制度的探讨》，《中南林学院报》2004年第6期。

曾祉祥、叶有华、郭微等：《基于生态保护红线管理思路的生态补偿机制研究——以深圳市光明区为例》，《生态环境学报》2020年第9期。

曾江宁等：《中国海洋生态保护制度的转型发展——从海洋保护区走向海洋生态红线区》，《生态学报》2016年第1期。

四 学位论文

安静：《兼顾区域发展因素的生态保护红线划定研究》，硕士学位论文，太原理工大学，2015年。

陈先根：《论生态红线概念的界定》，硕士学位论文，重庆大学，2016年。

范丽媛：《山东省生态红线划分及生态空间管控研究》，硕士学位论文，山东师范大学，2015年。

冯宇：《呼伦贝尔草原生态红线区划定的方法研究》，硕士学位论文，中国环境科学研究院，2013年。

康慧强：《生态保护红线的法律保障制度研究》，硕士学位论文，甘肃政法学院，2015年。

毛政：《县（市）域"多规合一"工作中生态保护红线划定研究》，硕士学位论文，昆明理工大学，2017年。

邱丽：《生态保护红线法律制度研究》，硕士学位论文，武汉大学，2018年。

宋安琪：《生态保护红线法律制度研究》，硕士学位论文，吉林大学，2019年。

王朝正：《我国政府环境信息公开的立法完善研究》，硕士学位论文，西北民族大学，2016年。

肖永琳：《基于生态红线的山东渤海地区旅游开发研究》，硕士学位论文，山东师范大学，2016年。

解沁：《我国生态保护红线制度研究》，硕士学位论文，苏州大学，2019年。

袁鹏奇：《基于生态安全格局的汝阳县域生态红线划定研究》，硕士学位论文，华中科技大学，2019年。

余文昌：《湖北省生态保护红线与生态空间管治研究》，硕士学位论文，华中师范大学，2018年。

闫明豪：《我国自然保护区生态保护红线法律制度研究》，博士学位论文，吉林大学，2017年。

张雪：《生态红线的法律保障研究》，硕士学位论文，辽宁大学，2016年。

郑婷婷：《高平市生态功能保护体系及区域划定研究》，硕士学位论文，太原理工大学，2016年。

后 记

《生态保护红线法律制度研究》作为一部单独的法学研究著作，肇始于 2019 年，是我们团队在湖北省多个地级市、县市区自然资源和规划部门、矿山进行调研以后，确定的研究课题。2019 年 9 月确定题目，我开始组建团队，草拟研究大纲。研究大纲经讨论后，开始研究工作，于 2022 年 5 月基本完成研究工作，形成研究报告，此后多次进行修改。

本书分工是：前言，黄德林［中国地质大学（武汉）教授、博士生导师］；第一章，蓝楠［中国地质大学（武汉）副教授、法学博士］、洪嘉慧（中国政法大学硕士研究生）；第二章，刘琦［中国地质大学（武汉）副教授、法学博士］、李佳雯［中国地质大学（武汉）法学专业硕士研究生］；第三章，兰冬玉［上海锦天城（天津）律师事务所律师，原中国地质大学（武汉）法学专业硕士研究生］、黄德林；第四章，赵淼峰［龙湖集团北京仟万间网络科技有限公司、原中国地质大学（武汉）法学专业硕士研究生］、黄恬恬［中国地质大学（武汉）本科生院，讲师，工学博士］；第五章，涂亦楠［中国地质大学（武汉）讲师，法学博士］；第六章，向玉兰［中建三局绿色产业投资有限公司，原中国地质大学（武汉）硕士研究生］、潘香君［中国石化销售股份有限公司内蒙古石油分公司、原中国地质大学（武汉）硕士研究生］；第七章，蓝楠、裴欣羽（中国海洋大学硕士研究生）；第八章，赵淼峰、黄德林。本书写作大纲由我起草，经过团队成员讨论后确定。本书由我统稿，蓝楠副教授、刘琦副教授、涂亦楠讲师、兰冬玉、赵淼峰协助统稿，胡学浠［原中国地质大学（武汉）学生、中国科学院大学硕博连读生］、石岩奇［原中国地质大学（武汉）学生、中南大学硕士研究生］协助进行文字校对、引文核对，刘锦涛［中国地质大学（武汉）法学系学生］协助进行参考文献整理补充工作。

本书的完成，得到了许多领导、学者、研究生的大力支持和帮助，其中有：武汉大学环境法研究所，特别是蔡守秋教授、王树义教授、李启家教授、秦天宝教授、柯坚教授、李广兵副教授、罗吉副教授、胡斌副所长等；中南财经政法大学环境法研究所，特别是高利红教授、余耀军副教授等；湖北省自然资源厅、湖北省生态环境厅；黄石国家矿山公园，特别是阎红勇主任；大冶铁矿，特别是王长生矿长、秦俊华首席工程师等；襄阳市自然资源和规划局、宜昌市自然资源和规划局、黄石市自然资源和规划局，以及保康县、南漳县、秭归县、兴山县、夷陵区、阳新县、丹江口市等县市区自然资源和规划局。

  在此，谨向以上各单位、各位学者、领导、学生致以真诚的感谢。

  本书难免存在一些不足之处，诚请各位读者批评指正。

黄德林

2023年7月4日于东湖之滨、南望山下

北一楼410室